JN154552

物部氏と石上神宮の古代史
ヤマト王権・天皇・神祇祭祀・仏教

平林章仁

21

和泉書院

目次

第三章　物部氏の神話と呪術

第四章　物部氏の台頭―『記』・『紀』の中の物部氏―

●第五章　物部氏と仏教崇廃抗争の真相

●第六章　石上神宮と祭神フツノミタマと物部氏

●第九章　石上神宮の祭祀と物部氏と蘇我氏

《本書の記述について》

物部氏の研究には難問が多いが、一般にも関心が高いと思われる。従って本書では、問題を矮小化せず、幅広い視点から傍証を多く記し、学問的水準を維持しつつも、出来るだけ平易な表現を心がけた。引用史料を除き、本文では、物部連氏・中臣連氏・蘇我臣氏ら氏名（うぢ）の表記について、連・臣などの姓（かばね）は原則割愛した。ただし、物部首氏は物部連氏とは別の氏であり、混乱を避け違いを明確に示すため、姓を付して記した。引用史料は、読み下し文・現代語訳などにして本文とは異なる書体で掲載し、旧字体は新字体に改めた。『古事記』・『日本書紀』は日本古典文学大系本、『続日本紀』は新日本古典文学大系本、『日本後紀』は校注日本史料本、『新撰姓氏録』は佐伯有清『新撰姓氏録の研究』考證篇、『先代旧事本紀』は鎌田純一『先代旧事本紀の研究』校本の部および新訂増補国史大系本、『魏志』倭人伝および『隋書』倭国伝は岩波文庫本、『高橋氏文』逸文は新撰日本古典文庫本を原則としたが、一部改変した箇所もある。他の引用史料の読み下し文・現代語訳およびルビなどは、筆者による。なお、『古事記』・『日本書紀』は、『記』・『紀』と略記した。また、引用史料中の〈　〉部分は、原文が分註であること示し、引用史料の次に記した【　】内は、その現代語訳もしくは要旨である。なお、ここで扱う時代の大部分は、天皇号が未成立の時期であるが、混乱を避けるために表記を統一した。その時代に、天皇号の存在を認めているわけではない。

第一章　古代の天皇観
――天皇神格化論の検討――

はじめに

奈良時代に成立したわが国最古の歌集『万葉集』巻四には、次の和歌が載録されている。

未通女等（をとめら）が袖布留山（そでふるやま）の瑞垣（みづかき）の久（ひさ）しき時ゆ思ひきわれは（五〇一）

【乙女らが袖を振るという、その布留山の石上神宮の瑞垣のように、久しい昔からあなたを思っていた、私は】(1)。

この和歌から、布留山麓に鎮座する石上神宮（大和国山辺郡の延喜式内名神大社である石上坐布都御魂（いそのかみにいますふつのみたま）神社／奈良県天理市布留町）は、境内の瑞垣が著名であったことが知られる。今日では石上神宮の名を聞くことは多くはないが、古代には伊勢神宮に次ぐ、現代風に記せば国立のもっとも重要な神社であったことは、徐々に明らかとなろう。

本書の主題は、大連としてヤマト王権の政治を担い、かつ石上神宮の祭祀を担った物部氏の実像の解明、具体的には物部氏の台頭と石上神宮の祭祀の実態の究明、および仏教信仰や石上神宮の祭祀をめぐる物部氏と蘇我氏の対立の真相の考察などを通して、律令制国家成立以前の王権史の一端を復原することにある。その場合、重要なことは、律令制以前の古代社会と現代社会では世界観や宗教観が大きく異なり、なかでも宗教の持つ意味が想像以上の重いものであったことである。

ところが、太平洋戦争後の日本古代史研究でもっとも手薄であったのは、神祇信仰・仏教信仰を問わず、古代社会における宗教の実態、それが社会で占めていた位置や重要性、とくに古代王権と天皇が帯していた宗教的性格の追究である。精神世界への無関心、無理解が今日の社会に蔓延したことの理由には、明治以降のことさらに天皇を神聖視する歴史観に対する反動や、精神世界の研究を軽視する唯物史観が戦後の社会で風靡したことなどの、影響が考えられよう。

そこでまず、古代天皇神格化論を取り上げて、古代王権・天皇の宗教的性格について考える。倭国王＝天皇が、祭祀王でもあるという特徴とその意味については、以前にも少し述べた。[2] この天皇＝祭祀王説とは別に、壬申の乱を勝ち抜き飛鳥浄御原令の編纂が進められる、天武朝から持統朝にかけて天皇の神格化が進み、天皇は神とみなされるようになったという理解は、戦後も研究者から一般にまで広く受容されている。[3] この見方は、『記』・『紀』の信憑性やその神話の理解にも大きな影響を与えているが、それは直接的には、主に次の二つの史料（『万葉集』・公式令）に基づいている。

『万葉集』における天皇神格化

まずは『万葉集』巻十九の、次の短歌二首は、天皇神格化の例として教科書などでも取り上げられてきたものである。

壬申の年の乱の平定しぬる以後の歌二首

皇は神にし座せば赤駒の腹這ふ田居を京師となしつ（四二六〇）

右の一首は、大将軍贈右大臣大伴卿作れり。

大王は神にし座せば水鳥のすだく水沼を皇都となしつ（四二六一）　作者未詳

右の件の二首は、天平勝宝四年二月二日に聞きて、即ち茲に載す。

「皇は神にし座せば」・「大王は神にし座せば」は、「オオキミは神でいらせられるので」という意であるから、壬申の乱後に天武天皇が神にまで高められたことの史料的典拠とされてきた。なお、四二六〇番歌を詠んだ贈右大臣大伴卿とは、大伴御行である。

しかし、本当に天皇が神とみなされたと解釈することが出来るか、少し細かく見て行こう。右の二首は、壬申の乱に勝利した天武天皇を称えたものとされ、表面的に眺めるならば、これをもって天武天皇の神格化が進んだと評価することは容易である。ただしこの二首は、左註によれば、天平勝宝四年（七五二）二月二日に知ったものというから、詠まれてから七十年ほどの長い期間、知られていなかった（公にはされなかった）歌謡であり、加えて「皇」・「大王」も天武天皇とみなしてよいか、後述のように疑義がある。

もしも実際に、天武天皇を神と崇めた重要で記念すべき歌謡であったならば、様々な機会に思い起こされ、うたい継がれたに違いない。そうでないことは、詠まれた当時はさほど重要視されなかった、ひいては天皇を神と崇めることも一般的でなかったのではないか、との疑問を払拭できない。

この他にも、『万葉集』には「オホキミは神にしマせば」の句を用いた歌謡が、あと三首載録されており、それについての分析も必要である。

文武天皇三年（六九九）七月に亡くなった天武天皇の皇子弓削に対する、巻二の置始東人の挽歌（二〇四）の、次の反歌（長歌の後に添えられた短歌）にそれが見える。

王は神にし座せば天雲の五百重が下に隠り給ひぬ（二〇五）

これを詠んだ置始とは置染のことで染色を意味し、置始氏は染色を専門とする技術集団を統率した氏であるが、壬申の乱では置始菟が大海人皇子側で活躍している。置始東人はその同族で、弓削皇子の舎人であったとみられる。ここで留意するべき点は、対象が弓削皇子であること、挽歌であることにある。

巻三では、柿本人麻呂の献歌二首にその用例が見える。まず「長皇子猟路の池に遊しし時、柿本朝臣人麿の作る歌」と題詞のある長歌（二三九）に、

皇は神にし坐せば真木の立つ荒山中に海を成すかも（二四一）

という「或る本の反歌」が添えられている。

弓削皇子の同母兄である長皇子が、猟路の池（奈良県桜井市鹿路）に遊猟した時に、柿本人麻呂が詠んだものである。長皇子は和銅八年（七一五）六月に亡くなっているから、猟路の池への遊猟はそれ以前となる。確かな時期は分明でないが、柿本人麻呂の作歌は文武天皇四年（七〇〇）頃までである

から、この短歌も八世紀までは降らないであろう。

また、次の短歌にもその表現が見える。

天皇、雷岳に御遊しし時、柿本朝臣人麿の作る歌一首

皇は神にし座せば天雲の雷の上に廬らせるかも（二三五）

右、或る本に曰はく、忍壁皇子に献るといへり。その歌に曰はく、

王は神にし座せば雲隠る雷山に宮敷きいます

ここでいう天皇が天武・持統・文武のいずれなのか定かでないが、左註に見える忍壁皇子は慶雲二年（七〇五）五月に亡くなっているから、「或る本」の歌が詠まれたのはそれ以前である。

これらから導かれることは、「オホキミは神にしマせば」という句は、七世紀末のきわめて短期間の集中的な使用であり、作者は柿本人麻呂・大伴御行・置始東人ら狭い範囲の人たちであったことなどである。とくに重要なことは、対象が天武天皇だけでなく、弓削や長、忍壁らの皇子たちも、「オホキミは神にしマせば」と称えられていることである。重ねて見逃せないのは、弓削皇子には挽歌でこの句が用いられていることである。

これらのことからみて、「オホキミは神にしマせば」という句から、天武天皇や皇子が神にまで高められたと、即座に言えないことは明瞭であろう。[4]

「オホキミは神にしマせば」は、一時的に狭い範囲で用いられた天皇・皇子讃美の詩文の技巧、修辞に過ぎない[5]だけでなく、挽歌での使用などから、ここで詠われる「神」そのものが、高天原から天

降る瓊瓊杵尊、地上世界の大己貴神や大物主神など、天神地祇の神々と同じように解することは適切でない。それは、濁世を超脱して不老長生、神通力を得て変幻自在の存在になることを求める、神仙思想などを核にして形成された古代中国の民族宗教、道教における「神仙」と解すべきことは、つとに土橋寛氏が指摘する通りである。[6]

天武天皇が「天文・遁甲（占星術）」（即位前紀）に詳しく、「占星台」（四年正月庚戌）を設け、「八色の姓」（十三年十月己卯朔）に真人・道師など関連した名称を採用するなど、道教思想に傾倒していたことは周知のところである。天武天皇の国風諡号「天渟中原瀛真人天皇」にもそれが取り入れられているが、「瀛」とは東海の神仙が住むという三神山（蓬莱・方丈・瀛洲）の一つであり、「真人」は人生と世界の根源的な真理である「道」を体得した人をいう。[7]

このように、『万葉集』で「オホキミは神にしマせば」と称えられた天武天皇神格化の実際は、短期間に狭い範囲で行なわれた道教的思想に基づいた文学的修辞に過ぎなかったのであり、これをもって天皇即神とみなされたとは言い難いことは明瞭である。なお、土橋氏は、巻十九の四二六〇・四二六一番歌は、柿本人麻呂の初期作品（通説の飛鳥京を詠んだもの）ではなく、藤原京の造営を詠んだものとするが、ならばその「皇」・「大王」は持統天皇や文武天皇も候補となろう。

公式令の「明神」

「公式令」は、律令政治における公文書の様式や作成、施行などに関して規定している。勅命を下達(たつ)する際に用いられる公文書の様式に関して、詔書(しょうしょ)の冒頭に記す天皇の表記を、その詔書式で次のように定めている。

A明神御宇日本天皇詔旨…

B明神御宇天皇詔旨…

C明神御大八州天皇詔旨…

D天皇詔旨…

E詔旨…

D・Eはいまの論に関係しないので除外するが、右のA～Cの規定も天皇神格化説の論拠とされる。「明神」については「あらみかみ」・「あきつみかみ」などの訓があるが、いずれも「現御神・現人神・現世に人の姿で顕われた神」の意味であるから、令制下にも天皇が神として崇められていたとされる。なお、天長十年（八三三）成立の養老令の註釈書『令義解(りょうのぎげ)』や、九世紀半ば過ぎに複数の註釈を集成した『令集解(りょうのしゅうげ)』などによると概ね、Aは外交の際に外国へ、Bは国の大事や外交の小事に、Cは元日の宣命(せんみょう)（和文体で書かれた天皇のミコトノリ）などの、政事の場で用いられた。

ところで、朝廷の儀式関連について定めた「儀制令(ぎせいりょう)」によれば、「天皇」は「詔書に称する所」とあり「公式令」の通りであるが、「天子(てんじ)」は「祭祀に称する所」とある。つまり天皇は、祭祀には「天子」と称し、「明神…天皇」とは称さなかったことに注目される。すなわち、「明神…天皇」は政事上の称号であり、祭事には用いることがなかったのである。この点からも、天皇神格化説は否定的に捉えられよ

う。要するに、神でない天皇が「明神」たる資格を具有し、「明神として」認識されたことを示している。(8)

ちなみに、天皇を「明神…」と表記することは、孝徳天皇紀大化元年（六四五）七月丙子条に二度「明神御宇日本天皇の詔旨とのたまはく」、大化二年二月戊申条に「明神御宇日本倭根子天皇」、大化二年三月壬午条には「現為明神御八嶋国天皇」、天武天皇紀十二年正月丙午条にも同様の表現が見える。ただし、これらの表記には、のちの知識に基づく文飾も含まれる。(9)

『紀』は編纂に際して、令制の知識に基づき「評」を「郡」に改めるだけでなく、全体的に表記・用語の統一をはかっており、国号には「日本」、地域地名（のちの大和国）には「倭」・「大倭」を用いて区別している。たとえば、初代天皇神武の国風諡号が、『記』では「神倭伊波礼毘古命」とあるが、『紀』では「神日本磐余彦天皇」と表記する。東・西の征討に活躍する伝説の英雄ヤマトタケルも、『記』は倭建命、『紀』では日本武尊と記している。同じ景行天皇紀のなかで、彼の弟が稚倭根子皇子と記されるのと比べると、これが特別な意図に基づく表記であることが理解される。景行天皇紀四十年七月戊戌条の「形は我が子、実は神人にますことを」という天皇の日本武尊への言や、同紀是歳条の日本武尊の「吾は是、現人神之子なり」という名告りなどは、おそらく「日本武尊」の表記などとともに、『紀』編纂の最後になされた令制的知識に基づいた文飾であろう。『続日本紀』大宝二年（七〇二）八月癸卯条では、いまだ「倭建命」と記されているから、その変換は『記』の完成（七一二年）以降に行なわれたものと思われる。それはともかく、こうした編纂方針の『紀』ではあるが、表記の統一作業には不統一や遺漏も存在する。

一例を記せば、神功皇后紀摂政六十二年条に引く「百済記」の「大倭」、雄略天皇紀五年七月条に引く「百済新撰」の「大倭」などは、「日本」に変換せずに原史料の表記がそのまま残ったものである。欽明天皇紀十五年十二月条の、「安羅に在る諸の倭の臣等」とある「倭」は、その変換から漏れた例である。他にも同様な例が見られ、太安万侶が『記』編纂時に伝統的表記として拘わった「日下」を、『紀』は「草香」の表記に統一しているが、顕宗天皇即位前紀の「日下部連」は「草香部連」への変換を失念した例である。[10] 余談だが、名代号を負う皇子の名クサカベ・オサカベは、草壁・忍壁と表記されるが、表記が優先された名からは、本来の表記（日下部・忍坂部）と意味は窺えない。

また、仏教公伝時の天皇として知られる欽明の陵名について、欽明天皇紀三十二年（五七一）九月条には「檜隈坂合陵」とあり、延長五年（九二七）に成った律令の施行細則である『延喜式』諸陵寮もこれに同じである。推古天皇紀二十年（六一二）二月庚午条には、推古天皇の母の堅塩媛（欽明天皇のキサキ、蘇我稲目宿禰の娘）を「檜隈大陵」に改葬し、同二十八年十月条には「檜隈陵」に砂礫を葺いたと見える。この「檜隈坂合陵」と「檜隈陵」・「檜隈大陵」は欽明天皇陵ではあるが陵名が一部異なることから、前者と後者は別の場所に存在した異なる古墳と解するむきがあるかも知れない。

しかし、皇極天皇二年（六四三）九月丁亥に亡くなった吉備嶋皇祖母命（吉備姫王とも／皇極・孝徳天皇の母、欽明天皇の孫）の「檜隈墓」は、『延喜式』諸陵寮に「大和国高市郡檜隈陵域内に在る」とあり、『延喜式』諸陵寮でも欽明天皇陵について「檜隈坂合陵」と「檜隈陵」と二様の表記をしている。『紀』の場合も含めて、これを別々のものとは解し難いであろう。『記』・『紀』や『風土記』などの古代史料の解釈に際して、表面的で硬直した原理的理解を押し通すと、思わぬ過誤に陥ることもある。

ともかく、大化二年二月戊申条の「明神御宇日本倭根子天皇」の「倭」は「日本」と意味が重複するから誤表記である。倭を日本に表記変換した際の削除漏れと思われるが、編纂時の文飾作業の一端が知られる。このことは、大化紀の右の記事には何らかの原史料が存在したことを示唆するが、原史料での表記は明らかでない。

したがって確かな最古の用例は、のちにも触れる『続日本紀』文武天皇元年（六九七）八月庚辰条の文武天皇の即位宣命に用いられた「現御神止大八嶋国知　天皇」であるが、これは持統天皇三年（六八九）成立の飛鳥浄御原令に基づいたものと考えられる。

『古事記』の中の現人神

令制の「明神（現御神）…天皇」が、天皇は神とみなされていなかったから採用された称号だとしても、なぜこうした称号が政事の場で用いられることになったのかは詳らかではない。その思想的背景も含めた考察が必要となるが、ここで『記』・『紀』における雄略天皇関連記事から、右に関わるアラヒトガミ観念の存否について検討しよう。

さて、雄略天皇紀は、天皇が二度も葛城山で狩猟をしたと記しているがその一回目、四年二月条（二度目は翌年二月）には次のようにある。

天皇、葛城山に射猟したまふ。忽に長き人を見る。来りて丹谷に望めり。面貌容儀、天皇に相以れり。天皇、是神なりと知しめせれども、猶故に問ひて曰はく、「何処の公ぞ」とのたまふ。長き人、対へて曰はく、「現人之神ぞ。先づ王の諱を称れ。然して後に遣はむ」とのたまふ。天皇、答へて曰はく、「朕は是、幼武尊なり」とのたまふ。長き人、次に称りて曰はく、「僕は是、一事主神なり」とのたまふ。遂に与に遊田を盤びて、一の鹿を駈逐ひて箭発つことを相辞りて、轡を並べて馳騁す。言詞恭しく恪みて、仙に逢ふ若きこと有します。

雄略天皇が葛城山で狩猟をした時に一事主神（大和国葛上郡鎮座の延喜式内名神大社の葛木坐一言主神社／御所市森脇）が顕現し、互に身分を明かす名告りをした際に「現人之神ぞ」（人の姿をして顕われた神である）と名告ったという。この一事主神の「現人之神ぞ」という名告りをもって、古代日本に現人神の観念が存在したと説くことは容易であるが、問題も残る。

『記』も雄略天皇の葛城山での二度の狩猟を伝えているが、右の所伝は、左に引く雄略天皇記の二度目の葛城山狩猟記事の解釈にも影響している。

又一時、天皇葛城山に登り幸でまし時、百官の人等、悉に紅き紐著けし青摺の衣服を給はりき。彼の時其の向へる山の尾より、山の上に登る人有りき。既に天皇の鹵簿に等しく、亦其の装束の状、及人衆、相似て傾らざりき。爾に天皇望けまして、問はしめて曰りたまひしく、「茲の倭国に、吾を除きて亦王は無きを、今誰しの人ぞ如此て行く」とのりたまへば、即ち答へて曰す状も亦天皇の命の如くなりき。……是故、天皇亦問ひて曰りたまひしく、「然らば其の名を告れ。爾に各名を告りて矢弾たむ」とのりたまひき。是に答へて曰しけらく、「吾先に問はえき。故、吾先に名告りを為む。吾は悪事も一言、善事も一言、言ひ離つ神、葛城の一言主大神ぞ」とまをしき。天皇是に惶畏みて白したまひしく、「恐し、我が大神、宇都志意美有らむとは、覚らざりき」と白して、大御刀及弓矢を始めて、百官の人等の服せる衣服を脱がしめて、拝みて献りたまひき。爾に其の一言主大神、手打ちて其の捧げ物を受けたまひき。……是の一言主の大神は、彼の時に顕れたまひしなり。

『紀』と類似した内容であるが、『記』の問題は、顕現した「葛城之一言主大神」に対して、天皇が語ったという傍線部の解釈である。

恐し、我が大神、宇都志意美有らむとは、覚らざりき（原文は「恐我大神、有宇都志意美者、不覚」）
【恐れ多いことでございます。わが大神が、現し身をお持ちだとは、存じませんでした。】

右のように解すれば、一言主神は「現し身」をもつ現人神として顕現した、ということになる。これは日本古典文学大系本(11)の読み下しであり、日本思想大系本(12)も等しい。わが国古代の神祇信仰では、あの世の存在である神は、夜に人・動物・呪物・樹木や巨岩などに憑りついてその存在を示し、姿は見せない存在と観念されていたから、現人神の観念は相当に特異なものであったと思われる。

そこで新編日本古典文学全集本(13)では、

恐し、我が大神、うつしおみに有れば、覚らず
【恐れ多いことです。わが大神よ。私は現身の人間なので、あなたが神であることに気づきませんでした。】

と読み下している。

ところで、八世紀以前の古代日本語の表記には、「き・ひ・み・け・へ・め・こ・そ・と・の・よ・ろ・も」にあてる十三の仮名に二類（甲・乙）があり、それは濁音「ぎ・げ・ご・ぞ・ど・び・べ」にも適用された、上代特殊仮名遣が存在したとする考えは、今日の国語学では定説であろう[14]。これに基づき、「宇都志意美」を「現し御身」・「現し身」と解する説に対して、美は上代特殊仮名遣のミの甲類の音で、乙類に分けられる身とは音が違うことから、「宇都志意美」の美を身と解することに反対する説がある[15]。また、「宇都志意美」を「現し身」と訳した場合は、「意」の音が生かされない。さらに、『紀』の「現人之神ぞ」は一事主神の名告り、自身の言であるのに対して、『記』の「恐し、我が大神、宇都志意美に有れば、覚らず」は雄略天皇自身が自分について語った言葉であるから、その対象が異なる句を引きつけて解するのも妥当ではない。

これらのことを参酌して、読み下しは「恐し、我が大神、宇都志意美に有れば、覚らず」でよいが、意訳は「恐れ多いことです。わが大神よ。私は現し臣＝この世の臣（神に対する謙った表現）であるから、一言主神の存在を不覚にも気づきませんでした」とするのが良いと考える[16]。一言主神がこの時に顕現した神とする点からも、この理解が支持される。なお、意美＝臣については安康天皇記に「都夫良意美・都夫良意富美」（『紀』では円大臣）の用例がある。

要するに、「宇都志意美」は一言主神ではなく、雄略天皇自身についてのことと解するのが妥当である。日本古典文学大系や日本思想大系の『記』の読み下しと理解は、雄略天皇紀の「現人之神ぞ」という名告り記事の影響を被っていると思料される。従って、この「宇都志意美」から、天皇現人神観念の存在は導くことは出来ないと考えられる。

さらに、雄略天皇紀の件の所伝には「丹谷」や「仙に逢ふ若きこと」などの、神仙思想に基づく文飾が目立つことも周知のところである。「現人之神ぞ」の名告り記事についても、こうした視点からの分析も必要であろう。雄略天皇紀の所伝は、雄略天皇を神仙と等しく描くところに目的があったと考えられる。

いずれにしても、『記』・『紀』の雄略天皇の葛城山狩猟記事をもって、天皇が神とみなされたとは言えない。「恒に天地社稷の百八十神を以て、春夏秋冬、祭拝りたまふことを事とす」る天皇（欽明天皇紀十三年十月条）が、神になることはあり得ない。

天照大神の「ヨサシ」

ここで次の課題は、「明神（現御神）…天皇」の呼称から、天皇の神格化を導き説くことが出来るか否かである。これは政事の場で用いられたものであるから、天皇が倭国の支配者として君臨し統治したこととに関わる問題である。すなわち、いかなる権威を背景として、天皇は王者として君臨することが出来たのかということである。

その際に参考になるのが、神代記が伝える「（コト）ヨサシ」である。これは天皇であることの正統性と、その列島統治の正当性に関わる問題であるが、以下に関連史料を列記しよう。すべて神話であるが、ヨサシはヨス（寄す）の敬語で、「委任なされた」の意である。

①是に天神諸の命以ちて、伊邪那岐命、伊邪那美命、二柱の神に、「是の多陀用弊流国を修め理り固め成せ」と詔りて、天の沼矛を賜ひて、言依さし賜ひき。[17]　〈国生みの行〉

【天神一同の命令で、伊邪那岐命・伊邪那美命に天の沼矛を授けて、国土の修理固成を、委任なされた。】

②天照大御神の命以ちて、「豊葦原之千秋長五百秋之水穂国は、我が御子、正勝吾勝勝速日天忍穂耳命の知らす国ぞ」と a言因さし賜ひて、天降したまひき。是に天忍穂耳命、天の浮橋に多多志て詔りたまひしく、「豊葦原之千秋長五百秋之水穂国は、伊多久佐夜芸弖有那理」と告りたまひて、更に還り上りて、天照大神に請したまひき。爾に高御産巣日神、天照大御神の命以ちて、天安河の河原に、八百万の神を神集へに集へて、思金神に思はしめて詔りたまひしく、「此の葦原中国は、我が御子の知らす国と b言依さし賜へりし国なり。……」とのりたまひき。

〈葦原中国平定の行〉

a【天照大御神の命で、「水穂国は、わが御子、天忍穂耳命の統治する国だ」との言葉で委任なされて、天から降された。】

b【「この葦原中国は、わが御子の統治する国として、委任なされた国である。…」と仰せられた。】

傍線部a・bの「言依さし」の内容は、右のように解される。なお、bの「言依さし」の主体は高御産巣日神・天照大御神のようにも見えるが、両神が命じたのは八百万の神の「神集へ」であり、「我が御子」は「天忍穂耳命」であるから、その主体は天照大御神である。

③爾に天鳥船神を建御雷神に副へて遣はしたまひき。是を以ちて此の二はしらの神、出雲国の伊那佐の小浜に降り到りて、十掬剣を抜きて、逆に浪の穂に刺し立て、其の剣の前に趺み坐して、其の大国主神に問ひて言りたまひしく、「天照大御神、高木神の命以ちて、問ひに使はせり。汝が宇志波祁流葦原中国は、我が御子の知らす国ぞと言依さし賜ひき。故、汝が心は奈何に」とのりたまひき。〈国譲りの行〉

【お前が領有している葦原中国は、わが御子の支配する国であると、言葉で委任なされた。】

ここでも「言依さし」の主体が天照大御神・高木神のように見えるが、両神が命じたのは国譲りについて詰問するための使者の派遣であり、「言依さし」の主体は天照大御神である。

④爾に天照大御神、高木神の命以ちて、太子正勝吾勝勝速日天忍穂耳命に詔りたまひしく、「今、葦原中国を平け訖へぬと白せり。故、a言依さし賜ひし随に、降り坐して知らしめせ」とのりたまひき。爾に其の太子正勝吾勝勝速日天忍穂耳命、答へ白したまひしく、「僕は降らむ装束しつる間に、子生れ出でつ。名は天邇岐志国邇岐志天津日高日子番能邇邇芸命ぞ。此の子を降すべし」とまをしたまひき。……是を以ちて白したまひし随に、日子番能邇邇芸命に詔科せて、「此の豊葦原水穂国は、汝知らさむ国ぞとb言依さし賜ふ。故、命の随に天降るべし」とのりたまひき。〈天孫降臨の行〉

a【今、葦原中国の平定が完了したと申している。言葉で委任なされたとおりに、お降りして統治せよ。】

b【この豊葦原水穂国は、お前の統治する国であると、委任なされた。】

　ここのaでも「言依さし」の主体が天照大御神・高木神のように見えるが、両神の命じたのは「言依さし」に従い葦原中国に天降って統治することであり、「言依さし」の主体は天照大御神である。bにおいて、地上世界への天降りは天照大御神の子の天忍穂耳命から天孫の邇邇芸命に代わるが、邇邇芸命の天降りも天照大御神の「言依さし」によることを示している。

　以上、『記』における「（コト）ヨサシ」関連所伝から導かれる要点を、列記しよう。

イ伊邪那岐命・伊邪那美命に国土の修理固成を「言依さし」をするのは天神諸である。

ロ葦原中国の統治を「我が御子・天忍穂耳命」に「言依さし」をするのは天照大御神である。『記』における葦原中国の統治者は、「我が御子」という天照御大神の血脈上の正統性と、天照大御神からの「言依さし」に基づく正当性が必須であると観念されていたことが知られる。このことは、天孫邇邇芸命の天降りにおいても、等しい要件である。

ハところが、『紀』には天神・天照大神による「言依し」はなく、天孫降臨、地上の支配者が天神の天孫であることを強調する内容になっている。これは『紀』が「言依し」の観念を旧体制的として採用せず、天神・天照大神との血脈を、正統性を示す拠り所としてより重視し、直接的にそれを示そうとした結果であると考えられる。そのことは、『紀』成立前の『続日本紀』の次の宣命から明らかになるが、この変化の背景には成文法（律令）に基づいた国家形成の進捗による天皇観の変化が予察される。

宣命の中の「現御神」

そこで次に、古代天皇による列島支配の正当性の拠り所とされた神話由来の「（コト）ヨサシ」が、法を典拠としたものに転換していく状況を見てみよう。それは『続日本紀』の即位宣命（即位の際に発せられる和文体で書かれた天皇の命令）から窺うことが出来るが、左は文武天皇元年（六九七）八月庚辰条の、文武天皇即位宣命の冒頭部である。

現御神と大八嶋国知らしめす天皇が大命らまと詔りたまふ大命を、集り侍る皇子等・王等・百官人等、天下公民、諸聞きたまへと詔る。高天原に事始めて、遠天皇祖の御世、中・今に至るまでに、天皇が御子の阿礼坐さむ弥継々に、大八嶋国知らさむ次と、天つ神の御子ながらも、天に坐す神の依し奉りし随に、この天津日嗣高御座の業と、現御神と大八嶋国知らしめす倭根子天皇命の、授け賜ひ負せ賜ふ貴き高き広き厚き大命を受け賜り恐み坐して、この食国天下を調へ賜ひ平げ賜ひ、天下の公民を恵び賜ひ撫で賜はむとなも、神ながら思しめさくと詔りたまふ天皇が大命を、諸聞きたまへと詔る。……

【現御神と大八嶋国知らしめす天皇（文武天皇）の命令として仰せになる命令を、皇子から公民に至るまで、皆承れと申しわたす。高天原の皇祖以来、歴代の天皇が今に至るまで、天皇の御子のお生まれになるまま次々に、大八嶋国をお治めになる順序として、天つ神の御子のまま、天に坐す神が委任なされたとおりに、天津日嗣高御座の業（天皇の位に在る者の任務）であると、現御神と大八嶋国知らしめす倭根子天皇命（持統天皇）が授けられた命令を受けて、食国天下（天皇が統治する国家）を調え、公民を慈しんでいこうと、神として思うという、天皇の命令を承れ。……】

「現御神」とは、公式令にいう「明神」と同じく、現世に姿を現わした神の意である。現実の政事・領土の統治に関わる宣命において、天皇はどうして「現御神」と称さねばならなかったかが問われなければならない。右宣命における問題は多岐に亘るが、ここでは本論の課題に関わる部分に焦点を定め、右に記した事柄も含めて関連する要点を列記しよう。

Ⅰ歴代の天皇の位は、「天つ神の御子ながらも、天に坐す神の依し奉りし随に」、継承されてきたものである。それを継承することの条件も、「天つ神の御子」であることと、「天に坐す神の依し」に存在した。王位継承に関するこの観念は、基本的には『記』と同じであり、それを満たして即位したがゆえに、天皇は「現御神」を称したのである。それは、「天つ神の御子」という血脈上の正統性と、「天に坐す神の依し」という神話宗教上の正当性を満たし、その両面から保証された存在であることの顕示である。

Ⅱそれは、さきの神代記における皇祖神の営みに起源する、神話由来の自称として用いられたものであり、他称ではないことに留意しなければならない。臣下から、「天皇は神である」と崇められたわけではない。それは、二つの条件を満たし、正統性と正当性を獲得した、聖なる王の自称であった。宣命の「神ながら」の語もその流れの中に位置づけられるが、「天つ神の御子」という神話由来の共同幻想が、なお社会に共有されていた、そうした観念が社会で生きていたことの証（あかし）

でもある。

Ⅲ景行天皇紀四十年七月戊戌条で、天皇がヤマトタケルを「実は神人」と言い、同紀是歳条でヤマトタケル自身が「現人神之子なり」と名告ったとあるのは、「日本武尊」ともども、『紀』編纂の最終段階における公式令などの影響を受けた表記であろう。新任の出雲国造が一年の潔斎の後に朝廷に出て述べ、さらに一年の潔斎の後にも述べる、天皇への祝辞である『出雲国造神賀詞』（『延喜式』祝詞）にも、「挂けまくも恐き明御神と大八嶋国知ろし食す天皇命の…」と見えるが、『出雲国造神賀詞』奏上の初見は、『続日本紀』霊亀二年（七一六）二月丁巳条である。また『万葉集』巻六の「久邇新京を讃むる歌」にも、「明つ神　わご皇の（明津神　吾皇之）…」（一〇五〇）と見えるのは『万葉集』での孤立例であるが、これらも明らかに公式令の影響を受けた表現であろう。

神を祭る天子

文武天皇が即位宣命で用いた「天に坐す神の依し」の語句は、次の慶雲四年（七〇七）七月壬子の元明天皇の即位宣命では、もはや見えない。これに代わり登場するのが、

近江大津宮に御宇しし大倭根子天皇の、天地と共に長く日月と共に遠く改るまじき常の典（不改常典）と立て賜ひ敷き賜へる法……

という周知の表現である。いわゆる天智天皇が定めたという「不改常典」の法[18]の初見であるが、この即位宣命では二箇所に用いられている。この時点で、「天つ神の御子」への「天に坐す神の依し」とい

う、『古事記』的王位継承観が既に過去の存在になったことを示している。

なお、「不改常典」の法という句はこの後、神亀元年（七二四）二月甲午の聖武天皇即位宣命、天平勝宝元年（七四九）七月甲午の聖武天皇譲位宣命などに継読して使用され、古代の王位継承観が法に基づいたものに変貌していく様が読み取れる。但し、前者宣命の元正天皇詔の引用部分や後者宣命、孝謙天皇の譲位宣命にも、「（コト）ヨサシ」の語が遺制的に用いられている。

「儀制令」に、「天皇」は「詔書に称する所」、「天子」は「祭祀に称する所」と規定されるのは、「天皇」号と「天子」号について実際的な認識に基づいていたのである。祭祀王であった倭国王＝天皇は、政事の場で自ら「明神（現御神）…天皇」と名告ったが、祭事の場でそれを用いることは出来なかった。祭事の場では、神を祭る側であるから「天子」であり、「神」になることはなかったのである。

註

（1）佐竹昭広他校注　岩波文庫『万葉集』一、岩波書店、二〇一三年。以下同じ。

（2）平林章仁『「日の御子」の古代史』塙書房、二〇一五年。同『天皇はいつから天皇になったか?』祥伝社、二〇一五年。

（3）熊谷公男『大王から天皇へ』日本の歴史3、講談社、二〇〇一年。
吉村武彦編著『古代史の基礎知識』一二〇頁、角川書店、二〇〇五年。
小林茂文『天皇制創出期のイデオロギー――女帝物語論――』岩田書院、二〇〇六年。

虎尾達哉「天武天皇―功臣たちの戦後―」鎌田元一編『日出づる国の誕生』古代の人物1、清文堂出版、二〇〇九年。

（4）佐藤信編『大学の日本史―教養から考える歴史へ1―』九九頁、山川出版社、二〇一六年。
折口信夫「天子非即神論」『折口信夫全集』第二〇巻、中央公論社、一九五六年。

上田正昭「渡来の神」松前健編『神々の誕生』講座日本の古代信仰二、学生社、一九七九年。

（5）北康宏「大王とウジ」『岩波講座日本歴史』二、岩波書店、二〇一四年。

（6）土橋寛『持統天皇と藤原不比等』中央公論社、一九九四年、二〇一七年に中公文庫として再刊、七九頁。

（7）福永光司『道教と日本文化』人文書院、一九八二年。同『道教と日本思想』九三頁以下、徳間書店、一九八五年。同「天皇と紫宮と真人―中国古代の神道―」『道教思想史研究』岩波書店、一九八七年。

（8）上田正昭、註（4）。

（9）井上光貞他校注　日本思想大系『律令』六三八頁補注、岩波書店、一九七六年。

（10）平林章仁、註（2）。

（11）倉野憲司・武田祐吉校注、岩波書店、一九五八年。

（12）青木和夫他校注、岩波書店、一九八二年。

（13）山口佳紀・神野志隆光校注、小学館、一九九七年。

（14）上代語辞典編修委員会編『時代別国語大辞典』上代編、二七頁、三省堂、一九六七年。
国語学会編『国語学大辞典』四九四頁、東京堂、一九八〇年。

（15）武田祐吉譯註『古事記』一七六頁脚註、角川書店、一九五六年。
ただし、上代特殊仮名遣については短期間での消滅や例外の存在などから、管見で少数ではあるが疑問、否定説も存在し、門外漢には判じ難い面もある。

森重敏「上代特殊仮名遣とは何か」『萬葉』八九、一九七五年。

松本克己「古代日本語の母音組織考―内的再建の試み―」『金沢大学文学部論集』文学篇二二、一九七五年。

川瀬一馬「日本書誌学の立場」『続日本書誌學之研究』雄松堂書店、一九八〇年。

田中卓「邪馬台国は築後国山門郡に」『邪馬台国と稲荷山刀銘』田中卓著作集3、国書刊行会、一九八五年。

阿蘇瑞枝「上代特殊仮名遣をめぐって」『論集上代文学』三二、笠間書院、二〇一〇年。同「上代特殊仮名遣をめぐって（続）」『論集上代文学』三三、笠間書院、二〇一一年。
(16) 毛利正守「「宇都志意美」考」『萬葉』七四、一九七〇年。
(17) 「言依さし賜ひき」を二重の尊敬表現を避けるため、「言依し賜ひき」と読み下す立場〈註(13)〉もあるが、ここでは通説に従う。
(18) 「不改常典」の法の内実をめぐって、議論が輻輳している。
長山泰孝「不改常典の再検討」『古代国家と王権』吉川弘文館、一九九二年。

佐藤長門「「不改常典」と群臣推戴」『日本古代王権の構造と展開』吉川弘文館、二〇〇九年。

第二章　古代の世界観 ―多元的な古代―

多元的な世界観と慣習法

律令国家成立以前のヤマト王権は、王者が全権力を掌握して思うがままに政治を行なう専制的要素は弱く、行政を担う役所の仕組みである官司制、役所に所属する役人が専門とする行政を執行する官僚制も未熟であった。これは、倭国を統治したヤマト王権に、政治権力やそれを行使する仕組みがなかったということではなく、今日とは異なる方法で統治が行なわれていたということである。

つまり、王権による領域統治は、王権から構成員として認定された政治的集団である氏族が、その権力を分掌して政務を分担し、執行する仕組みであった。有力氏族らが倭国王＝天皇のもとに結集して王権を構成し、その政務の運営を分けて担っていたのである。

また、律令制定以前の倭国には、文字で記された成文法（せいぶんほう）がなく、王権の政務も含め古来の仕来（しき）たりである慣習法（かんしゅうほう）（不文法（ふぶんほう））に基づいて行なう、伝統重視の社会であった。この慣習法下のヤマト王権では、基本方針は、天皇の下に集結した執政官（しっせいかん）である大臣（おおおみ）・大連（おおむらじ）、群臣（まえつきみ）と称された有力氏族、王族らの合議で決定され、[1]それを各氏族が分掌して執行していた。こうしたことから、古代氏族の研究は、慣習法下のヤマト王権の実態解明にもつながるのである。

なかでも、古代氏族をヤマト王権に集結させた紐帯と、その核に位する天皇の存在意味の解明は、古代史上の最大の課題と言える。そのなかの後者については、さきに倭国・ヤマト王権の宗教的秩序を体現する祭祀王としての天皇にあるのではないかと考えたが、[2]さらに究明すべき問題もある。

とくに、物部氏や蘇我氏などの古代氏族の活動が、ヤマト王権の動向を左右したこの時代の社会は、統治組織や方法だけでなく、社会秩序の在り様や、その背景に存在する考え方などが、今日とは大きく異なっていたことを知らなければならない。そのことに理解が及ばなければ、古代氏族の実像も霞の彼方の存在となろう。その点に関して注目するべきは、宗教と法にあると考えるが、まず古代の法について少し述べておこう。

わが国古代の成文法には、推古天皇十二年（六〇四）四月戊辰に廏戸皇子（聖徳太子）が制定したという憲法十七条があるが、頒布や実効性などに問題がある。また、弘仁十一年（八二〇）に撰進された『弘仁格式』序（『類聚三代格』所収）が、天智天皇元年（六六二）に制定されと記す、いわゆる近江令二十二巻は存否が確定していない。ここでは一応、天武天皇十年（六八一）二月甲子に編纂を開始し、持統天皇三年（六八九）六月庚戌に頒布したという飛鳥浄御原令二十二巻をその最初とみておく。ただし、『紀』の記事を仔細に読んでいくと、天武天皇四年（六七五）前後から、単立で法令が施行されていた節が窺われる。いずれにしても、天武朝から持統朝にかけての頃に、ヤマト王権が成文法の社会に移行したことは確かである。

したがって、それ以前がほぼ慣習法の時代になるが、そこでも社会を維持するための厳格な法・秩序が存在し、機能していたことは、それ以降の社会と違いはない。たとえば、邪馬台国について記した史料として知られる『魏志』倭人伝（陳寿が三世紀末に撰述）は、倭人社会の秩序について、次のように伝えている。

其の法を犯すや、軽き者は其の妻子を没し、重き者は其の門戸及び宗族を滅す。

【その法を犯すと、軽い者はその妻子を没収して奴隷とし、重い者はその一家および一族を滅ぼす。】

また、推古朝の遣隋使について記録する『隋書』倭国伝（魏徴らが七世紀中ごろに撰述）も、次のように記している。

其の俗、殺人、強盗、及び姦は皆死。盗む者は贓を計りて、物を酬いしめ、無財の者は、身を没して奴と為す。自余は軽重により、或は流し或は杖す。

【その慣習では、殺人や強盗、姦などを犯した者は、みな死刑である。物を盗んだ者は、盗品＝贓の量や価値を計って、償いをさせる。その財のない者は、身を没して奴隷とする。それ以外は、罪の軽重によって、あるいは流罪にし、あるいは杖で身体を打つ。】

ただし、これは日常生活についての秩序、世俗の規則であり、言うならば「世俗法」である。重要かつ特徴的なことは、慣習法の時代には、世俗法とは価値基準が異なる宗教的な秩序・規則である「宗教法」が存在し、機能していたことである。わが国古代における成文法と慣習法の違いは、成文法は基準が一元的であるのに対して、慣習法は二元的であることである。わが国の律令国家が成文法に基づく一元的秩序の社会形成を目指したことは、その中に神祇信仰に基づいた国家祭祀について定めた神祇令や、六世紀に伝来した仏教の僧尼について定めた僧尼令など、宗教法の篇目が立てられていることから明瞭である。

基準が一元的でなければ成分法としては機能しないけれども、今日の成文法社会においても、別の宗教法に基づいた処罰の実施など、秩序が一元的でない海外事例は周知のところである。わが国古代の律令制下でも、法基準の一元化が達成されていたわけではなく、慣習法以来の習俗が残存していた。

世俗法と宗教法は別の時空の決まり

「世俗法」と「宗教法」ではその基準とする考えが大きく異なり、二元的であったことが古代的特色であった。そこで、古代の宗教法の特徴を、例を挙げて具体的に記そう。

神祇令は六月と十二月の晦日（三十日）に「大祓」という宗教的儀礼をとり行なうよう定めているが、その目的は様々な「罪」を祓除することにあった。大祓を行なうことで祓い除かれると観念された罪は、「天の益人等が過ち犯しけむ雑雑の罪事は…天津罪…国津罪…」（『延喜式』大祓詞）であり、具体的には以下のものであった。

・天津罪：畔放。溝埋。樋放。頻蒔。串刺。生剝。逆剝。屎戸。
・国津罪：生膚断。死膚断。白人。胡久美。己母犯罪。己子犯罪。母与子犯罪。子与母犯罪。畜犯罪。昆虫乃災。高津神乃災。高津鳥災。畜仆志蠱物為罪。

個々の罪の内実はよく分からないものもあるが、この「天の益人（人々）等が過ち犯し」た「天津罪・国津罪」が、世俗法を侵犯したことによる罪でないことは、そこに殺人や窃盗などの世俗的な犯罪が含まれていないことから明白である。(3) この天津罪・国津罪は、宗教的秩序を乱し、宗教法を犯したことの罪であるから、祓という宗教的儀礼によって祓除されたのである。世俗的な罪は祓で祓除されるのではなく、刑罰が科されたのである。

律令という基準が一つでなければならない法の中に、刑罰を科せられる罪と、祓という宗教的儀礼によって取り除かれる罪が遺制的に併存しているから、後世の理解に混乱が生じるが、元来両者はまったく別な価値基準に基づく罪であった。律令以前の慣習法の社会ではより一層、世俗法と宗教法が相互に関連しあいながらも、別箇の秩序として併存、機能する、多元的な社会であった。端的に言えば、世俗法と宗教法は互に異なる時空で機能するものと考えられていたのである。

そのことは、最初の遺隋使について伝える『隋書』倭国伝の、次の記事から知ることが出来る。

開皇二十年、倭王あり、姓は阿毎、字は多利思比孤、阿輩雞弥と号す、使を遣わして闕に詣る。上、所司をしてその風俗を訪わしむ。使者言う、「倭王は天を以て兄と為し、日を以て弟と為す。天未だ明けざる時、出でて政を聴き跏趺して坐し、日出ずれば便ち理務を停め、云う我が弟に委ねんと」と。高祖曰わく、「此れ太だ義理無し」と。是に於いて訓えて之を改めしむ。

【開皇二十年（六〇〇）、倭王がおり、姓は阿毎、字は多利思比孤、阿輩雞弥と号した。使者を遣わして都の長安に詣った。文帝は役人にその慣習を尋ねさせた。使者が言うには、「倭王は天を兄とし、日を弟としている。天がまだ明けない時、出て政を聴き、あぐらをかいて座り、日が出れば、すなわち政務をとどめ、わが弟に委せよう、と言う」と。高祖文帝は、「これは甚だ道理に背いている」と語り、正しい仕方を訓示して改めさせた。】

隋の高祖は、「此れ太だ義理無し」として、正しい仕方を訓示して改めさせたとある。早くに成文法の社会に移行し、法・秩序が一元的であることが常識であった文帝には、倭国王の政事の仕方は「太だ義理無し」であり、訓えて改めさせなければならない非文明国の慣習であった。

さて、文帝から非難された「倭王は天を以て兄と為し、日を以て弟と為す。…云う我が弟に委ねんと」とある部分については、様々な議論があるが結論的に述べれば、「夜中の祭事の神懸りによって天つ神の意思をうかがう神託政治と、太陽が上がって後、君主によっておこなわれる現実の政治の関係を述べたもの[4]」で、「倭王即ち天という思想を前提に、倭王が神託を得て夜明け前に執務することについて、日が昇れば星が見えなくなる天と日の関係を兄弟に擬えて説明したもの[5]」という理解が穏当である。

すなわち、夜は、祭祀や喪葬などの執り行なわれる宗教的論理・秩序の支配する時空であり[6]、日の出後の俗事である日常政務に基本的な指針を与える、優越的な時空と観念されていた。宗教法に基づく祭事が世俗法に基づく政事に基本的指針を与えていた仕組みを、天と日の関係に擬えて説明したものである。当時のヤマト王権において天皇が天と日の間に位置づけられていた、あるいは祭祀王が弟王に日常政務を委ねる仕組みになっていた、ということを述べているのではない。[7]

ルーマニア生まれの宗教学・宗教史学者であるＭ・エリアーデ（一九〇七～一九八六）によれば、世俗的時間は一定方向に持続的に進むが、聖なる非世俗的時間は諸々の祝祭において回復することのできる一連の永遠であり、神々の所業として円環的に経過すると観念されたという。[8] この世俗的時間と非世俗的時間は、昼と夜という別なる空間における時間観でもある。こうした社会では、世俗・日常（この世・目に見える世界）の時空と非世俗・非日常（あの世・目に見えない世界）の時空は、別の法と秩序が支配する、別な世界と観念されていたのであるが、両者の関係はどのようであったのだろうか。それについても述べなければならない。

あの世は逆さまの世界

二元的世界観が支配する社会における宗教法・非日常的秩序（あの世の決まり）は、世俗法・日常的秩序（この世の決まり）と、論理が逆転していたところに特徴がある。[9] 西アジアや南アジアでは、世界のあらゆる秩序を具現すると観念された宇宙木（世界樹）が、根は天空に張り枝は大地に伸びる逆さまの形で表象されるのも、[10] そのことを示している。

今日でも経験することだが、祭祀や喪葬の際に、世俗・日常には禁止された行為が許され、かえって推奨される場合のあることは、この観念に由来する。日常世界における宗教的禁止を意味するタブー（taboo）・禁忌が、宗教法に基づいていることは明白であろう。神聖不可侵なアジール（asile）・禁足地とは、世俗法が適用されない、常に宗教法の下にある聖地のことである。

　このような二元的世界観の社会では、宗教法とその論理は世俗法とその論理と、逆転していると考えるのが一般的であった。それは、宗教法の時空である夜と世俗法の時空である昼に、あるいは祭儀や喪葬における日常とは逆転した仕草と、日常における宗教法による禁忌＝タブーなどとの関係に、置き替えて理解することも出来よう。

　法や秩序、それを支える論理が多元的であれば、社会が混乱するのではないかと危惧するむきもあろう。しかし、それぞれの法・秩序が機能する時空は別であったから、そうした心配は杞憂である。この二つは論理が逆転しながらも、夜と昼の異なる時空で矛盾なく連環しながら機能していたのであり、古代の人々はこうした多元的な社会に生きていたのである。

　これはまた、天皇が、呪術宗教的首長権と世俗政治的首長権を併せ持つことの別な表現でもあり、まさに当時の天皇が帯びていた古代的特質と言える。

『記』・『紀』・『風土記』などは一見、こうした法・秩序が多元的である社会の事柄を、区別することなく平板的に記載している。一元的な現代社会に生きる我々は、今日的観点からそれらを迂闊にも一元的に理解し、かえって古代の実像から遠退いてしまう場合が少なくない。それらは、実際には重層的、多元的で複雑な記載であったことを理解しなければならない。

　ただし、成文法が成立すれば、あらゆる事柄、社会秩序の典拠は、この成文法となる。法・秩序が一元的な社会の形成であるが、天平神護二年（七六六）十月壬寅の「仏の御法」といった例外的な用例を除けば、文武天皇元年（六九七）八月庚申の即位宣命に「国の法を過ち犯す事なく」と見えるのを始め、『続日本紀』の詔でしばしば「法」が強調されているのは、そのことを示している。『記』・『紀』に描かれる時代とそれ以降とでは、社会を存立させていると観念された法・秩序の実態が、大きく異なっていたことを知らなくてはならない。

古代の霊魂信仰

古代の宗教観、とくに物部氏が王権祭祀を職掌としていた問題を考察する上で、霊魂信仰についても触れておく必要がある。

『万葉集』巻十五には、中臣朝臣宅守が狭野弟上娘子を娶った時に罪を得て越前国に流罪になり、その天平十一年（七三九）から十二年頃に離別の悲しみを贈答した六十三首の歌謡が載せられている。その娘子の歌二十三首のなかに、次の一首がある。

　魂（多麻之比）は朝夕に多麻布礼杼吾が胸痛し恋の繁きに（三七六七）

この短歌には、傍線部の解釈にかかわり、二様の理解がある。一般的なのは、傍線部を「タマフ（頂戴する意）」の下二段活用已然形「タマフレ」にドがついたものと見て、[11]その意を「あなたの魂は朝夕に頂いていますが、私の胸は痛い。恋があまりにしきりなので[12]」と解する立場である。

他方は、傍線部を鎮魂の古訓であるタマフリと解して、「遠く離れたあなたを恋うる思いのため胸が痛んで、病気のような状態にある。そこで朝夕タマフリをして、タマシヒを振り起こそうとするが、いっこうに効果がない」ということを訴えた歌と解する。[13] さらに「流罪に処せられて遠くにいる恋人の魂を朝夕に頂くとか、そうすると胸の痛みが癒えるというような観念は認めがたい」と、前者の立場を批判する。

なお、『万葉集』巻五には、筑前国司山上憶良が天平二年に詠んだ、次の歌が収められている。

吾が主の御霊賜ひて（美多麻々々比弖）春さらば奈良の都に召上げ給はね（八八二）

歌意は、「あなた（大伴旅人）様の御心入れを賜わって、春になったら奈良の都に召し上げて下さい」というものである。二首は表面的には似ているように見えるものの、「多麻之比・多麻布礼杼」と「美多麻々々比弖」のタマは別のものと思われ、三七六七番歌は後者の解釈に妥当性があると考えられる。

さて、人は周りの自然や他者に対して、自己や集団の願望を遂げようとする場合、対象に向けて直接・間接にさまざまな働きかけをする。たとえば、超自然的な存在に祈願し、あるいは目には見えない威力を対象にした儀礼を催して、願望の実現をはかる。鎮魂もその一つであるが、それには霊魂信仰が前提として存在する。

霊魂観念の内容は、民族、文化、宗教などにより多種多様であって、定義はきわめて難しいが、概ね次のように要約出来よう。[14]

それは、人間や人工物、山川草木虫魚などに宿る超自然的存在であり、アニミズム（animism／霊的存在）観念に包含される。日本では、人間に宿る霊魂はタマ、それ以外に宿る霊魂はモノ（精霊）と称した。また、霊魂は衰退していくものであり、衰退すれば宿主から遊離すると考えられ、生老病死をタマの働き、天変地異の発生をモノの作用と、関連づけて説明された。たとえば、霊魂が衰退すれば宿主の体力も弱くなって病気になり、遊離すれば死亡に到る、とされた。すなわち、霊魂が自然や人間を含む万物に存在感を与えていると考えるのであり、それゆえに霊魂の操作、たとえば排除したり憑依させたりすることで、病気からの恢復や社会の安寧を確保することが出来る、と信じられた。かつ、そうした観念に基づいた呪術的儀礼や、それを執行する呪術的宗教者も活躍した。

霊魂を取り込んで〝人〟になる

古代の霊魂信仰の実態を知るために、具体的な事例を紹介しよう。『記』・『紀』・『風土記』などの神話や伝承には鳥の活躍が記され、古代の器物には鳥の象（かたち）の描かれることも多いが、そこには鳥に対する特別な宗教的観念、呪術的な信仰のあったことが窺われる。この鳥に対する特別な呪術宗教的な観念を、鳥霊（ちょうれい）信仰という。

鳥霊信仰とは、鳥を神の使いとみなし、あるいは神や霊魂が鳥に乗って神の世界やあの世へ自由に移動できると考え、さらには神や霊魂そのものが鳥の姿で顕現（けんげん）すると信じて、鳥をことさらに神聖視し、崇敬することをいう。こうした鳥霊信仰は、神や霊魂はその依るべき事物や肉体から離れて、自由に別世界へ飛翔することができるという、神や霊魂の自律性、不滅性に関わるもっとも原初的な思考と、鳥が天空を自在に飛翔し、かつ時季を決めて定期的に飛来するという、生態の不思議さが結合して成立したものである[15]。

そのことは、仁徳天皇紀元年正月条の、仁徳天皇の名オオサザキの由来、サザキとツクの名を取り換える説話が分かり易い。

初め天皇生れます日に、木菟、産殿に入れり。明旦に、誉田天皇、大臣武内宿禰を喚して語りて曰はく、「是、何の瑞ぞ」とのたまふ。大臣、対へて言さく、「吉祥なり。復昨日、臣が妻の産む時に当りて、鷦鷯、産屋に入れり。是、亦異し」とまうす。爰に天皇の曰はく、「今朕が子と大臣の子と、同日に共に産れたり。並に瑞有り。是天つ表なり。以為ふに、其の鳥の名を取りて、各相易へて子に名けて、後葉の契とせむ」とのたまふ。則ち鷦鷯の名を取りて太子に名けて、大鷦鷯皇子と曰へり。木菟の名を取りて、大臣の子に号けて、木菟宿禰と曰へり。是、平群臣が始祖なり。

【応神（誉田）天皇のキサキ仲姫命が、後の仁徳天皇を出産した際に木菟が産殿に飛び入った。明朝、父である応神天皇は大臣武内宿禰を召して、「これは、何の瑞兆か」と訊ねられた。大臣は、「吉祥です。昨日、私の妻の出産時には、鷦鷯が産屋に飛び入りました。これもまた不思議なことです」と申し上げた。応神天皇は「これは共にめでたいことのしるしだから、お互いの鳥の名を交換して子に付け、後世への契としよう」と仰せられ、天皇の皇子は大鷦鷯、大臣の子は木菟と名付けたが、この木菟宿禰が平群臣の始祖である。】

『紀』編纂事業の開始とみられる天武天皇紀十年（六八一）三月丙戌に、川嶋皇子以下十二名に「帝紀及び上古の諸事を記し定め」させた際に、中臣連大嶋と平群臣子首が「親ら筆を執りて以て録」

したとある。また、『紀』編纂にむけての史料蒐集とみられる持統天皇五年（六九一）八月には、大三輪氏以下の十八氏に「其の祖等の墓記」（『釈日本紀』には纂記とある）を進上させているが、その中にも平群氏が見える。右の記事の元になった史料は、平群氏との関係が推察される。

木菟は森に棲む夜行性のミミヅクであり、鷦鷯は全長十センチほどの国内で最も小さな鳥の一つ、ミソサザイである。鳥名に由来する易名伝承として広く知られた物語だが、まことに不思議な内容である。武内宿禰（建内宿禰）は、葛城氏をはじめ蘇我氏や平群氏ら臣姓氏族の始祖と伝え、この時に産まれた木菟宿禰は平群氏らの始祖という。この場合の易名には、「後葉の契」（後世の約束）とあるように、天皇家と武内宿禰および平群氏の間における強固な君臣関係の樹立という、政事儀礼的な意味が読み取れる。

もちろん、自然豊かな古代でも、閉鎖的な建物である産屋での出産時にミミヅクやミソサザイが実際に飛び込むことなど、ほとんどあり得ないことである。これは、ミミヅクやミソサザイが新生児に〝人〟の霊魂を運んでくる、ないしは新生児のもとに〝人〟の霊魂がそれらに化して飛来するという呪術的観念に基づき、それらに見立てられた鳥形呪具を用いた出産時の儀礼が、説話化したものである。また『記』・『紀』の海幸・山幸神話で、初代天皇神武の父鸕鷀草葺不合尊（鵜葺草葺不合命）が産屋に鵜の羽を葺き終わらない間に誕生したとあることなども、同様な習俗として参考になる。ウガヤフキアエズの場合は、鵜などの鳥が新生児の霊魂を運んでくるという鳥霊信仰により、産屋に鵜の羽を葺き飾る習俗を背景としたものである。

すなわち、新生児には〃人〃となるに必要な霊魂が未だ十分に備わっておらず、外から飛来するそれを取り込むことにより人格の充足した〃人〃になる、と考えられていたことが知られる。

反対に、死亡は身体からの霊魂の離脱、飛翔と観念された。倭建命（日本武尊）が死後、白鳥になって飛翔し、墳墓には屍が無かったというのはよく知られている。これは、神仙思想に基づく、屍がなくなって仙人になる尸解仙説話でもある。仲哀天皇紀元年十一月乙酉条に、「父の王、既に崩りましぬ。乃ち神霊、白鳥と化りて天に上ります」とあるように、その神霊（霊魂）が白鳥と化して天上に飛翔したのであると観想された。おそらく、この場合には、白鳥や鳥形呪具を用いた、死者の霊魂を速やかに他界へ送る呪術的儀礼が行なわれたのであろう。

新生児に対して霊魂を体内に採り込む、あるいは死者の霊魂を速やかに他界に赴かせる、呪術宗教的信仰や習俗が古くに存在したことを示しているが、それらの背景には霊魂信仰が存在したのである。ただし、顕宗天皇記には、雄略天皇に父の市辺之忍歯王（履中天皇の子）を殺害された怨みを報復するために、雄略天皇の陵を破壊することに関わり、次のような所伝がある。

天皇、深く其の父王を殺したまひし大長谷天皇を怨みたまひて、其の霊に報いむと欲ほしき。故、其の大長谷天皇の御陵を毀たむと欲ほして、……

ここでは、雄略天皇（大長谷天皇）の霊魂は、埋葬後も屍に留まるものと信じられたから、その損壊が報復になり得たのである。古代の霊魂観も一様ではなく、多様であった。天武天皇紀十年（六八一）五月己卯条の「皇祖御魂」の祭りは、『紀』で皇祖と位置づけられる天照大神・高皇産霊神、あるいは歴代の天皇、もしくは吉備嶋皇祖母命（天武天皇の祖母）・皇祖母尊（皇極・斉明天皇、天武天皇の母）であろうが、この時期に現われた新しい動きである。

物部氏をめぐる諸問題

このように、律令制以前の古代社会における宗教は、一般に考えられているよりも重い存在であった。したがって、この時代の歴史を理解しようとする場合、政治史的視点からの考察だけでは十分でない。世俗・日常とこの世を二分していると観念された、その時代の精神世界について明らかにしなければ、実際の歴史像に近づくことは難しい。世俗・日常と非世俗・非日常の世界は、対峙しながらも相互に補完し、支え合って一つの社会を構成しているから、対象とする事象の分析は一面的にならないよう留意しなければならない。

こうした視点から、五～七世紀のヤマト王権の精神世界の実態解明を絡めながら、古代氏族の雄、物部氏に関わる諸問題の考察を進める。それは、物部氏が生きたのが、慣習法下の多元的な社会であっただけでなく、物部氏自身がそうした特徴を色濃く有していたからでもある。

物部氏は、河内国渋川（しぶかわ）郡（大阪府八尾市・東大阪市・大阪市の一部）を本拠とする大豪族であり、祖である饒速日命（にぎはやひのみこと）は天皇家の祖の瓊瓊杵尊（ににぎのみこと）と同じような降臨神話を有し、初代天皇神武の東遷に際して帰順したと伝える。のちには大和・難波間の大和川とその沿岸の水陸交通の要衝を押さえ、勢力基盤として権勢を振るう。[16] この物部氏が『記』・『紀』神話とは異なる独自な神話を保持していたことは特徴的なことであるが、あまり知られていない。その神話に起源すると伝える鎮魂の呪儀は、物部氏を最も特徴づけるものであるが、そのことの重みが未だ十分に評価されていないという問題もある。

物部氏が大伴連氏と同様に大連（王権の執政官）に任命されて権力を握り、仏教信仰の受容をめぐり蘇我氏と激しく対立したと伝えられることは周知のところである。ただ、大連という政治的地位を示す呼称について、カバネの連に大を付して造作された敬称に過ぎない[17]、あるいは王権の職位の呼称としては存在しなかったが執政官の実態としては存在した[18]など、否定的な見解がある。

大臣・大連の職制も含め姓や尊称などは、金石文などの確実な同時代史料が現われない限り、存否の確かな判断は困難である。ただ、物部氏系の氏族誌的歴史書とみられる『先代旧事本紀』では、物部氏の有力人物すべてに大連が付されているわけではなく、事実関係は別にして、物部氏自身も大連任命に一定の条件が存在したことを認識していた節がある。ここでは、取りあえず史料のままに記すが、そのまま認められると考えているわけではない。

さて、初期の仏教信仰受容をめぐる物部氏と蘇我氏の角逐は、研究が尽くされた感があるものの、必ずしも事実に到達しているとは思われない。この仏教崇廃抗争については、物部氏の王権における宗教的かつ政治的位置を理解することで、仏教信仰受容に反対したことの真の理由と、蘇我氏による仏教信仰受容の具体相の解明が可能となる。ここで改めて、新たな視点から真相の究明を進め、ヤマト王権における仏教受容問題の本質と、物部氏が仏教受容に反対した真の理由など、初期仏教をめぐる王権の実態解明を進める。

次に、物部氏がその祭祀を担ったと伝えられる、大和国山辺郡に鎮座する延喜式内名神大社、石上坐布都御魂神社（以下、石上神宮／天理市布留町）の祭祀の実態、およびそれをめぐる物部氏と蘇我氏の動向には、王権と宗教の関係も含めて古代史上の重要問題の本質が凝縮されていると考えられる。すなわち、古代の非世俗・宗教的世界観が端的に表出していると予察されるのが石上神宮であり、その考察からは、慣習法下の王権の性格と天皇の支配の特徴を解明することが出来ると考える。

ちなみに、物部という氏名にも採用される「部」制は、ヤマト王権に帰属した集団が奉仕するトモ（伴）制を改変して六世紀前葉頃から導入された、物的貢納と労役奉仕の義務を課した人的支配制度であり、屯倉制や国造制の創設とほぼ一体的な政治改革であった。それは五世紀の王統では王権の秩序を維持することが困難となり、五〇七年に新たに迎えた応神天皇五世孫という継体天皇と、それに続く王権による新たな政策であった[19]。

物部氏は、この物部を統率した伴造であるが、物部氏の性格としては軍事・警察と祭祀に特徴があるとされる。その当否は物部の「物」の理解とも関わるが、石上神宮の祭祀の実態と本質、具体的には石上神宮の性格とその収蔵品の意味の考察などから、自ずと明らかになると考える。

註

（1） 加藤謙吉『大和政権と古代氏族』吉川弘文館、一九九一年。
倉本一宏『日本古代国家成立期の政権構造』吉川弘文館、一九九七年。

佐藤長門『日本古代王権の構造と展開』吉川弘文館、二〇〇九年。

(2) 平林章仁『「日の御子」の古代史』塙書房、二〇一五年。同『天皇はいつから天皇になったか?』祥伝社、二〇一五年。

(3) 平林章仁『神々と肉食の古代史』吉川弘文館、二〇〇七年。

(4) 井上光貞『日本古代思想史の研究』岩波書店、一九八二年。

(5) 須原祥二「『隋書』倭国伝にみえる「倭王」と「天」」『日本歴史』七一九、二〇〇八年。

(6) 三宅和朗『古代の王権祭祀と自然』吉川弘文館、二〇〇八年。同『時間の古代史─霊鬼の夜、秩序の昼─』吉川弘文館、二〇一〇年。

(7) 平林章仁、註(2)。

(8) M・エリアーデ(風間敏夫訳)『聖と俗─宗教的なるものの本質について─』法政大学出版局、一九六九年。

(9) 岩田慶治「鎮魂の論理」『呪ないと祭り』講座日本の古代信仰三、学生社、一九八〇年。

平林章仁、註(3)。

(10) M・エリアーデ(堀一郎訳)『大地・農耕・女性─比較宗教類型論─』未来社、一九六八年。

(11) 高木市之助他校注　日本古典文学大系『万葉集』四、一〇五頁、岩波書店、一九六二年。

(12) 佐竹昭広他校注　岩波文庫『万葉集』四、二四五頁、岩波書店、二〇一四年。

(13) 土橋寛「採物のタマフリ的意義」『古代歌謡と儀礼の研究』岩波書店、一九六五年。

(14) 民俗学研究所編『民俗学辞典』東京堂、一九五一年。

吉田禎吾「アニミズム」、クネヒト・ペトロ「霊魂」、石川栄吉他編『文化人類学事典』弘文堂、一九八七年。

桜井徳太郎『霊魂観の系譜─歴史民俗学の視点─』講談社、一九八九年。

土橋寛『日本語に探る古代信仰―フェティシズムから神道まで―』中央公論社、一九九〇年。

西郷信綱『古代人と死―大地・葬り・魂・王権―』平凡社、一九九九年。

山本ひろ子「霊魂」、福田アジオ他編『日本民俗大辞典』下、吉川弘文館、二〇〇〇年。

大形徹『魂のありか』角川書店、二〇〇〇年。

宮本袈裟雄「霊魂」、薗田稔・橋本政宣編『神道史大辞典』吉川弘文館、二〇〇四年。

アジア遊学一二八『古代世界の霊魂観』勉誠出版、二〇〇九年、など。

(15) 平林章仁『鹿と鳥の文化史』白水社、一九九二年。

(16) 亀井輝一郎「大和川と物部氏」『日本書紀研究』九、一九七六年。

(17) 倉本一宏『日本古代国家成立期の政権構造』一一頁、註（1）。

(18) 佐藤長門『日本古代王権の構造と展開』七四頁、註（1）。

(19) 平林章仁『蘇我氏と馬飼集団の謎』祥伝社、二〇一七年。

第三章　物部氏の神話と呪術

古代の氏族と神話

時代を通じて共通するものもあるが、古代が現代と大きく違うのは、事物の存在に対する考え方である。古代社会では、人間をはじめ世界はそのままでは存在しないと考えられた。そこでは、名を着けられ、言葉によって陰影（いんえい）や変化や意味を与えられることで、現実の存在となったのである。事実によって人々を取りまく世界が成り立っているのではなく、世界を支えているのは、共同体的紐帯の強い社会で共有されている幻想であり、その中心には象徴として神が存在した。共有された幻想は、事物の始原として演じられた儀礼と、それを語る神話により、実在性を獲得したのである。

共有幻想に由来する神話は、編年史的な事実を伝えるものではないが、さりとて無から創作され実社会とは何の縁りもない、まったくの虚構でもない。神話が語られ機能していた古代社会にあって、それは信仰と祭祀・儀礼で裏打ちされた宗教的真実の物語であり、現実の社会を秩序づける規範でもあった。神話と祭儀は社会に秩序をもたらし、自己を含めあらゆる存在に意味を与えていたのだ。

また、神話と祭儀は、人間と文化の起源を神々に託して語り演じられることで、世界の始原と現実の社会の在りようを説明し、人々の思考や認識を基礎づけていたのである。神話と祭儀は彼らの世界観の表明でもあり、それを共有することで彼らの世界が歪みなく成り立つと信じられたのである。

古代の社会は、世界の半ばが、神や霊の世（非日常・あの世）であり、あと半分が人の世（日常・この世）で構成されていると観念された。神は人に似せて表現されるが、その世界は人の世と同じではない。あの世は、この世とは論理と秩序が逆さまの世界と考えられたことなど、先章に述べたところである。

神話と祭儀で表現されるあの世は、この世とはすべてが逆さまの世界と観念されていたが、そこに坐（いま）す神とは始原的には畏怖（いふ）すべき霊か、霊の不思議な威力（霊威）の現われであった。もちろん、それは目には見えない存在であるから、原初には姿を想いうかべることや象（かたち）に造ることが憚（はばか）られた。それは、祭祀の度（たび）に巨岩（岩倉（いわくら））や聖樹、神籬（ひもろぎ）、神と人の仲立ちをする巫覡（ふげき）（シャマン）などに依り付いて存在を示した。実名で呼ぶことを忌（い）み避ける習俗は、貴人だけでなく神にも及ぼされて、神の名を直接口にすることも憚られた。たとえば、天照大神・大国主神・大物主神など広く知られる神の名は本来、その神に特徴的な機能や神格などを示す語彙を用いて、間接的に表現した呼称ではなかったかと推考される。

物部氏に比肩する有力氏族であった葛城氏や蘇我氏が、神話を持たなかったわけではなかろうが、まったく伝えられない。葛城氏は五世紀末までに衰滅するが、のちまで権勢を極める蘇我氏の本貫、大和国高市郡蘇我里（奈良県橿原市曽我町）に鎮座する式内大社の宗我坐宗我都比古神社は蘇我氏が奉斎したと見られるが、その神の名が『記』・『紀』神話に登場することはない。

また、天武天皇四年（六七五）四月に、令制にも継承される恒例（四月・七月）の国家祭祀として創祀された広瀬大忌祭（大和国広瀬郡／北葛城郡河合町川合に鎮座する式内名神大社の広瀬坐和加宇加乃売命神社）と龍田風神祭（大和国平群郡／生駒郡三郷町立野に鎮座する式内名神大社である龍田坐天御柱国御柱神社）の祭神も、『記』・『紀』神話には登場しない。

律令制下で国家の恒例祭祀として最も重視されたのは、稲の豊穣を津々浦々の神々に祈願する二月四日の祈年祭である。その起源は、祭祀氏族である斎部（忌部）広成が大同二年（八〇七）に撰述した氏族誌である『古語拾遺』に、御歳神神話として載せられているが、これも『記』・『紀』には記されていない。

これらとは異なり、『記』・『紀』に載録されている木花之佐久夜毘売（木花之開耶姫）神話や海佐知（海幸）・山佐知（山幸）神話は本来、南九州の隼人と称された人々が伝えたものであったことは異論がない。ところが、『記』・『紀』において南九州（日向地域や熊襲・隼人）のことが問題となるのは、四世紀代にあてられる景行天皇や倭建命（日本武尊）の征西伝承が最初である。大日下王（大草香皇子）に始まる日向系の日下宮王家が、五世紀後半に目弱王（眉輪王）でもって滅亡して以降は、南九州地域が王権を揺るがす状況にはない。[1] すなわち、彼らが伝えた神話を王権神話に組み込む必要性は、五世紀後半以降には既に存在しないのである。

『記』・『紀』の神話を天武・持統朝ごろの創作とみなすのが、研究者の間における一般的傾向であるが、右述した事柄は、通説の妥当性に疑問のあることを示唆している。異族視された南九州の隼人や次述する物部氏のそれは載せられているから、これは単に『記』・『紀』の編纂上の問題ではなく、古代王権の成立やその権力編成の歴史に起因するのではないかと憶測されるが、具体的には未だ分明ではない。

神話の共有とその歴史的意味

一般的に言えば、神は時間と空間を超越した畏怖すべき存在と観念される。特定の神のみを強く信仰する社会ほどその傾向が強いが、いずれにしても人がいなければ神も存在しない。人々の共有幻想に基づく観念である神は、教義とは裏腹に人以前には存在しない。もちろん、それが共有されずに個人の信仰に留まっている段階では、社会的に大きな意味を持つことはない。

神信仰やそれに繋る神話が、古代の王権・王統・王位などに不可欠と考えられた宗教的権威を保証するもの、その裏打ちとして機能するためには、王権を構成する成員や王者を支える集団の間に、その神話や歴史が共有されることが必要であった。各地域の豪族が宗教的に最高の権威を認めた祭祀王に服属、結集した社会では、神話（神統譜）と歴史（王系譜）の共有が、王権構成の紐帯となったのである。王権の成立を語る神話は、王権成員間に共有されてこそ意味があり、実際の社会で機能して生きた王権の歴史となったのである。このように、神話と歴史を共有することが、王権の成員になるための必須の条件であった。

神代記が多くの氏族をつなげた同族系譜を記載し、神代紀が本文のほかに多くの異伝（「一書に曰はく」）を記載していることなどは、こうした古代王権の在り様を投影したものであると言える。

ただし、神話と歴史を共有すると言っても、集団の出自や意識の違いなどにより、集団間で内容に若干の差異が生じてくるのは必然である。かつ、時間の経過による変容も生じたであろうけれども、物語の基本的展開が大きく変更されることがなかったことは、神代紀の異伝を読めば明白である。神代紀に採録された複数の異伝の内容の違いは、原史料の新旧を示しているのではなく、原史料を保有した集団（氏族）の差異に由来する。

こうした神代紀の実態は、若干の差異は存在しても基本的な展開が等しい神話と歴史が共有される社会、王権を想定しなければ、正しく理解することは出来ない。神代紀に多くの異伝が採録されていることは、神話と歴史が王家と王権成員に共有されていたことの痕跡とみてよい。基本的内容の等しい神話と歴史を共有することにより、宗教的権威に纏われた天皇の下に集結した氏族の間に、王権の成員としての自覚と自負、帰属意識が醸成され、権力編成の紐帯が形成されたのである。

例えば、宗教的権威に纏われた祭祀王が宗教的秩序を体現することに関して言えば、天皇が仏教信仰の受容に踏み切れなかったことの背景には、そのことによりヤマト王権の宗教的秩序と紐帯が崩壊することに対する、危惧が存在したのである。(2)

ところで、物部氏の神話は神武天皇と関わり『記』・『紀』に若干が伝えられるものの、物部氏にとって最も重要な鎮魂の起源物語は編者が知らなかったとは思われないが、なぜか載せられていない。共有するべき内容ではないとみなされたとも思われるが、物部氏の神話については未解明の部分が多い。物部氏の実像を明らかにするためにも、まずは具体的に見て行こう。

物部氏の神話Ⅰ ―『記』・『紀』のニギハヤヒ命神話―

物部氏の神話としては、その始祖邇芸速日命に関わる物語が、神武天皇記に記されている。それによれば、大伴氏の祖道臣命や久米氏の祖大久米命らが、かつて河内の日下（大阪府東大阪市日下町）に上陸した神武の一行が大和に入るのを阻止した登美那賀須泥毘古を平定した後のこととして、次のように伝える。

A 故爾に邇芸速日命参赴きて、①天神御子に白ししく、「②天神御子天降り坐しつと聞けり。故、追ひて参降り来つ」とまをして、即ち天津瑞を献りて仕へ奉りき。故、邇芸速日命、登美毘古が妹、登美夜毘売を娶して生める子、宇摩志麻遅命。〈此は物部連、穂積臣、婇臣の祖なり〉

【そこでここに、ニギハヤヒ命が参上して、①天神御子に「②天神御子が天降られたと聞いたので、後を追って降って来ました」と申し上げ、そのことを証明する宝器の天津瑞をすぐに献上して仕奉した。そして、ニギハヤヒ命が登美毘古の妹の登美夜毘売を娶って生んだ子が、宇摩志麻遅命である。〈宇摩志麻遅命は物部連、穂積臣、婇臣の祖である〉】

なお、傍線部①の天神御子を即位前の神武に、傍線部②の天神御子を天孫降臨神話の瓊瓊杵尊（神武天皇の曽祖父〉と解する立場と、[3]その①・②いずれも神武と解する立場があるが、[4]神武の天降りは伝わらないが文脈の上からは後者に妥当性があろう。

神武天皇即位前紀では、その状況についてさらに詳しく記している。

a　時に長髄彦、乃ち行人を遣して、天皇に言して曰さく、「嘗、天神の子有しまして、天磐船に乗りて、天より降り止でませり。号けて櫛玉饒速日命〈訓註略〉と曰す。是吾が妹三炊屋媛〈亦の名は長髄媛、亦の名は鳥見屋媛〉を娶りて、遂に児息有り。名をば可美真手命と曰す〈訓註略〉。故、吾、饒速日命を以て、君として奉へまつる。夫れ天神の子、豈両種有さむや。奈何ぞ更に天神の子と称りて、人の地を奪はむ。吾心に推るに、未必為信ならむ」とまうす。天皇の曰はく、「天神の子亦多にあり。汝が君とする所、是実に天神の子ならば、必ず表物有らむ。相示せよ」とのたまふ。長髄彦、即ち饒速日命の天羽羽矢一隻及び歩靫を取りて、天皇に示せ奉る。天皇、覧して曰はく、「事不虚なりけり」とのたまひて、還りて所御の天羽羽矢一隻及び歩靫を以て、長髄彦に賜示ふ。……天皇、素より饒速日命は、是天より降れりといふことを聞しめせり。而して今果して忠效を立つ。則ち褒めて寵みたまふ。此物部氏の遠祖なり。

【時に長髄彦が、使者を遣わして天皇に申し上げるには、「昔、天神の子が天磐船に乗って天降ってこられた。名はクシタマニギハヤヒ命と申します。この命が私の妹の三炊屋媛〈またの名は長髄媛、またの名は鳥見屋媛〉を娶り、ウマシマデ命をいう子を儲けました。それで私は、ニギハヤヒ命を君主としてお仕えしてきました。天神の子がお二人いるのでしょうか。どうして、天神の子と称して、人の土地を奪おうとするのか。私が推察するに、偽りに違いない」と申し上げた。天皇は、「天神の子も大勢いる。お前が君と崇めている者が本当に天神の子であるならば、必ずそれを証明する器物がある。それを見せなさい」と申された。長髄彦はニギハヤヒ命の天羽羽矢一隻（蛇の呪力を帯びた神聖な矢）と歩靫（矢を入れて背負う道具）を示された。天皇は「本当のことだった」と仰せになり、今度は自分の天羽羽矢一隻と歩靫を長髄彦に示された。……天皇は、最初からニギハヤヒ命は天降った者と知っていたが、今また（長髄彦平定の）功績を立てたので、褒めて寵愛された。これは物部氏の遠祖である。】

ここで神武の帯した器物が、剣・鏡・玉ではなく、饒速日命と同じく弓・矢であったのは、「天神の子」であるという出自を証明するものであったためである。これより先、葦原中国の平定に派遣された天若日子（天稚彦）の授けられた器物が、天之麻迦古弓・天之波波矢（天鹿児弓・天羽羽矢）であったのも、高天原から派遣されたことを証明するためであった。こうした天降る神の弓・矢の所持は天忍日命（大伴氏の祖）・久米命（久米氏の祖）などにも伝えられるが、これらの所伝からは古代には弓・矢でもって出自を示す習俗が存在したこと、弓・矢にはそれを示す特徴が施されていたことが思われる。饒速日命が天降りに際して帯した器物は、本来は弓・矢ではなくて霊剣フツノミタマであったとする主張もあるが、[5]妥当ではない。

次に、神武天皇紀三十有一年四月乙酉朔条には、天皇が腋上の嗛間丘（奈良県御所市本間の辺り）に登り国見をした際、この国が「蜻蛉の臀呫の如く」（トンボが連ねたようだ）と褒め称えたことが「秋津洲」という称え名の始めであると述べたのち、次のように記す。

b昔、伊奘諾尊、此の国を目けて曰はく、「日本は浦安の国、細戈の千足る国、磯輪上の秀真国。〈訓註略〉」とのたまひき。復大己貴大神、目けて曰はく、「玉牆の内つ国」とのたまひき。饒速日命、天磐船に乗りて、太虚を翔行きて、是の郷を睨りて降りたまふに及至りて、故、因りて目けて、「虚空見つ日本の国」と曰ふ。

【それ以前に、伊奘諾尊が浦安の国・細戈の千足る国・磯輪上の秀真国と、大己貴大神は玉牆の内つ国と、饒速日命は天磐船に乗り虚空を飛翔し、この国を望み見下ろして天降ったので、虚空見つ日本の国と名づけた。】

さて、物部氏の始祖神話と位置づけられる右の饒速日命の物語については、いくつかの問題点がある。

まず、『記』・『紀』の所伝A・aを比較して、饒速日命が「天神御子」よりあとに天降ったとする『記』と、「天神の子」より先に天降っていたとする『紀』の、どちらが本来の所伝かという問題がある。饒速日命と天皇をほぼ対等な関係で描いている『紀』が古いとする立場と、[6]物語の展開が簡単な『記』が本来的だとみなす立場があるが、[7]一概には判断できない。

次に『紀』bは、神武天皇がこの国を「秋津洲」と命名する以前に、伊奘諾尊（「浦安の国、細戈の千足る国、磯輪上の秀真国」）・大己貴大神（「玉牆の内つ国」）に続いて、饒速日命も「虚空見つ日本の国」と命名したという。ここでの饒速日命は、国号を着けるという国の主権者としての扱いであり、破格の位置づけである。これによれば、国号「日本」は饒速日命の命名となり、物部氏と関係深い国号となるが、『紀』は国号の倭・大倭を日本に変換していることなどから、実のところは定かではない。

饒速日命と日神崇拝の関係は、延暦三年（七八四）に筆録し書き継がれたものを応仁（一四六七〜一四六九）・文明（一四六九〜一四八七）の頃に筆写された、[8] 因幡国法美郡（鳥取県岩美郡）の豪族伊福部臣氏の古系譜「因幡国伊福部臣古志」[9]にも関連の記述がある。そこには饒速日命が、

天磐船に乗り、天より下り降りる。虚空に浮びて、遥かに日下を見るに、国有り。因りて日本と名づく。見る所の国、正に日出に当れり。故、葦原中国を更、日本国と名づく。

とあり、「日本」と名づけたと記している。これらのことから、饒速日命の降臨伝承と神武天皇東遷の上陸地である日下（河内国河内郡日下郷／大阪府東大阪市日下町）と国号の成立を結びつけて理解するむきもある。[10]

しかし、「倭」にかわる国号「日本」の採用は、今日では七世紀末頃のこととみなすのが一般であり、「因幡国伊福部臣古志」の記載は八世紀末以降のもので『紀』の影響もありうるから、ここでの考察には参考に出来ない。ただ、物部氏の始祖が神武天皇と並んで国号命名のことがあったとする、『紀』b の所伝の存在は、王権に認められた物部氏の主張として留意されてよい。

『記』・『紀』が伝えるニギハヤヒ命神話の示す時代背景については、物部氏がヤマト王権内で台頭する時期にも関連すると思われる。それに関わり、細かな差異を取捨すれば、ニギハヤヒ命神話の成立時期についての先行説は、大まかに次の三つに括ることが出来よう。

①物部氏の勢力が強大であった六世紀、欽明朝頃の成立。[11]

②天神の権威を高めるために、神武天皇東遷伝承が成立して以降に創作された。[12]
③物部連から石上朝臣に改姓し、最後は左大臣まで進んだ石上朝臣麻呂が活躍した天武朝から元明朝の間の成立。[13]

各説それぞれに依る所はあるが、決定的ではない。天武朝から持統朝にかけて、王権が伝統的に帯していた神話的・呪術宗教的要素を脱ぎ捨てて行くことは、第一章で触れ、石上神宮の神宝返却に関わり第八章でも詳しく述べる。王権の古代的近代化と言えようが、それに代えて成文法による王権の制度化、法秩序の一元化、氏族の官僚化などが進展する時期に、新たな氏族神話を創作する必然性が存在したであろうか。こうした時期に、新たな氏族神話が創作され、それが王権成員にも認められて、王権神話に取り入れられることがあったであろうか、疑問に思われる。

ニギハヤヒ命神話から読み取れること

このように、『記』・『紀』におけるニギハヤヒ命神話については、問題点が少なくない。関連史料が僅少であるということもあるが、ここで重要なことは次の二点にある。

①神武天皇関連の内容であること。
②天降ったニギハヤヒ命が、天皇と同じく天神の子である「表物」（天羽羽矢一隻・歩靫）＝天津瑞を保有していたこと。

さて、『記』・『紀』のニギハヤヒ命神話は本来、神武天皇伝承とは別個に成立、存在していた可能性もあるが、①からは物部氏の王権内における立場についての主張を読み取ることが出来る。その主張の背景に、どのような歴史事実が存在したのか、なお明らかでない。

次に②のことが、天孫の降臨神話を意識して創作されたものであることを示しているのか、このように解することはたやすいが、それとも独自に始祖降臨神話として成立し伝えられて来たものであるのかということだが、その判断も容易ではない。

ただ、『筑前国風土記』逸文（『釈日本紀』巻十所引）に、怡土県主の祖の五十跡手が仲哀天皇の問いかけに対して、「高麗国意呂山に、天より降り来し日桙の苗裔、五十跡手是なり」と名告ったとある。右は渡来系集団の主張であろうが、これによれば王家のほかにも、始祖の天降り伝承を有する氏族が存在しても不思議ではない。古代には、始祖降臨神話を保有した集団が複数存在したとみた方が実際的であり、物部氏の独自な降臨神話の保有もあり得ないことではない。問題はそれが、神武天皇伝承と絡めて伝えられていることにある。

ニギハヤヒ命神話の成立時期と、それが王権史の中で神武天皇に結びついた時期は、別であったかも知れない。それの確定は易しくないが、神武天皇と関連づけられている点には、久米集団を率いて大和地域征圧に功績のあった大伴氏と同様に、物部氏はヤマト王権の発祥とともに歩んできた集団である、という歴史意識に基づいた主張が込められていると考えられる。

壬申の乱（六七二年）の終盤で、高市郡大領（評＝郡の長官）である高市県主許梅に高市社の事代主神が神懸かりして、「神日本磐余彦天皇の陵に、馬及び種種の兵器を奉れ」と語ったので、許梅を派遣して神武（神日本磐余彦）天皇陵を祭拝させ馬と兵器を奉ったとある。壬申の乱の際に、神武天皇のことが強く意識されたことは確かである。

しかし、それは葛城の賀茂氏らが奉斎した事代主神との関係においてであり、物部氏が敗者の側にあったことは、壬申紀七月壬子条の山前で大友皇子が自経した際の、次の所伝から明らかである。

時に左右大臣及び群臣、皆散け亡せぬ。唯し物部連麻呂、且一二の舎人のみ従へり。

この物部連麻呂はのちの左大臣石上朝臣麻呂であるが、この状況からすれば、右の物部氏の所伝と壬申の乱の関係は考えられないであろう。物部氏が神武天皇を意識するのは、壬申の乱以前のことと思われるが、具体的には分明でない。

物部氏には、ニギハヤヒ命神話が、『記』・『紀』でヤマト王権発祥に関わるところに配置され、王権成員に共有されることに、意味が存在したのである。そこに「此は物部連、穂積臣、婇臣の祖なり」・「此物部氏の遠祖なり」とあるように、これこそが物部氏にとって歴史の始まりであった。

物部氏の神話Ⅱ　―『先代旧事本紀』のニギハヤヒ尊神話―

物部氏の神話は、『記』・『紀』の他に『先代旧事本紀』[14]にも記されている。『先代旧事本紀』は、神代から推古天皇二十九年の聖徳太子薨去までを記した歴史書で、序文に推古天皇二十八年に聖徳太子・蘇我馬子らが撰録したとあるのは、まったくの仮託である。記事には、『記』・『紀』・『古語拾遺』からの引用が多いことなどから、本物に似せて捏造した偽書とみるむきもあって、古代史研究への利用は僅少であった。

実際は平安時代初期、九世紀前半ごろの成立で、全国の国造を列記した「国造本紀」や、「天孫本紀」における天香語山命（神代紀九段一書六では天香山）の後とする尾張氏と大和葛城との関係を主張する系譜などは、他に見られない独自な所伝である。なかでも、物部氏系の記述が大半であることから、物部氏に関係深い氏族誌的歴史書とみられる。(15)

そこには物部氏に独自な内容の記事も散見されるが、撰述時期が降ることによる所伝の変容、撰録者の意図的な文飾、誇張した表記なども考えられることから、信憑性において『記』・『紀』を越えることはない。ただし、独自な内容の記事は『記』・『紀』の欠を補足、傍証として活用できるだけでなく、物部氏の一面を明らかにすることが可能な場合もある。古代史の研究では取り上げられる機会は限られて来たが、(16)ここでは『先代旧事本紀』の物部氏に関わる独自な神話について見ていこう。

まず『先代旧事本紀』天神本紀は、天照大神の詔をうけた天押穂耳尊が地上世界へ天降る途中、高皇産霊尊の娘の栲幡千々姫命を妃にして誕生した天照国照彦天火明櫛玉饒速日尊を降らせることに続けて、次の独自な物語を記している。なお、饒速日尊が天照大神・押穂耳尊・高皇産霊尊・栲幡千々姫命に結びついた神統譜は、『記』・『紀』神話の知識に基づく作偽であり、物部氏本来の所伝ではなかろう。

天神の御祖、詔して、天璽瑞宝十種を授く。謂はゆる瀛都鏡一、辺都鏡一、八握剣一、生玉一、死反玉一、足玉一、道反玉一、蛇比礼一、蜂比礼一、品物比礼一、是れな

> り。天神の御祖、教へ詔して曰く、若し痛む処有らば、茲の十宝をして、一二三四五六七八九十と謂て、布瑠部、由良由良止布瑠部と。此の如くこれを為さば、死人も反り生かん。是則ち、所謂、布瑠の言の本なり。

【饒速日尊の天降りに際して、天神御祖は十種の「天璽瑞宝」を授けられた。天神御祖が教えて言うには、もし痛む処があれば「一二三四五六七八九十」[17]と言い、「布瑠部。由良由良止布瑠部」となせば死者も生き返る、これが布瑠の言の本である。】

天神御祖から授けられたという十種の「天璽瑞宝」こそが物部氏伝来の聖器、リゲイリア（regalia）であった。また、それを用いる「布瑠の言」は、物部氏独自の鎮魂の呪儀であり、これらこそが物部氏を最も特徴づける呪術であったことは、後述で明らかになろう。ここではそれの由来、天神御祖から授けられたものであること、「天璽瑞宝」と「布瑠の言」の正統性を述べているのである。

次に『先代旧事本紀』天孫本紀は、その饒速日尊の降臨について、次のように記している。

> 天祖、天璽瑞宝十種を以て饒速日尊に授けたまふ。則ち此の尊、天神の御祖の詔を禀て、天磐船に乗り、天降りて河内国川上哮峯に坐す。則ち遷て、大倭国鳥見白庭山に坐す。……饒速日尊、便で長髄彦の妹、御炊屋姫を妃と為て娶り、宇摩志麻治命を誕生む。

【天神御祖は饒速日尊に天璽瑞宝十種を授けられた。饒速日尊は天神御祖の詔にしたがい、天磐船に乗り河内国川上哮峯に天降った。その後、大倭国鳥見白庭山に遷り、（神武に敵対した）長髄彦の妹の御炊屋姫を妃として、宇摩志麻治命をもうけた。】

ここでは、饒速日尊が天降りした場所を示すとともに、物部氏の祖宇摩志麻治命の誕生を語るところに主眼がある。饒速日尊が天降りしたという川上哮峯は、平安時代初め頃の成立とみられる『住吉大社神代記』(すみよしたいしゃじんだいき)[18]膽駒神南備山本記(いこまかんなびやま)に四至(しいし)（領域の四方の境界）の北限と記されている「饒速日山」にあたり、大阪府交野市(かたの)私市(きさいち)を流れる天野川(あまの)の上流、巨岩が累積する磐船(いわふね)神社にあてられている。[19]のちに遷ったという大倭国鳥見白庭山は、大和国添下郡(そふのしも)登美(とみ)（鳥見）郷、現在の奈良市西部の富雄(とみお)川流域と見られる。なお、神武天皇即位前紀に、大和の平定で長髄彦に苦戦していた際に、金色の霊鵄(あやしきとび)が飛来して勝利に導いたという、金鵄伝承の「鵄邑(とびのむら)、鳥見」も同じ地であろう。

天降りに際して授かったという天璽瑞宝十種は、饒速日尊の地位を明らかにする聖器であるとともに、その使用と呪術宗教的威力については、さきに引いた天神本紀が記す通りである。重要なのは物部氏がそれを用いた宗教的時空と目的であるが、後章で明らかにする。

饒速日尊が天磐船に乗って天降ることや宇摩志麻治命の誕生については、『記』・『紀』の所伝と大差はない。ここでの特徴は、饒速日尊が河内国川上哮峯に天降り、のち大倭国鳥見白庭山に遷ったと、具体的な地名を記していることである。日向や大和でなく、ことさら河内に降臨したと語り伝える背景には、それなりの理由が存在したと思われるが、[20]ほとんど明らかでない。

物部氏の神話Ⅲ ―『先代旧事本紀』のウマシマチ命神話―

さらに『先代旧事本紀』天皇本紀の神武天皇元年正月条は、王権の祭祀に奉仕する諸氏族がそれぞれ担当する職務の、起源神話を記している。その筆頭はもちろん、父の饒速日尊から天璽瑞宝十種を受け継いだ宇摩志麻治命のことである。

宇摩志麻治命、天璽瑞宝を奉献し、神楯を竪て、以て斎ふ。亦、今木を立て、亦、五十櫛を布都主剣大神に刺し繞し、殿内に崇め斎ひ、十宝を蔵め、以て近宿に侍る。因て足尼と号く。其の足尼の号、此れ従り始まる。

【宇摩志麻治命は神武天皇に天璽瑞宝を献上し、神聖な楯を立てて祭拝した。また今木を立て、布都主剣大神の周りに神聖な櫛を刺し廻らし垣として囲い、殿内に奉斎し、十種の天璽瑞宝もそこに納め、大神の側に近侍した。それで足尼（宿禰）と名づけられたが、これが足尼の名の起源である。】

「今木」など意味のよく分からない部分もあるが、「殿内」が神武天皇の宮殿内、それとも石上神宮の神殿（天神庫）内のいずれと解するかで、この一文の意味が違ってくる。これが神武天皇の王宮内と解されることは後述（第八章）するが、「布都主剣大神」とは熊野で生気を喪失した神武軍を救った霊剣「布都御魂・韴霊」であり、石上神宮の祭神となる。宇摩志麻治命が、それを神武天皇の王宮内で祀り崇めたということであるが、刺し繞らせた五十櫛は、冒頭に述べた瑞垣を意識したものであろうか。

宇摩志麻治命が、天璽瑞宝を神武天皇に献上したというのは服属を意味するが、神楯を立ててそれを祭拝するという情景を、思い浮かべることは難しい。

物部氏が天璽瑞宝を献上して服属し、フツノミタマを奉斎するのは、垂仁朝のこととする『紀』と異なり、神武天皇の代、宇摩志麻治命の時からのことであるという主張であろう。

足尼（宿禰）は、埼玉県行田市稲荷山古墳出土の、「辛亥年」（四七一年）と刻まれた鉄剣の金象嵌銘文にも、「比垝」（彦）や「獲居」（別）などとともに見られるように[21]、古くから用いられた称号である。のち、天武天皇十三年（六八四）十月に制定される「八色の姓」の第三に位置づけられるが、真偽は確かめ難いものの、その起源と意味を説く点では独自性がある。『先代旧事本紀』天孫本紀に、神武天皇の御世にも宇摩志麻治命が、

　元に足尼となり、次に食国の政を申す大夫となり、大神を斎ひ奉る。

とあることの、前提となる所伝でもある。史実とは別に、石上神宮の祭祀に従う物部氏の歴史観を垣間見ることが出来る。

次に引く『先代旧事本紀』天皇本紀の神武天皇元年十一月条は、神武天皇元年正月条をうけた記述であり、また先の天神本紀とほぼ同文でもあるが、その天璽瑞宝を具体的に使用したことの始原を述べていることに特色がある。

　宇摩志麻治命、殿内に天璽瑞宝を斎ひ奉り、帝后に奉りて、御魂を崇め鎮め、壽祚を祈み禱る。所謂、御魂祭、此れ自り始るなり。凡そ厥の天瑞、謂れは、宇摩志麻治命、先考饒速日尊、天自り受け来る天璽瑞宝十種、是なり。所謂、瀛津鏡一、辺都鏡一、八握剣一、生玉一、足玉一、死反玉一、道反玉一、蛇比礼一、蜂比礼一、品物比礼一、是なり。天神、教へ導く、若し痛む処有らば、玆の十宝をして、一二三四五六七八九十と謂て、布瑠部、由良由良止布瑠部と。此の如

くこれを為さば、死人も返り生くなり。即ち、是れ、布瑠の言の本なり。所謂、御鎮魂祭、是、其の縁なり。

【宇摩志麻治命は天璽瑞宝十種を用いて、神武天皇の御魂を鎮め、平穏多幸であることを祈禱した。これが鎮魂祭の起源である。】

繰り返し同じことを述べていることは、そのことが物部氏において格別に重要であると認識されていたことを物語るが、ここでは物部氏伝来の聖器である天璽瑞宝を用いた「布瑠の言」が、いわゆる鎮魂祭であることを示すところに、意図が存在したことは明白である。

令に関する古来の註釈を集成して九世紀中頃に成立した『令集解』職員令は、弘仁（八一〇～八二四）・天長（八二四～八三四）頃の先行学説「穴云」の註釈として、ほぼ同文を載せている。鎮魂祭のことは後述するが、物部氏の保持した呪術的儀礼として広く知られていたことが知られる。

物部氏は、宇摩志麻治命が饒速日尊から受け継いだという天璽瑞宝十種を用いた、鎮魂の呪儀を早くから執り行なっていた、という主張である。その際、「一二三四五六七八九十」と唱えたが、これは十種の天璽瑞宝に対応した所作であったと思料されるものの、その呪儀の具体的な仕草については明らかでない。

いずれにしても、始祖伝来という天璽瑞宝十種を用いた鎮魂は、物部氏にとって最も重要な呪儀であると考えられていたことは間違いない。

鎮魂の意義と目的

さて、鎮魂には、古くからタマシヅメ・タマフリという二つの古訓が併存していることから、その意味や呪儀の目的について異なる理解がある。

『延喜式』は延長五年（九二七）に成った律令の施行細則であるが、享保八年（一七二三）の板本を底本とする新訂増補国史大系本の神祇式四時祭下には、鎮魂にオホムタマフリの訓が付されている。九世紀半ば過ぎの『令集解』職員令では、鎮魂を「布利（ふり）」と称する理由を尋ねている（答えは「古事」）ことから、タマフリと訓まれたことが判る。鎌倉時代末期に卜部兼方（うらべかねかた）が編纂した『日本書紀』の注釈書である『釈日本紀』[22]は巻十五述義で、「旧事本紀」（『先代旧事本紀』）天皇本紀神武天皇元年十一月庚寅条を引いて、御鎮魂にヲホンタマフリという訓を付している。ところが同じ記事の御魂祭にはヲホムタマシツメノマツリの訓を付している。また『釈日本紀』巻廿一秘訓では、鎮魂祭の史料上の初見とされる天武天皇紀十四年十一月丙寅条の招魂については、ミタマフリスと訓ませている。さきにも引いた『先代旧事本紀』のニギハヤヒが天神から授けられた鎮魂の呪儀について、「布瑠の言の本」とあることも参考になる。

タマシヅメの訓みは、左記の『先代旧事本紀』[23]天皇本紀の神武天皇元年十一月庚寅条や、『釈日本紀』巻十五述義の、鎮魂の訓として見える。このように、鎮魂には古くからタマシヅメ・タマフリという二つの訓が併存しているが、これは内容の理解に対応する。

それを行なう目的については、『令集解』職員令に引く延暦年間（七八二～八〇六）の注釈書「釋云」は、「離遊の魂魄を召復し、身体の中府に鎮めさせる。故に鎮魂と曰う」と説明している。つまり、鎮魂とは、遊離した霊魂を招き寄せて身体内部に鎮めることであるという。今日、事典類なども鎮魂の説明は基本的にはこの立場にある。(24)

これに対して、タマフリの訓のほうが古く、鎮魂はタマフリの呪儀が本来的であり、それは体外の魂を採り込み、あるいは生命力を振るい起こし、気力が充足して旺盛にする意義をもつものであると主張する。(25)

ただし、両者いずれも一方の考えを排除するものではなく、中国風の「招魂」の思想の影響で、鎮魂がタマフリ的呪儀からタマシヅメ的呪儀に変遷したと考えられている。(26)

要するに、タマシヅメは、遊離した、あるいは遊離しようとする霊魂を呼び戻して体内に鎮め、さらに生命力を活発にすることで寿命の永続をはかる呪儀と解する点では、大きな異論はない。

霊魂という、人間や事物の本質的部分に働きかける鎮魂の呪儀は、生殺与奪の呪儀であったから、誰もが執り行なうことの可能なものではなかった。それは、天石窟戸神話でその呪儀を行なった天鈿女命の裔の猨女（猿女）氏や、呪的威力を具えた物部氏らに限られていたのである。

物部氏の呪儀・鎮魂

宮廷で行なわれた鎮魂祭は、天石窟戸神話における天鈿女命の故事と同じく、逆さに伏せた宇気槽を茅纏(ちまき)の桙(ほこ)で撞(つ)くという、猨女君氏系のものを中心にして構成されている。それは、新嘗祭(にいなめ)の前日である十一月下(しも)（または中）寅日(とらのひ)夕刻から、神祇官八神殿の神（神魂(かみむすひ)・高御魂(たかみむすひ)・生魂(いくむすひ)・足魂(たるむすひ)・魂留魂(たまるむすひ)・大(おお)宮女(みやのめ)・御膳魂(みけむすひ)・辞代主(ことしろぬし)…表記は『令集解』）と大直日神(おおなおひ)の神座を設け、御巫や猨女ら神祇官の巫女が参加して行なわれた。[27] 物部氏の鎮魂は、先に関連史料を示したように、猨女氏系の呪儀とは基本的方法で異なっている。

それは、重ねて『先代旧事本紀』を引けば、物部氏の祖神饒速日尊が天降りに際して、天神の御祖から授けられた天璽瑞宝十種を用いて、「一二三四五六七八九十と謂て、布瑠部、由良由良止布瑠部と」なすものであった。これは、死者も蘇える強力な呪儀であったという。

鎮魂の呪儀を保持、継承していることが、物部氏の祭祀氏族としての特徴であった。それにも拘わらず、それが執り行なわれた時空のことは、これまでの研究でも触れられずに来た。つまり、物部氏研究の最大の問題は、その本質に関わる部分が解明されていないことであるが、これは第七章以降に譲る。

註

（1）平林章仁『謎の古代豪族葛城氏』祥伝社、二〇一三年。

（2）平林章仁『「日の御子」の古代史』塙書房、二〇一五年。同『天皇はいつから天皇になったか?』祥伝社、二〇一五年。

（3）本居宣長『古事記伝』十九之巻、本居宣長全集十、四〇三頁、筑摩書房、一九六八年。
山口佳紀・神野志隆光校注　新編日本古典文学全集『古事記』一五五頁頭注、小学館、一九九七年。
（4）倉野憲司・武田祐吉校注　日本古典文学大系『古事記』一六〇頁頭注、岩波書店、一九五八年。
吉井巌『天皇の神話と系譜』一四四頁、塙書房、一九六七年。
青木和夫他校注　日本思想大系『古事記』一二七頁頭注、岩波書店、一九八二年。
（5）工藤浩『氏族伝承と律令祭儀の研究』一八二頁、新典社、二〇〇七年。
（6）津田左右吉『日本古典の研究』上巻、二八九頁、岩波書店、一九四八年。
吉井巌『天皇の神話と系譜』一四五頁以下、註（4）。

直木孝次郎「物部連と物部　付、小子部」『日本古代兵制史の研究』吉川弘文館、一九六八年。

横田健一「神武紀の史料的性格」『日本書紀成立論序説』塙書房、一九八四年。
（7）篠川賢『物部氏の研究』九三頁以下、雄山閣、二〇〇九年。
（8）田中卓「『因幡国伊福部臣古志』の校訂と系図」『日本国家の成立と諸氏族』田中卓著作集2、国書刊行会、一九八六年。
（9）佐伯有清『古代氏族の系譜』六三頁、学生社、一九七五年。
（10）井上辰雄「日下部をめぐる、二、三の考察」『日本歴史』四八八、一九八九年。
（11）吉井巌『天皇の神話と系譜』一四九頁、註（4）。
直木孝次郎、註（6）。

志田諄一「物部連」『古代氏族の性格と伝承』雄山閣、一九七一年。

松前健「石上神宮の祭神とその祭祀伝承の変遷」『国立歴史民俗博物館研究報告』七、一九八五年。
（12）津田左右吉『日本古典の研究』上巻、二八九頁、註（6）。
（13）長家理行「物部氏族伝承成立の背景」『龍谷史壇』八一・八二、一九八三年。

（14）篠川賢『物部氏の研究』九八頁、註（7）。

（15）鎌田純一『先代旧事本紀の研究　校本の部』吉川弘文館、一九六〇年。
新訂増補国史大系『先代旧事本紀』吉川弘文館、一九三六年。

（16）上田正昭「河内の降臨伝承」『東アジアの古代文化』二、大和書房、一九七四年。
大久間喜一郎・乾克己編『上代説話事典』雄山閣、一九九三年。

『先代旧事本紀』を用いた左記の研究もあるが、筆者とは視点、見解の差異が少なくない。

畑井弘『物部氏の伝承』吉川弘文館、一九七七年。

工藤浩、註（5）。

（17）この訓みは鎌倉時代初期の『年中行事秘抄』（『群書類従』公事部）による。但し六の訓のみは、『釈日本紀』の訓ムユを採用した。

（18）田中卓『住吉大社神代紀の研究』田中卓著作集7、国書刊行会、一九八五年。

（19）並河永『河内志』九（『五畿内志』の内）、一七三六年。
田中卓「大化前代の枚岡」『日本国家の成立と諸氏族』田中卓著作集2、国書刊行会、一九八六年。

（20）上田正昭、註（15）。

（21）埼玉県教育委員会編『稲荷山古墳出土鉄剣金象嵌銘概報』、一九七九年。

（22）正安三年（一三〇一）から四年書写の前田本を底本とする黒板勝美編纂、新訂増補国史大系本、吉川弘文館、一九六五年。

（23）十六世紀前半の卜部兼永本を底本とする鎌田純一氏挍訂本、註（14）。

（24）松前健「鎮魂神話論」『日本神話の新研究』桜楓社、一九六〇年。同「鎮魂祭の原像と形成」『古代伝承と宮廷祭祀』塙書房、一九七四年。同「鎮魂の原義と宮廷鎮魂祭の成立」上田正昭編『神々の祭祀と伝承』松前健教授古稀記念論文集、同朋社出版、一九九三年。

大塚民俗学会編『日本民俗事典』弘文堂、一九七二年。

岩田慶治「鎮魂の論理」『呪ないと祭り』講座日本の古代信仰三、学生社、一九八〇年。

長谷部八朗「鎮魂」、福田アジオ他編『日本民俗大辞典』下、吉川弘文館、二〇〇〇年。

平井直房「鎮魂」、薗田稔・橋本政宣編『神道史大辞典』吉川弘文館、二〇〇四年、など。

(25) 折口信夫「大嘗祭の本義」『折口信夫全集』三、中央公論社、一九六六年。
土橋寛「採物のタマフリ的意義」『古代歌謡と儀礼の研究』岩波書店、一九六五年。同『日本語に探る古代信仰―フェティシズムから神道まで―』中央公論社、一九九〇年。

(26) 松前健「鎮魂祭の原像と形成」、註(24)。
土橋寛「採物のタマフリ的意義」、註(25)。

(27) 岡田精司「鎮魂祭」『神道史大辞典』吉川弘文館、二〇〇四年。

第四章　物部氏の台頭 ―『記』・『紀』の中の物部氏―

孝元・開化朝の物部氏 ―ウツシコメ・イカガシコメの入内―

ここでは、部分的には先行する研究もあるが[1]、事実関係の信憑性が確かめ難いものも含め、『記』・『紀』に載る物部氏関連の主要な所伝について紹介、分析し、物部氏の主張および台頭にいたる歴史的背景について考察する。『記』・『紀』に所伝が載録されることは、王権内でそれが公認されたことを意味する。ここでの作業は、王権史の中に位置づけられた物部氏伝承の全体像を知るとともに、王権との関係を探る上でも有効である。やや冗長な記述になるが、しばらくお付き合いをお願いしたい。

ただし、関係記事の多い『紀』を中心とし、『記』の所伝は必要に応じて触れるに留める。また、垂仁（すい にん）朝における石上神宮創祀関連の所伝、および物部守屋滅亡から乙巳の変前後のことについては、第七章以降に譲る。さらに、欽明（きんめい）朝以降の蘇我氏との仏教崇廃抗争関連の所伝については、第五章で述べるため、ここでは六世紀前半の継体（けいたい）・安閑（あんかん）・宣化（せんか）朝までを対象とする。

まず、二代綏靖（すいぜい）天皇から安寧（あんねい）・懿徳（いとく）・孝昭（こうしょう）・孝安（こうあん）・孝霊（こうれい）・孝元（こうげん）・九代開化（かいか）天皇にいたる八代には、王位継承と后妃・皇子女などの系譜的記事以外に、物語的記事はほとんど存在しない。ゆえに闕史八代とも称され、事実関係だけでなく八代の存在も疑問視するむきが強い。ここでは事実関係の追究は難しいことから、物部氏の主張と位置づけを探るという視点から関連所伝を紹介し、記事掲載の意図などについて考えてみよう。

八代孝元天皇の后妃について、『紀』は鬱色謎命を皇后として大彦命（阿倍・膳・阿閉氏らの祖）・開化天皇・倭迹迹姫命を、また伊香色謎命を妃として彦太忍信命をもうけたと記す。鬱色謎命は開化天皇紀に穂積氏の遠祖鬱色雄命の妹とあり、伊香色謎命は十代崇神天皇即位前紀に物部氏の遠祖大綜麻杵の娘とあるから、いずれも物部氏系の女性である。伊香色謎命はさらに開化天皇の皇后にもなり、崇神天皇を産んだと伝える。また、彦太忍信命は、武内宿禰（建内宿禰／平群・許勢・蘇我・紀氏らの祖）の祖父（『記』では父）と伝えられる。

『記』は、孝元天皇が穂積氏等の祖の内色許男命（鬱色雄命）の妹、内色許女命（鬱色謎命）を娶り、大毘古命（大彦命）・少名日子建猪心命・開化天皇らを産んだとする。孝元天皇はまた、内色許男命の娘の伊迦賀色許女命（伊香色謎命）を娶り、比古布都押之信命（彦太忍信命）を生んだとする。

さきに引いた神武天皇記に、「故、邇芸速日命、登美毘古が妹、登美夜毘売を娶して生める子、宇摩志麻遅命〈此は物部連、穂積臣、婇臣の祖なり〉」とあるように、穂積氏は宇摩志麻遅命の裔で物部氏や婇（采女）氏らの同族と伝える。また、崇神天皇紀七年八月己酉条には、大水口宿禰を穂積氏の遠祖と記すから、鬱色雄命（内色許男命）・鬱色謎命（内色許女命）、伊香色謎命（伊迦賀色許女命）、大水口宿禰らに関する所伝は、物部氏系でも本宗ではなく穂積氏系のものと思われる。

いずれにしても、ここで重要なことは、鬱色謎命（内色許女命）が孝元天皇の皇后になって開化天皇を産み、孝元天皇の妃であった伊香色謎命（伊迦賀色許女命）が開化天皇の皇后になって崇神天皇を産んだと伝えることである。『記』・『紀』における、物部氏系の女性の入内記事は僅少であるが、右はその初見であるとともに二代続けての入内は、史実関係は別にして注目される。

加えて彼女らが、後にヤマト王権の中枢を担う氏族集団の一つである阿倍氏系同族集団の祖大彦命（大毘古命）や、同じく葛城氏や蘇我氏らを包摂する武内宿禰後裔集団の祖彦太忍信命（比古布都押之信命）の母でもあるとする系譜などには、物部氏とその同族集団が、ヤマト王権の形成と発展に尽力したとする主張と歴史観を、垣間見ることが出来よう。これは王権内部で公認、共有された所伝であるけれども、その背後にどのような事実が存在したのか、真相はなお漠として明らかではない。

崇神朝の物部氏 ―イカガシコオと神祇祭祀―

右述のように、崇神天皇は、母が物部氏の遠祖大綜麻杵の娘の伊香色謎命（『記』では穂積臣等の祖の内色許男命の娘の伊迦賀色許女命）と伝えられる、母系では物部氏系の天皇である。『記』・『紀』では、崇神天皇の代から政治的な事績や社会の出来ごとなどの記事が載録され、実在の可能性が論議される存在になる。この崇神朝の所伝の特徴は、邪馬台国の有力比定地である纒向（まきむく）遺跡に隣接し、三輪（みわ）山西麓に鎮座する名神大社の、大神大物主（おおみわおおものぬし）神社（大神神社／奈良県桜井市三輪）の祭神大物主神を中心とする、王権祭祀の仕組みの創始にある。

崇神天皇紀七年八月己酉条では、その神裔である大田田根子命による大物主神の祭祀記事の末尾に、次のようにある。

乃ち物部連の祖伊香色雄をして、神班物者とせむと卜ふに、吉し。又、便に他神を祭らむと卜ふに、吉からず。

続く十一月己卯条には、次のように記している。

伊香色雄に命せて、物部の八十平瓮を以て、祭神之物と作さしむ。即ち大田田根子を以て、大物主大神を祭る主とす。……

また崇神天皇記にも、次のように見える。

是に天皇大く歓びて詔りたまひしく、「天の下平らぎ、人民栄えなむ」とのりたまひて、即ち意富多多泥古命を以ちて神主と為て、御諸山に意富美和の大神の前を拝き祭りたまひき。又伊迦賀色許男命に仰せて、天の八十毘羅訶を作り、天神地祇の社を定め奉りたまひき。

要するに、物部氏の王権での職掌に関する所伝の最初が、神への捧げ物を分配する「神班物者」への任命や、祭祀に供物を盛り薦めるための平らな土器「平瓮（毘羅訶）」の製作など、祭祀関係の職務に関することと伝えられるが、これは物部氏の特徴として注目される。

次は六十年七月己酉条の、物部氏の同族である矢田部造の遠祖武諸隅（『先代旧事本紀』天孫本紀には饒速日命八世孫に物部武諸隅連公）を派遣して、出雲神宝（出雲臣氏の祖の武日照命が天から将来して出雲大神宮に蔵し、出雲振根が管掌した）を接収する物語である。事の顚末は、垂仁天皇紀二十六年八月庚辰条に、物部十千根大連による出雲神宝の管掌として見える。これは、物部氏が石上神宮の祭祀、そこに収納される神宝の管治に従事したことの起源伝承である同紀八十七年二月辛卯条（物部十千根大連による石上神宮の神宝管治）と一連の所伝であり、そのことの先駆と位置づけられるから、詳細は垂仁朝の物部氏について述べる第八章に譲ろう。

物部氏の王権における職掌が、祭祀から始まると伝えられることは注目され、このことは後に氏名「物部」の〝物〟の意味について考える上でも参考になる。

垂仁朝の物部氏 ―物部十市根大連の五大夫・石上神宮―

垂仁天皇紀の全体を眺めてみれば、左に列記する王権の神祇祭祀の仕組み創設と、喪葬儀礼の整備に、記載の特色の一つがある。

・三年三月条と八十八年七月戊午条：天日槍将来の神宝管治。
・二十五年三月丙申条：天照大神の伊勢鎮座と大倭大神の祭祀。
・二十六年八月庚辰条：出雲神宝の検校。
・二十七年八月己卯条：幣帛に兵器を加えること。
・二十八年十一月丁酉と三十二年七月己卯条：殉死の禁断と墳墓への埴輪の樹立。
・三十九年十月と八十七年二月辛卯条：石上神宮の祭祀の起源。

この中の、二十六年八月庚辰条の出雲神宝の検校と、三十九年十月と八十七年二月辛卯条の石上神宮の祭祀の起源については第八章に譲るが、垂仁天皇紀二十五年二月甲子条には、物部氏にも関連する次の所伝が記されている。

阿倍臣の遠祖武渟川別・和珥臣の遠祖彦国葺・中臣連の遠祖大鹿嶋・物部連の遠祖十千根・大伴連の遠祖武日、五の大夫に詔して曰はく、「我が先皇御間城入彦五十瓊殖天皇、惟叡しくして聖と作す。欽み明にして聡く達りたまふ。深く謙損を執りて、志懐沖しく退く。機衡を綢繆めたまひて、神祇を礼祭ひたまふ。己を剋め躬を勤めて、日に一日を慎む。是を以て、人民富み足りて、天下太平なり。今朕が世に当りて、神祇を祭祀ること、豈怠ること有ること得むや」とのたまふ。

【垂仁天皇は、阿倍・和珥・中臣・物部・大伴各氏の遠祖の五大夫に、先代崇神（御間城入彦五十瓊殖）天皇の治績を褒め称えて、「私の世にも、神祇祭祀を怠ることは出来ない」とおおせられた。】

垂仁天皇が、崇神朝に続いて神祇祭祀を重視する方針を五大夫に伝えといい、その一人に物部氏の遠祖十千根がみえる。阿倍・和珥・中臣・物部・大伴各氏の遠祖が登場することの理由や、漠然とした内容にどれほどの事実が含まれているか、明らかではない。ただ、王権形成当初においては、喪葬儀礼の整備と、神祇祭祀の仕組み創設が重要な施策であったという、歴史認識を窺うことは出来よう。王権に神祇祭祀が重要であったことの理由については、後に石上神宮の祭祀を述べるなかで明らかとなろう。

景行朝の物部氏 ―物部君・直入物部神―

『記』・『紀』の記す十二代景行朝の特色としては、天皇による筑紫巡狩（『紀』のみ）、ヤマトタケル（倭建命・日本武尊）による熊襲（熊曾）・蝦夷の征圧などの、地方勢力の征討・王権領域の拡大伝承があげられる。

その景行天皇紀には、十二年八月己酉に天皇は筑紫（九州）巡狩に出発し、九月戊辰に周芳の娑麼（山口県防府市佐波）に到った。そこから南方の状況偵察に、多臣の祖武諸木、国前臣の祖菟名手、物部君の祖夏花を派遣した、とある。

多臣氏は大和国十市郡飫富郷（奈良県田原本町多）を本貫とする氏族（『記』編者の太安万侶と同じ）であり、その出自を伝える神武天皇記の神八井耳命後裔記事によれば、同族には火君・大分君・阿蘇君・筑紫三家連など、九州を本貫とする氏族が多い。

国前臣氏は豊後国国埼郡（大分県国東半島の辺り）が本貫であり、物部君氏も九州北部の氏族と目されるが関連史料がなく、詳細は分明でない。九州北部には物部関連の地名や氏族が多く分布し、物部氏との強い所縁が想定されるが、物部君氏もそうした地域氏族の一つであろう。

続く十月条では、景行天皇は碩田国（豊後国大分郡／大分県大分市と周辺の辺り）から直入県（大分県直入郡、竹田市辺り）の地域を征圧したと記すが、その記事の末尾に「是の時に、禱りまつる神は、志我神・直入物部神・直入中臣神、三の神ます」と伝える。志我神・直入物部神・直入中臣神の三神は、いずれも在地で奉斎されていた神であり、直入物部神と直入中臣神は直入地域の物部氏系・中臣氏系集団の奉斎したもの、志我神は海洋民の奉斎した筑前国糟屋郡の名神大社、志加海神社（福岡市志賀島）と目されるが、景行朝における事実関係は確かめられない。九州北西部を治める上で、この三神の奉斎（奉斎集団と良好な関係を結ぶこと）が重要とされた時代が存在した、ということであろう。

ちなみに、古代の戦は、それぞれの集団が奉斎する神を先頭に捧持して、あるいは関係する土地の神を祀り（地域集団の協力を得て）戦ったが、右はそうした時代の記憶を伝えたものと考えられる。やや後のことであるが、『肥前国風土記』三根郡物部郷（佐賀県三養基郡みやき町）条は、そのことを次のように伝える。

> 此の郷の中に神の社あり。名を物部経津主の神といふ。曩者、小墾田宮に御宇しし豊御食炊屋姫天皇、来目皇子を将軍と為して、新羅を征伐たしめたまひき。時に、皇子、勅を奉りて、筑紫に到り、乃ち、物部若宮部をして、社を此の村に立てて、其の神を鎮ひ祭らしめたまひき。因りて物部郷といふ。
>
> 【物部郷に、物部経津主神を祭る社がある。昔、推古（小墾田宮御宇豊御食炊屋姫）天皇が、来目皇子を将軍として新羅に派遣した際、皇子は物部若宮部に命じて、この村に社を立ててその神を祭らせた。それで、物部郷というのである。】

『紀』には、推古天皇十年（六〇二）二月に、来目皇子を征新羅将軍に任命し神部・国造・伴造らの軍勢二万五千人を授け、四月に皇子は筑紫に赴いて嶋郡（筑前国志摩郡／福岡県糸島市）まで進んだとある。しかし、六月に皇子は病気に臥し、十一年二月には筑紫で死去したという、この時のことである。

この時の「神部」に「物部若宮部」があり、来目皇子の軍勢は物部若宮部が捧げ祀る「物部経津主神」を先頭に出征し、肥前国三根郡物部郷ではその社（みやき町中津隈の物部神社）を設えて祭祀したのである。経津主神は、下総国香取郡鎮座の名神大社である香取神宮（千葉県香取市佐原）の祭神でもあり、王権が武神として奉斎した神であることは第六章で述べる。この神の祭祀を担った氏には物部氏と中臣氏があり、物部経津主神は物部氏が担っていたのである。用明天皇二年（五八七）七月に大連物部守屋が大臣蘇我馬子らに滅ぼされて、物部氏本宗が逼塞していた時期においても、外征軍の先頭に物部経津主神を祀らなければならなかった王権の内実が興味深い。

また、『筑前国風土記』逸文（『釈日本紀』所引）に見える、左の所伝も参考になる。

気長足姫尊、新羅を伐たむと欲して、軍士を整理へて発行たしし間に、道中に遁げ亡せき。其の由を占へ求ぐに、即ち、祟る神あり、名を大三輪神と曰ふ。所以に此の神の社を樹てて、遂に新羅を平けたまひき。

【神功皇后（気長足姫尊）の新羅遠征に際し、大三輪神（名神大社の大神大物主神社／奈良県桜井市三輪）の祟りで兵士が途中で逃亡した。それで、この神の社を設けて祀ったところ、新羅を平定することが出来た。】

神功皇后紀摂政前期にも、「則ち、大三輪社を立てて、刀矛を奉りたまふ。軍衆自づからに聚る」とある。十四代仲哀天皇の大后である神功皇后の事績は、伝説的で史実関係の追究は容易でないが、この大三輪社は筑前国夜須郡の式内社、於保奈牟智神社（福岡県朝倉郡筑前町の大己貴神社）にあてられる。この場合は、三輪君氏が祭祀者として従軍したのであろう。

王権の軍事行動において、奉斎する神を先頭に捧げて進軍することが、常であった頃の様子が窺われる。これは第六章でも述べるが右の、王権の出兵記事における直入物部神や物部若宮部が、兵力としてではなく祭祀担当としての従軍であることは、物部氏について考える上で留意される。

仲哀朝の物部氏　―内政に与る物部膽咋連―

『紀』によれば、仲哀天皇は二年三月丁卯に、朝貢を拒む熊襲征討を企図して出帆し、九月には穴門豊浦宮（山口県下関市豊浦）に移った。八年に儺県（福岡市博多）を経て橿日宮（福岡市香椎）に至りここを居地として、その九月己卯に熊襲征討を群臣に審議させた。その際、皇后（気長足姫尊）に神が依りついて、「まず新羅を征圧すれば、熊襲も容易く服属するであろう」という託宣を口走った。しかし、天皇はその託宣を信じなかったために、九年二月丁未に突然病気になり翌日に急死した、という。

そこで皇后と大臣の武内宿禰は、天皇の死去を秘匿することを決め、皇后は大臣と中臣烏賊津連・大三輪大友主君・物部膽咋連・大伴武以連の四大夫に、その秘匿の厳守と宮中の警備について命じた、という。物語は、神功皇后の新羅遠征、九州で誕生した誉田別皇子を連れて帰還、麛坂王・忍熊王の変の征圧、誉田別皇子が応神天皇として即位、と展開する。

四大夫のことは、さきの垂仁朝の五大夫伝承と類似したものであり、物部・大伴・中臣氏が両方に登場する。ここの四大夫はいずれも各氏族の祖的人物であり、所伝にどれほどの史実性があるのか判然としない。物部氏には、王権の祭祀ではなくて、一般政務に与る立場で物部膽咋連が登場するところに、意味がある。

履中朝の物部氏 —物部大前宿禰・石上神宮・物部伊莒弗大連・物部長真膽連—

①物部大前宿禰・石上神宮

十五代応神・十六代仁徳朝には物部氏の関連記事がなく、十七代履中朝になってそれが増加し、内容も多様になる。これは、物部氏の台頭を履中朝、五世紀中葉以降に求められている所以でもあるが(2)、まず履中天皇即位前紀では、王位継承をめぐる住吉仲皇子（『記』では墨江中王）の変に登場する。左は、その事の概要である。

仁徳天皇の死後、羽田矢代宿禰（武内宿禰の子）の娘の黒媛をキサキに迎えることをめぐり、履中は同母（葛城磐之媛）弟である住吉仲皇子に宮殿を包囲されたが、平群木菟宿禰・物部大前宿禰・漢直の祖阿知使主らに救出され、河内を経て大和の石上振神宮に難を逃れることが出来た。住吉仲皇子と親密であった倭直吾子籠は履中に帰服し、その証に妹の日之姫を采女として献じた。履中は、弟の瑞歯別皇子（みつはわけ）（十八代反正天皇（はんぜい））に住吉仲皇子の殺害を命じ、瑞歯別皇子は隼人（はやと）刺領巾（さしひれ）を騙（だま）してそれを果たした。

黒媛をキサキとして迎えることが、即位を有利にする条件であったことが知られるが、彼女の出自については羽田矢代宿禰の娘ではなく、元年七月壬子条では葦田（あした）宿禰の娘、履中天皇記でも葛城曾都毘古（かづらきのそつびこ）の子の葦田宿禰の娘黒比売命（くろひめのみこと）と伝えている。五世紀代の葛城氏の権勢からして、これが本来の所伝と目されるが、ここでの問題は履中天皇の即位に物部大前宿禰らの尽力があったと伝えられることである。一云（異伝）には「大前宿禰、太子を抱きまつりて馬に乗せまつれりといふ」と、その活躍を伝える。なお、石上振神宮の「振」は祭神名ではなく、石上神宮が鎮座する地名「布留」であることは第七章で述べる。

『記』も物語の基本的な展開は等しいが、平群木莵宿禰と物部大前宿禰は事件に登場せず、履中を救出して馬に乗せ石上神宮に逃れるのは、倭漢直（やまとのあやのあたい）の祖阿知直（あちのあたい）になっている。また『紀』が伝える、住吉仲皇子側である安曇連浜子（あづみのむらじはまこ）配下の淡路野嶋（あわじのじま）（淡路島北部）の海人（あま）の参戦と、倭直吾子籠の帰服についても、『記』には見えない。

こうした差異から、この事件に関する『記』・『紀』のそれぞれの原史料が違っていたとも思われるが、倭直氏は神武東遷に水先案内で功績のあった椎根津彦（しいねつひこ）（『記』は槁根津日子（さおねつひこ））の後裔を称し、大倭国造（やまとのくにのみやつこ）に任じられて、大和国山辺郡鎮座の名神大社大和坐大国魂神社（やまとにいますおおくにたま）（主祭神は倭大国魂神／奈良県天理市新泉町）の祭祀を担った伝統的集団である。

ここに登場する采女とは、王権に帰服した各地の豪族がその証に貢進した姉妹や娘であり、後宮(后妃の宮殿)に仕えたが、倭直吾子籠が妹の日之姫を履中に献じたことについて「倭直等、采女貢ること、蓋し此の時に始るか」と記し、倭直氏による恒例の采女貢進の起源と位置づけている。ちなみに、『紀』における采女の初見は、仁徳天皇紀四十年是歳条の「采女磐坂媛」である。物部氏と倭直氏の関係については、『先代旧事本紀』天孫本紀に、物部伊莒弗大連公が倭国造の祖比香賀君公の娘の玉彦媛、また妹の岡陋媛との間に、それぞれ二児をもうけたと見える。

物部氏と采女の関係は後に詳述するが、物部大前宿禰が活躍する記事に采女貢進の記述が見えることとは、両者が無縁でないことを示している。これはまた、事件に際して履中の逃亡した先が、石上神宮であることも同様である。すなわち、右の『紀』の所伝では、物部大前宿禰・石上神宮・采女という、物部氏を特色づける要件がそろっているところに特徴がある。履中天皇の即位には、物部氏の功績が大であったという主張が垣間見られるが、物部大前宿禰と石上のことは、後に述べる二十代安康天皇の即位をめぐる出来事でも見られる。

②物部伊莒弗大連

ところが、履中天皇が即位すると物部大前宿禰は表舞台から姿を消し、履中天皇紀二年条は次のように記している。

冬十月に、磐余に都をつくる。是の時に当りて、平群木菟宿禰・蘇賀満智宿禰・物部伊莒弗大連・円〈円、此をば豆夫羅と云ふ〉大使主、共に国事を執れり。

十一月、磐余池を作る。

垂仁朝の五大夫、仲哀朝の四大夫に次ぐ、履中朝の四執政官についての所伝であり、物部氏が常に王権の執政官の一人であったという主張が読み取れる。円大使主は、雄略天皇紀元年三月是月条では葛城円大臣と見えるように葛城氏である。右の所伝の特徴は、これまでの大夫伝承で共に名を連ねて来た中臣氏と大伴氏が見えず、物部氏が平群氏・蘇賀（蘇我）氏・葛城氏ら武内宿禰（建内宿禰）後裔氏族と共に登場することである。

この四執政官任命記事について、そこに見える三種の称号、宿禰・大連・大使主に着目してその性格を考えてみよう。先章でも触れたように、宿禰の称は「辛亥年」（四七一年）と刻まれた埼玉県行田市稲荷山古墳出土鉄剣の金象嵌銘文に、「比垝（彦）」「獲居（別）」などとともに「足尼」とあるから、五世紀後半に使用されていたことは確かであるが、ここでそれが付されている人物の史実性は別に検討しなければならない。

平群木菟宿禰は、孝元天皇記の建内宿禰後裔系譜に、平群氏や佐和良（早良）氏らの祖として平群都久宿禰と記されている。また、第二章に引いた仁徳天皇紀元年正月己卯条の、仁徳天皇の大鷦鷯尊という名の起源に関わる易名（名の交換）説話にも、交換の相手として平群氏の始祖木菟宿禰と見える。その後である平群真鳥は二十一代雄略朝から二十五代武烈天皇の即位をめぐり滅ぼされるまでの間、大臣職にあったと伝えられる。

蘇賀満智宿禰は、六世紀の二十八代宣化朝以降に大臣職を独占する蘇我氏の祖的人物と目されるが、その首長系譜の上では次の位置にある。

建内（武内）宿禰―蘇我石河宿禰―蘇我満智（麻智）宿禰―蘇我韓子宿禰―蘇我高麗（馬背）宿禰―蘇我稲目宿禰―蘇我馬子宿禰―蘇我蝦夷宿禰―蘇我入鹿

ところで、王権が執り行なう祭祀において幣帛（神への供物）や祭料（祭祀用品）の調製、祭場の設営などのことを担ったのが、祭祀氏族である忌部（八〇三年以降は斎部）氏である。その斎部広成が大同二年（八〇七）に撰述した氏族誌の『古語拾遺』に、渡来系の秦氏が雄略朝に太秦を賜姓されたことに続けて、次のように記されている。

更に、大蔵を立てて、蘇我麻智宿禰をして三蔵〈斎蔵・内蔵・大蔵〉を検校しめ、秦氏をして其の物を出納せしめ、東・西の文氏をして、其の簿を勘へ録さしむ。

【雄略朝に大蔵を建てて、蘇我麻智（満智）宿禰には斎蔵・内蔵・大蔵の三蔵のことを統轄させ、秦氏には出納を、東・西の文氏には帳簿の記録を担当させた。】

王権の収納機関のクラが内蔵と大蔵に分立するは七世紀中ごろ以降のことであるから、記事そのままの史実があったとは考えられないが、ある時期に王権のクラに参与したという蘇我氏の主張は読み取れよう(3)。履中朝に蘇賀満智宿禰が国事を執ったとあるのは、宣化朝以降に蘇我氏が大臣職に独占的に任命されることの始原についての主張であろう。

物部伊莒弗大連は、京・畿内一一八二氏の系譜を収めて弘仁六年（八一五）に成立した『新撰姓氏録』右京神別上の依羅連氏条や、河内国神別の高橋連氏条に伊己布都大連、山城国神別の巫部連氏条にも伊己布都乃連公、『先代旧事本紀』天孫本紀には十世孫物部印葉連公の行に物部伊莒弗連公は履中・反正朝に大連となり神宮を奉斎した、と見える。

ただし、これら履中朝での大連の職位は、のちのことを遡らせて記した可能性が高い。ここは、物部氏が王権の祭祀ではなく、垂仁朝の五大夫、仲哀朝の四大夫と同様に、一般政務に与る有力者と位置づけられていることに意味がある。大連の称号も、そうした意識の結果であろう。それが履中朝の成立に功績のあった物部大前宿禰ではなく、物部伊莒弗大連であることは、二人が帯する宿禰と大連という称号の違いとともに、物部氏内部の問題としても興味深い。

ちなみに、大連の初見は、『紀』では第八章で述べる垂仁天皇紀二十六年八月庚辰条の出雲神宝の管治、同八十七年二月辛卯条の石上神宮の祭祀と関わって登場する物部十千根大連であり、『記』では継体朝の竺紫君石井（筑紫君磐井）の乱における物部荒甲大連の一例のみである。

③物部長真膽連

次に、磐余池の築造に続く履中天皇紀三年十一月辛未条には、履中天皇の王宮の名の起源物語が載せられているが、そこでも物部氏が大きな役割を果たしている。

> 天皇、両枝船を磐余市磯池に泛べたまふ。皇妃と各分ち乗りて遊宴びたまふ。膳臣余磯、酒献る。時に桜の花、御盞に落れり。天皇、異びたまひて、則ち物部長真膽連を召して、詔して

曰はく、「是の花、非時にして来れり。其れ何処の花ならむ。汝、自ら求むべし」とのたまふ。是に、長真膽連、独花を尋ねて、掖上室山に獲て、献る。天皇、其の希有しきことを歓びて、即ち宮の名としたまふ。故、磐余稚桜宮と謂す。其れ此の縁なり。是の日に、長真膽連の本姓を改めて、稚桜部造と曰ふ。又、膳臣余磯を号けて、稚桜部臣と曰ふ。

【天皇は両枝船を磐余市磯池に浮かべ、キサキらと分乗して遊宴を催した。膳臣余磯が酒を献上した際、桜花が盞に落ち入った。不思議に思った天皇は、物部長真膽連に命じて、季節外れに飛来した花の場所を探させた。長真膽連は、掖上室山で見つけて献上した。稀有なことを喜んだ天皇は宮の名とされ、磐余稚桜宮というのはこれに由る。この日に、長真膽連を稚桜部造、膳臣余磯は稚桜部臣と、姓を改めた。】

履中天皇が磐余稚桜宮を正宮としたのは、物部長真膽連と膳臣余磯の功績であるということであろうが、稚桜部造氏と稚桜部臣氏の氏名の起源伝承でもある。磐余は早くに失われた地名であり、細かな比定は出来ないが、おおよそ東西は奈良県桜井市阿部・寺川から天香具山・米川の辺りまで、南北は推古天皇紀二十一年（六一三）十一月条に「難波より京に至るまでに大道を置く」と見える、いわゆる横大路から南の丘陵部まで、ほぼ二キロ四方の地域と推考される。[4]

神功皇后の磐余稚桜宮は信憑性に不安もあるが、雄略天皇の磐余宮（『日本霊異記』第一縁）、二十二代清寧天皇の磐余甕栗宮、二十六代継体天皇の磐余玉穂宮、三十代敏達天皇の訳語田幸玉宮（『日本霊異記』第三縁には磐余訳語田宮）、三十一代用明天皇の磐余池辺双槻宮、三十二代崇峻天皇の石寸神前宮（『上宮聖徳法王帝説』）などは、ほぼ信じられよう。このように磐余は、何代にも亘り王宮が造営されたと伝えられる王家の主要拠地であり、その重要性は初代天皇神武の国風諡号、神日本磐余彦（神倭伊波礼毘古命）を示すだけで十分であろう。

　宮廷の饗膳に供奉した阿倍氏や同族の膳氏が磐余の域内（桜井市阿部・橿原市膳夫）に本貫を有したのも頷けるが、磐余稚桜宮の造営と対で築造されたと目される磐余池（磐余市磯池）や宮の比定地については二説ある。それは城下郡鎮座の式内社の若桜神社の比定と関わり、一つは天香具山東麓の稚桜神社（桜井市池之内）にあて、(5) 他方は寺川に近い若桜神社（桜井市谷）に比定し、(6) それぞれその近くに求めるものである。後説の域内には十市郡の式内社である石寸山口神社（桜井市谷）も鎮座するが、桜井市池之内に西接する橿原市東池尻町から古代の池堤と見られる遺構が検出されている(7)ことから、前説が有力化しているがなお断定的でない。

　物部長真膽連が時ならず咲いた桜花を見つけたという「掖上室山」は、五代孝昭天皇の掖上池心宮（『記』には葛城掖上宮）・掖上博多山上陵（『延喜式』諸陵寮に「在大和国葛上郡」）、六代孝安天皇の室秋津嶋宮（『記』に葛城室之秋津島宮）などの所伝を参酌して、葛上郡牟婁郷（奈良県御所市室）に求めるのが一般である。しかし、葛上郡牟婁郷と稚桜神社（桜井市池之内）の間は、復元された古道を辿ってみても、十二キロを超える距離があり（若桜神社との間なら、さらに遠くなる）、いくら説話上のことでもその比定には無理がある。磐余に本貫を有する膳臣余磯の活躍も含め、この物語が磐余の地を舞台としていることから、「掖上室山」は磐余の掖上の（近接する）室山と解するのが妥当であろう。

物部大前宿禰が履中天皇の即位に大きな役割を果たし、物部伊莒弗大連が履中朝の執政官として政権運営の中枢を占め、物部長真膽連が履中天皇の正宮造営に功績があったと、物部氏の多様な活躍が伝えられるところに特色がある。

また、石上神宮との関係が伝えられることも注目され、履中朝が物部氏発展の画期であるとする、『紀』の歴史意識が読み取れる。『新撰姓氏録』右京神別上の若桜部造条にも同じ内容の所伝が見えるが、物部長真膽連と磐余地域との関わりについては分明ではない。

天皇の盞に季節外れの桜花の落ち入ったのがめでたいということだが、反対に雄略天皇記には、槻の葉の入った盞を知らずに捧げた伊勢国の三重采女の行為が、罪として咎められ死罪になるところを歌で訴えて、既の所で助かったという物語が載せられている。屋外の饗宴で、花弁や落葉が盞に落ち入る偶然があり得ないわけではないが、作為的な感じがしないわけでもなく、儀礼的習俗としてそうしたことが行なわれていたとも推察される。

安康朝の物部氏 ―物部大前宿禰・石上穴穂宮―

履中朝に続く反正・允恭朝には、物部氏の目立った動きは伝わらない。ところが、允恭天皇が亡くなったあと、後継者に予定されていた木梨軽皇子と同母（忍坂大中姫）弟の穴穂皇子（二十代安康天皇）の、王位継承争いで登場する。『記』・『紀』の間で若干の相違もあるが、ここでは安康天皇即位前紀から事の展開を紹介しよう。

冬十月に、葬礼畢りぬ。是の時に、太子、暴虐行て、婦女に淫けたまふ。国人謗りまつる。群臣従へまつらず。悉に穴穂皇子に隷きぬ。爰に太子、穴穂皇子を襲はむとして、密に兵を設けたまふ。穴穂皇子、復兵を興して戦はむとす。故、穴穂括箭・軽括箭、始めて此の時に起れり。時に太子、群臣従へまつらず、百姓乖き違へることを知りて、乃ち出でて、物部大前宿禰の家に匿れたまふ。穴穂皇子、聞しめして則ち囲む。大前宿禰、門に出でて迎へたてまつる。穴穂皇子、歌して曰はく、

大前　小前宿禰が　金門蔭　かく立ち寄らね　雨立ち止めむ

大前宿禰、答歌して曰さく、

宮人の　足結の小鈴　落ちにきと　宮人動む　里人もゆめ

乃ち皇子に啓して曰さく、「願はくは、太子をな害したまひそ。臣、議らむ」とまうす。是に由りて、太子、自ら大前宿禰の家に死せましぬ。〈一に云はく、伊予国に流しまつるといふ。〉十二月己巳朔壬午に、穴穂皇子、即天皇位す。皇后を尊びて皇太后と曰す。則ち都を石上に遷す。是を穴穂宮と謂す。

【太子の木梨軽皇子は、暴虐をふるい婦女に淫行をはたらいたので、群臣が離反し弟の穴穂皇子に支持が集まった。両者は実力行使に至ったが、…歌謡部分は略…多くが離反した木梨軽皇子は物部大前宿禰の家に逃亡し、そこで自害〈一説には伊予国（愛媛県）に流罪〉、穴穂皇子が安康天皇として即位し石上穴穂宮に都を定めた。】

群臣が離反した木梨軽皇子の「暴虐行て、婦女に淫けたまふ」ことの内容は、允恭天皇紀二十三年三月庚子条から二十四年六月条にかけて記載する、同母妹の軽大娘皇女との同母兄妹相姦を指している。ここでは軽大娘皇女が伊予に流されるが、『記』では軽兄妹の相姦から王位継承争いへと一連の物語として記されている。但し、軽大郎女の名が途中から衣通郎女に変化し、木梨之軽王は伊余湯（道後温泉）に流されるが、最期は男女が自害したと伝える。また、木梨之軽王が逃亡した先は、「大前小前宿禰大臣」の家とあり、物部の氏名が記されていない。

なお、大前小前宿禰大臣の名は、『先代旧事本紀』天孫本紀に十一世孫物部真椋連公の行に物部大前宿禰連公（安康朝の大連）・物部小前宿禰連公（顕宗朝の大連）と見えるように、二人の人名が合わさったものとみられ、『記』はやや正確さで劣る。

軽兄妹の相姦問題であるが、古代日本では異父・異母の兄妹の結婚まで許容される、近親相姦の禁忌が相当に緩い社会であった。にも拘わらず、同母兄妹の交合は厳しい禁忌であり、結末は死であったことの理由は未だ解明されていないが、そこには同母兄妹の交合は偉大な「力」を生む源泉であるという神話的観念が影響しているのではないかと推考される。[8]

それはさておき、「太子、自ら大前宿禰の家に死せましぬ」（『紀』）・「故、大前小前宿禰、其の軽太子を捕へて、率て参出て貢進りき」（『記』）とあることは、物部氏が懐に飛び入った窮鳥を救わなかったということである。すなわち、物部大前宿禰は允恭天皇死後の王位継承争いにおいて、後継に予定されていた木梨軽皇子が頼りにしたにも拘わらず反対の動きを示し、安康天皇の即位に尽力した、ということを語っている。

　これは、王位継承をめぐる住吉仲皇子の焼き討ちという危機から即位前の履中を救出して石上神宮へ逃避した時の、物部大前宿禰の姿とは反対の動きのように見えるけれども、勝利した安康天皇側に加担したという点では、大前宿禰の立場は一貫している。実際問題として、履中天皇即位時から安康天皇即位時まで、物部大前宿禰が活動的に存在し得たか疑問もあるが、いずれも王位継承争いを勝利に導いた忠臣として描かれているという共通点がある。両天皇の即位後には、物部大前宿禰の活躍が見られない点でも共通する。

　さらにまた、安康天皇の王宮が石上穴穂宮である点でも履中天皇の場合と共通する部分があるが、そのことの意味については第七章で述べよう。

雄略朝の物部氏　—物部目大連・物部菟代宿禰・采女・木工—

①物部目大連・物部菟代宿禰・筑紫聞物部大斧手

　次の雄略朝になると、物部氏が多方面で活躍する記事が豊かになり、ヤマト王権内において動かし難い存在として描かれている。

　雄略天皇即位前紀は、兄の安康天皇が日向系日下宮王家（くさかのみや）の眉輪王（まよわ）（目弱王）に父大草香皇子（おおくさか）（大日下王）の敵（かたき）として殺害された後、雄略天皇が眉輪王とその逃亡先の葛城円大臣らを燔殺（はんさつ）して（日下宮王家と葛城氏の滅亡）、泊瀬朝倉宮（はつせあさくら）（奈良県桜井市脇本）に即位したと伝える。その際、平群臣真鳥（まとり）を大臣に、大伴連室屋・物部連目を大連に任命した、とある。『先代旧事本紀』天孫本紀には三名の「物部目連」が伝えられるので注意しなければならないが、この場合は十一世孫物部真椋連公（伊莒弗宿禰の子）の行に記される物部目大連にあてられよう。ただし、この時期の連姓執政官に対する大連の呼称の存在については、先述のように確かではない。また、『先代旧事本紀』はこの物部目が大連であったのは二十二代清寧朝の時で、雄略朝の大連は物部布都久留連公と記している。

『紀』において、物部目大連は、履中朝の物部伊莒弗大連に続く執政官と位置づけられているが、「国事を執」ったという物部伊莒弗より、具体的に事績が記載されている点に特徴がある。なお、関連記事は長文なので、以下にその概要を紹介しよう。

[a]元年三月是月条 ―物部目大連―

天皇は、もと采女であった春日和珥臣深目の娘の童女君との間に、春日大娘皇女を儲けた。天皇は童女君と一夜のみの交わりで懐妊したことを疑い、春日大娘皇女を養育しなかった。近侍していた物部目大連は、皇女の容姿が天皇に酷似していることから、天皇に「一夜に何度お召しになられたのか」と尋ねた。「七度召した」と答えた天皇は、物部目大連に諫められ、女子を皇女と認め童女君を妃にした。

[b]十三年三月条 ―物部目大連―

狭穂彦の玄孫の歯田根命が、秘かに采女山辺小嶋子と通じた。それを知った天皇は、歯田根命を物部目大連に引き渡して叱責した。歯田根命は馬八匹・大刀八口をもって罪過を祓除い、

山辺の　小嶋子ゆゑに　人ねらふ　馬の八匹は　惜しけくもなし

と歌った。大連から歌についての報告を受けた天皇は、歯田根命の資財をあからさまに餌香市辺の橘の根もとに置かせ、餌香長野邑を物部目大連に与えた。

ⓒ十八年八月戊申条 ―物部莵代宿禰・物部目連・筑紫聞物部大斧手―

天皇は、物部莵代宿禰・物部目連を派遣して、伊勢の朝日郎を討たせた。伊賀の青墓のところで決戦になったが、物部莵代宿禰は朝日郎の強力な弓に恐れをなして進撃出来なかった。物部目連は大刀を持ち、配下の筑紫聞物部大斧手は巧みに楯を使い、朝日郎を討伐した。莵代宿禰のことを聞いた天皇は、彼の所有する猪使部を取り上げて、物部目連に与えた。

まずⓐの元年三月是月条では、物部目が天皇に近侍し諫言をも行なう大連として描かれているが、この物語本来の関心は、采女であった春日和珥臣深目の娘の童女君の懐妊にあった。彼女が一夜の交わりだけで春日大娘皇女を産んだというのは、童女君が祭りの夜にだけ神を迎えて妻となる一夜妻、巫女的な女性であったことを暗示している。物部目大連の功績譚でもあり、ことの内容は物部氏が采女に関する職務に従事していたことに関わるが、采女のことは後述する。

次にⓑの十三年三月条も、大和国山辺郡（奈良市東部から天理市の辺り）の出身と思われる、采女山辺小嶋子を主体にした所伝である。采女と通じたことの罪過は、馬八匹・大刀八口をもって祓除すれば解消されたというが、それは歯田根命が狭穂彦の玄孫という王族であったからではない(9)。祓（祓除）は宗教的秩序を侵犯した際にその回復のために科される宗教的儀礼であるから、采女との姦通は世俗的な犯罪行為ではなく、宗教的な罪過と観念されていたことを示している。

この場合に采女がその罪を問われたかは明らかでないが、歯田根命は采女山辺小嶋子のためなら、祓の科料の馬八匹など惜しくもないと歌ったことから、資財まで没収される憂目に遭った、という。山辺小嶋子との姦通の罪過が祓で解除されたことや、春日和珥臣深目の娘の童女君が一夜妻であったことなどは、采女の宗教的性格を示して余りあろう。(10) こうした采女の宗教的性格は、宮廷内部で采女関係の職務に従事していた氏族においても、当然考えられなければならない。

なお、狭穂彦は、開化天皇の孫、日子坐王の子で、垂仁天皇の皇后である同母の妹の狭穂姫と男女の関係に陥り、死に至ったと伝えられる。当時、父母を同じくする兄妹（姉弟）が男女の関係を結ぶことは、呪術宗教的観点から厳しく禁断されていたことは、さきに木梨軽皇子の事件に関わり述べたところである。祖の狭穂彦と玄孫の歯田根命が、ともに性的な禁忌を犯したというのも、単なる偶然とは思われない。

物語後半の事の処理において、宗教的性格が色濃いのは、采女に関わる問題であったからだろうか。歯田根命から没収した資財を、餌香市（大阪府藤井寺市国府）辺の橘の根もとに置かせたあとのことは何も記されていないが、資財はどのように処理されたのであろうか。今日の我々にはまったく理解できなくなっているが、古代の人々には私有財を市に捨て置くということで諒解できたのであろう。

古くは、市は世俗法の適用されない無縁の地とみなされており、(11) 市の神を祀っていた市の樹、この場合は橘のもとに置かれることで歯田根命の私財は世俗関係が断ち切られて、所有者のいない無主の財物となったのである。

一件の処理に当たった物部目大連に褒賞として与えられた餌香長野邑（河内国志紀郡長野郷／藤井寺市市岡の辺り）も、もとは歯田根命の領有地であったのだろう。餌香市のことは、顕宗天皇即位前紀の歌謡に、「…　旨酒(うまさけ)　餌香市に　直(あたひ)以て買(か)はぬ　…」と見え、近くで醸(かも)されたのであろう美酒も商われていた。この物語も、餌香長野邑を獲得した物部目大連の功績譚として載録されている。

[c]の十八年八月戊申条は、伊勢国朝明(あさけ)郡（三重県四日市市・三重郡辺り）の豪族とみられる朝日郎討伐の物語であり、決戦のあった伊賀の青墓は三重県伊賀市の辺りとみられるが、朝日郎の実在も含め、討伐の理由など事実関係が明瞭ではない。物部菟代宿禰・物部目連・筑紫聞物部大斧手の三名の物部氏が登場するが、物部菟代宿禰も他には見えず、よく分からない。物部目連はこの行では一貫して大連が付されていないことは、[a]や[b]とは原史料の系統が異なっていたことを思わせる。

筑紫聞物部大斧手は、九州の豊前(ぶぜん)国企救(きく)郡（福岡県北九州市小倉南区・門司区の辺り）を本貫とする豪族であり、物部目連の配下として活躍したという。中央の物部氏が、王権内部に編成された各地域の物部集団を統率していたことが述べられている。『先代旧事本紀』天神本紀に見える、筑紫聞物部を始めとする「天物部等二十五部人(あまのもののべたち)」とは、こうした各地域の物部集団であろう。

物部菟代宿禰が所有していたという猪使部も内容がよく分からないが、猪飼部(いかいべ)と同じならブタの飼育・貢納を担った集団となろう。その猪使部が物部目連に与えられたという、先の[b]と同様の功績譚である。猪使部に関わる氏には、天武天皇紀十三年十二月癸未条に百済救援戦で唐軍の捕虜になったとある猪使連子首や、『新撰姓氏録』右京皇別上条に安寧天皇の皇子志紀都比古命の後とする猪使宿禰などが見える。

なお、熱田本や伊勢本など『紀』の写本には、猪使部を猪名部と記すことから、朝日郎のことを伊勢国員弁郡（三重県いなべ市から桑名市の辺り）の地名と関わらせて理解することも可能である。猪名部を管掌した伴造に猪名部造氏がおり、猪名部造氏は天長五年（八二八）に春澄宿禰、さらにのち朝臣を賜姓される。『三代実録』貞観十二年（八七〇）二月十九日条の、参議・従三位で『続日本後紀』の撰修者でもある春澄朝臣善縄の薨伝によれば、本姓は猪名部造で伊勢国員弁郡の人とあり、伊勢国員弁郡が猪名部造氏の本拠の一つであったことは事実である。後に触れる物部氏系の猪名部造氏が、早くから伊勢国員弁郡に居住していたならば、朝日郎の事件と物部氏の関連を示す史料がさらに増えることになるが、関連史料が少なく断定はできない。また、功績をたてられずに叱責された物部菟代宿禰のことは、物部氏の内部が必ずしも一枚岩でなかったことを示唆している。

いずれにしても、雄略朝の物部目連は、大連として天皇に近侍し、采女問題の処理や地方勢力の征圧に尽力して土地や人民を与えられた、物部氏の功績者として描かれている。

②物部の兵士

物部目連関連の外にも、雄略天皇紀には物部氏に関する記事が散見される。雄略天皇紀三年四月条の、虚言を弄した阿閉臣国見が石上神宮へ逃亡したという所伝は、物部氏が登場しないので第七章で述べる。

王権による吉備（岡山県から広島県東部）地域の征圧について、雄略天皇紀七年八月条は吉備下道臣の殺害物語を、続く是歳条では吉備上道臣の謀反物語として、前後二つに分けて記載している。おそらくこれらは、もとは一連の出来事ではなかったかと推察されるが、後者には物部氏は登場しないから割愛し、前者の概要を左に記す。

ⓓ七年八月条

宮廷に仕える官者の吉備弓削部虚空が、休暇で吉備に帰った。ところが、吉備下道臣前津屋〈或本には、国造吉備臣山〉が虚空を留めて使役し、月が経っても帰朝を許さなかった。天皇は、身毛君大夫を派遣して召し帰した。帰朝した虚空は、「前津屋、小女を以ては天皇の人にし、大女を以ては己が人にして、競ひて相闘はしむ。幼女の勝つを見ては、即ち刀を抜きて殺す。復小なる雄鶏を以て、呼びて天皇の鶏として、毛を抜き翼を剪りて、大なる雄鶏を以て、呼びて己が鶏として、鈴・金の距を著けて、競ひて闘はしむ。禿なる鶏の勝つを見ては、亦刀を抜きて殺」していると報告した。天皇はこの話を聞かれて、「物部の兵士三十人」を遣し、前津屋と一族七十人を誅殺させた。

女性の相撲、鈴や金属の蹴爪（金の距）を着けての闘鶏などは、古代の実際の習俗に基づいた記述であろう。虚空の言葉や物部の兵士「三十人」・前津屋の一族「七十人」などは、確かめるすべはないが、当時の人々には有り得る数であったと思われる。

弓削部は弓の製作・貢納を担った集団であり、弓削部を管掌した伴造が、物部氏同族で河内国若江郡弓削郷（大阪府八尾市弓削）を本貫とする弓削連氏であった。(12) 物部は、物部氏が王権の職務を遂行するために、王権により設定された人的集団であり、この場合は武力集団である。

雄略朝に、すでに弓削部や物部が設置されていたか、ここではその前身集団として記しているのか、判断は容易でない。吉備の豪族の吉備下道臣前津屋が、或本（異説）では六世紀以降に王権が設定する領域クニを治める地方官「国造吉備臣山」とあるのは、後の知識が加わっている。次の雄略天皇紀九年二月甲子朔条には、弓削連氏が登場する。

③弓削連豊穂・処刑

e 九年二月甲子朔条

凡河内直香賜と采女とを遣して、胸方神を祠らしめたまふ。香賜、既に壇所に至りて、将に事行はむとするに及りて、其の采女を奸す。天皇、聞しめして曰はく、「神を祠りて福を祈ることは、慎まざるべけむや」とのたまふ。乃ち難波日鷹吉士を遣して誅さしめたまふ。時に香賜、退り逃げ亡せて在らず。天皇、復弓削連豊穂を遣して、普く国郡県に求めて、遂に三嶋郡の藍原にして、執へて斬りつ。

凡河内直は大河内直とも記す河内の豪族であり、式内社の河内国魂神社が摂津国菟原郡に鎮座（神戸市灘区）するように、かつての「大河内」はのちの摂津の一部も含み、令制下の「河内国」より広域であった。(13)『記』や『新撰姓氏録』では、額田部湯坐(ゆえ)連氏と同祖とある。ちなみに、河内国から和泉監(いずみのげん)が分立するのが霊亀二年（七一六）、若干の変遷を経て和泉国の設置は天平宝字元年（七五七）のことである。水運に長(た)けた難波日鷹吉士は、難波（大阪市）を本拠に対外交渉に活躍した渡来系氏族で、日鷹は紀伊国日高郡（和歌山県御坊市・由良町を除く日高郡）との縁りを示しているとされる。

三嶋郡の藍原は、淀川の分流である神崎川上流の安威川流域に位置する、摂津国島下(しましも)郡安威(あい)郷（式内社の安威神社が鎮座する大阪府茨木市安威・太田・耳原）である。凡河内直（大河内直）氏と摂津国三嶋地域の関係は、安閑天皇紀元年（五三四）閏(うるう)十二月壬午条の、王権の領有地である三嶋竹村屯倉(たかふのみやけ)（茨木市桑原・安威・太田の辺り）の設置に関わり、大河内直味張(あじはり)が良田の献上を惜しんだために、配下の領有民をその屯倉の耕作民として提供することになる起源譚にも語られており、凡河内直（大河内直）氏の本拠の一つがこの辺りに存在したとみられる。(14)

胸方(むなかた)神は、筑前国宗像郡鎮座の名神大社宗像神社（福岡県宗像市）の祭神（『記』では多紀理毘売命(たきりひめのみこと)・市寸島比売命(いちきしまひめのみこと)・多岐都比売命(たきつひめのみこと)の宗像三女神）で、宗像君氏らが奉斎した国家的航海神である。凡河内直（大河内直）氏と宗像神社（宗像三女神）の関係はよく分からないが、難波日鷹吉士の派遣・凡河内直香賜の三嶋郡藍原での処刑などからみて、凡河内直香賜と采女が筑前国宗像郡まで赴いて祭るのではなく、大阪湾岸あたりに祭場を設けて祭祀を予定していたのではないかと思われる。

その祭祀の直前に凡河内直香賜が采女を姧したということだが、最終的には弓削連豊穂を遣して事の幕引きが行なわれたという。弓削連豊穂の派遣は、物部氏の同族として彼が采女の事にも関与していたからであろうか。

事件の核心は、胸方神を祭る采女を凡河内直香賜が奸したことであったが、この采女の出自（地域／集団）は記されていない。ただし実際は、それが分明でなかったということではなく、『紀』にはそれが自明であったから、記す必要が考えられなかったとも解せられる。宗像君氏出身の宗像采女が胸方神を祭るという共通理解が存在したので、『紀』は敢えてそのことを記さなかったものと思われる。凡河内直香賜が死罪となったのは、国家的航海神である胸方神を祭る宗像采女を奸したことが問われたからであろう。

さらに、左に概要を記す雄略天皇紀十二年十月壬午条にも、采女の事件に関与した物部のことが伝えられる。

④木工・刑吏の物部・采女

f 十二年十月壬午条

天皇は木工闘鶏御田（こだくみつげのみた）〈一本（あるふみ）に猪名部（いなべの）御田とあるのは誤りである〉に命じて、高層建物である楼閣（たかどの）を建築させた。御田は楼閣上の四方を飛ぶように走り回ったが、その様を目にした伊勢采女は驚いて倒れ、捧げていた饌（みけつもの）を覆した。天皇は御田が采女を姦（おか）したと疑い、死罪にするため物部に引き渡した。その時に近侍していた秦酒君（はたのさけのきみ）が、琴の音に合わせて歌を詠み、天皇に誤解であると諫めたので、天皇はその罪を許した。

闘鶏は大和国山辺郡都祁（奈良市都祁）で、仁徳天皇紀六十二年是歳条には、額田大中彦皇子が闘鶏に狩をした際に、闘鶏稲置大山主の営む氷室を見つけ、夏に氷を宮廷に献上させたと伝えられる。ここは東山とも呼ばれた山地なので氷室の経営が可能であったが、允恭天皇紀二年二月己酉条には、皇后の忍坂大中姫（応神天皇の孫、稚渟毛二岐皇子の娘）が未だ母と暮らしていた時に闘鶏国造に無礼があったので、立后してから罰として姓を稲置におとしたとある。ただし、国造の任命は六世紀前半以降のことであるから、そのことを祖の人物に遡及させたものと見られるが、木工の御田は後の闘鶏稲置の一族であろうか。

雄略天皇が豊楽（饗宴）を催した際に、伊勢国の三重婇（采女）が捧げ献上した盞に槻の葉が浮いていたので、彼女を斬ろうとした。婇は咄嗟に歌を詠んで詫びたので、天皇は罪を許したとあるのが、『記』における唯一の采女関連の所伝である。右の伊勢采女も伊勢国三重郡（三重郡采女郷／三重県四日市市采女町の辺り）、あるいは三重郡は朝明郡に隣接することからさきに触れた朝日郎関連集団の出身の采女であろうか。

天皇以外の人物との交わりを疑われた采女が、物部に引き渡されていることから、物語の史実性は措くも、物部が采女の科刑に従事していたことが知られる。

⑤韋那部真根・刑吏の物部・采女

次も闘鶏御田と同じく、木工の韋那部真根が、日頃の言に違い宮中で失態を演じて死罪になるところを、同僚の歌で救われたという物語である。

g 十三年九月条

木工の韋那部真根は、石を台にして斧(おの)で終日材木を削っても、手許を誤り刃を損うことがなかった。それを不思議に思った天皇は、「恒(つね)に石に誤り中(あ)てじや」と問うたところ、真根は「竟(つひ)に誤らじ」と答えた。天皇は、采女を喚(め)し集め、衣裙(きぬも)を脱がせて褌(ふんどし)姿にし、開かれた場所で相撲をとらせた。真根は、暫く手を休め仰ぎ見てのち再び削ったところ、不覚にも手許を誤り刃を傷つけた。天皇は、軽々しく言葉を発したとして、真根を物部に引き渡し、野原で処刑させようとした。その時、仲間の工人が嘆き惜しむ歌を詠んだが、それを聞いた天皇は使者を甲斐(かい)の黒駒(くろこま)で刑場に遣わして、真根を許した。

名工として知られる韋那部真根の失態の原因が、d の七年八月条と同様、采女による宮中での女相撲にあるという。事実ならば采女のあり様(よう)の一つとして興味深いが、今では確かめることはできない。闘鶏御田や韋那部真根ら木工の仕事場が、采女の近くに存在したので、こうした説話が成立したとも考えられる。律令制下の後宮には、木工の配された官司はないが、宮内省には建築関係を担当する木(も)工寮(くりょう)があり、工部(たくみべ)二十人が配されていた。律令制以前には、後宮の近くに、のちの木工寮に相当する部署が置かれていたのであろうか。甲斐国(山梨県)には、平安時代に馬寮(めりょう)管理下の三箇所の御牧(みまき)が置かれ、毎年六十疋の馬を貢進する規定であったように(『延喜左馬寮式』)、馬の飼育の盛んなところであった。そこに産する黒毛の馬は、「日向(ひむか)の駒」とともに駿駒の代表とされた。ここでは、急いで知らせたということであろう。

韋那部（猪名部）については、応神天皇紀三十一年八月条に、次のような起源物語が記されている。

伊豆国の貢進した官船が老朽化したので、これを薪として五百籠の塩を焼き、諸国に配給した。諸国は、五百の船を貢上し、それが武庫水門に集まった。その時、新羅の調使も武庫に停泊しており、そこからの失火が延焼して集まっていた船を焼失した。それを聞いた新羅王は驚いて、有能な匠者を貢進したが、これが猪名部らの始祖である。

武庫水門とは兵庫県の武庫川河口の港であり、右に何らかの事実が含まれるならば、猪名部（韋那部・為奈部）は渡来系の木工、特に船大工の集団となろう。さきに記したように、伊勢国員弁郡にも猪名部造氏の本拠があったが、氏名の由来になる本貫は摂津国河辺郡為奈郷（兵庫県尼崎市東北部辺り）と見られる。

『新撰姓氏録』では、左京神別上条の猪名部造氏は「伊香我色男命の後なり」、未定雑姓摂津国条の為奈部首氏も「伊香我色男命の六世孫、金連の後なり」といずれも物部氏系を称しているが、摂津国諸蕃条の為奈部首氏は「百済国の人、中津波手」より出るとあって、猪名部を統轄した伴造氏族には複数の系統が伝わる。ただし、物部氏系を称する猪名部造氏や為奈部首氏の主張に確証はなく、物部氏の統率下に置かれていたことによる仮託の可能性も考えられる。

物語の内容を今日的感覚から解釈すれば、天皇の猜疑心や悪意が事の原因であり、闘鶏御田や韋那部真根に罪はない。彼が引き渡された「物部」は、さきの雄略天皇紀七年八月条の「物部の兵士三十人」と等しい、宮廷の武力集団・刑吏ということであろう。物部が罪人の処刑に従ったのは、恨みを残して処刑される人物の荒ぶる霊魂に対峙することが出来る、宗教的威力を保有する集団とみなされていたからであろう。

ちなみに、律令制下で裁判や行刑のことを掌った刑部省（ぎょうぶ）の囚獄司（しゅうごく）（今日の刑務所に相当）には、罪人の決罰に従う物部四十人（主に物部氏より採用する原則）と、雑務に従事する物部丁（よほろ）二十人が配置されていた。雄略天皇紀の科刑に従う「物部」が、当時の事実を伝えたものか、それとも律令制下の制度を遡及させた文飾であるのか、判断は容易でない。

このように、雄略天皇紀には物部氏関連の所伝が集中するが、なかでも物部目連の功績譚が半ばを占める。また[c]の十八年八月戊申条以外は、采女および女性が関連する所伝であり、また地方の物部集団の統率や同族の弓削氏、宮廷の行刑集団の物部の登場など、具体的で多様な活動が伝えられていることに特色がある。

これは、王権祭祀への従事と王位継承争いでの功績が称えられた、それまでの物部氏とは大きく異なる点である。新たな物部氏像の主張でもあるが、そこから物部氏にとって雄略朝が台頭の画期であったとする歴史意識を読み取ることは許されよう。なかでも、采女との結び付きは、他の氏には見られない物部氏の特徴であり、改めて物部氏と采女に焦点を定めて考えよう。

物部氏と采女

物部氏と采女の関係は、安閑天皇元年（五三四）閏十二月是月条の、「廬城部連枳莒喩の娘幡媛が物部大連尾輿の瓔珞を盗み皇后の春日山田皇女に献上したが、事が露見したので贖罪に幡媛を春日部采女に仕える丁として献上した」(15)、という伝承からも窺うことが出来る。

そもそも采女とは、王権に帰服した各地の豪族が、帰服の証に姉妹や娘を王権に貢進したことを起源とする。後宮において天皇の身辺雑事に従事したことから、天皇による独占的性格が強く、b の歯田根命と采女山辺小嶋子、e の凡河内直香賜と采女の事例から明らかなように、性的な禁制の下に置かれていた。舒明天皇紀八年（六三六）三月条には、

悉に、采女奸せる者を劾へて、皆罪す。是の時に、三輪君小鷦鷯、其の推鞫ふることを苦みて、頸を刺して死ぬ。

とあるように、違反者が調べられて処罰されることもあった。三輪君小鷦鷯も、思い当たる節があったのであろう、自経したという。

采女の性的禁制は、貢進された女性に対する天皇による性的占有と表裏の関係にあるが、a の雄略天皇が元采女の童女君との間に春日大娘皇女を、舒明天皇が吉備国蚊屋采女との間に蚊屋皇子を、天智天皇が伊賀采女宅子娘との間に大友皇子をもうけているのは、天皇による性的占有の結果である。第八章で詳述するが、これは、各地の豪族が服属の証に貢進した宝器を、天皇が占有して石上神宮の天神庫に神宝として収納し、物部氏がその祭祀に従事したことに照応しよう。

さらに、雄略天皇紀九年三月条には、新羅に出征する大将軍紀小弓宿禰に吉備上道采女大海を与

えたとある。また『万葉集』巻二に、

内大臣藤原卿の、采女安見児を娶りし時に作りし歌一首

われはもや　安見児得たり　皆人の　得がてにすといふ　安見児得たり（九五）

とあるのは、藤原鎌足が采女安見児と結ばれたことを誇示して、詠んだものである。采女が寵臣らに下賜されたのは、その全人格が天皇の占有下にあったからである。

孝徳天皇紀大化二年（六四六）正月甲子朔条の、改新の詔によれば、

凡そ采女は、郡の少領より以上の姉妹、及び子女の形容端正しき者を貢れ。〈従丁一人、従女二人。〉一百戸を以て、采女一人が粮に充てよ。庸布・庸米、皆仕丁に准へ」とのたまふ。

とあり、各地の郡（大宝令以前は評）の長官・次官から貢進するよう定められた。

養老令の規定もほぼ等しく、後宮職員令には次のように規定されている。

其れ采女貢せむことは、郡の少領以上の姉妹及び女の、形容端正なる者をもちてせよ。皆中務省に申して奏聞せよ。

貢進された采女は、宮内省の采女司が名簿や勤務を管理し、重湯や各種の粥を奉る後宮の水司に六人、御膳を調進する膳司に六十人を配置する規定であり、「帰服の証」という意味は消失して単なる女官（女性官人）に変貌する。

律令制以前には、采女（婇）臣氏が采女のことを管掌したが、神武天皇記が宇摩志麻遅命を「此は物部連、穂積臣、婇臣の祖なり」と記すように、物部氏の同族であった。采女臣氏が物部氏から分氏

したのか、あるいは物部氏と同祖・同族関係を結んだのか明らかではないが、さきの雄略天皇紀の采女関連の所伝には物部氏は現われても采女氏は登場しないことから、采女臣氏の成立は比較的新しく、本来は物部氏が采女の管掌に従っていた可能性が高い。

舒明天皇即位前紀に、推古天皇没後に田村皇子（のちの舒明天皇）と山背大兄王（廐戸皇子の子）のいずれを推戴するべきか群臣会議が開催された際に、采女臣摩礼志ら四名は大伴鯨連の言に賛成して田村皇子を支持したとあるのが、『紀』における采女臣氏の初見である。采女臣氏の本貫は定かではないが、『続日本紀』天平神護元年（七六五）二月辛未条には、「摂津職嶋下郡の人右大舎人采女臣家麿、采女司の采部采女臣家足ら四人に姓朝臣を賜ふ」とあるのを参酌すれば、摂津国嶋下郡ではなかったかと考えられる。[e]の雄略天皇紀九年二月甲子朔条の凡河内直香賜が胸方神を祭る采女を姦すという事件の結末が、三嶋郡の藍原を舞台としていたのも無縁ではなかろう。また、嶋下郡には穂積郷（大阪府茨木市上・中・下穂積）があり、采女臣氏の同族である穂積氏の本拠と目されるのも参考になるが、同じ臣姓ということでは穂積氏に近い集団ではなかったかと推察される。

なお、采女のことを管掌した伴造に、この采女臣氏のほかに采女造氏がいる。采女造氏がまず采女のことを管掌し、采女の規模が拡大してから采女臣氏がそれに従事するようになったと説くむきもある。[16] しかし采女造氏は、天武天皇十三年（六八四）十月己卯朔の「八色の姓」制定に前後する氏族の再編に関わる、天武天皇紀十二年十月己未条に連を賜姓された十四氏の中に見えるのみであり、その具体的な動向は分からない。

雄略天皇紀が伝える采女関連の出来事には、采女臣氏ではなくて物部氏が登場すること、『紀』における采女臣氏の所見が舒明天皇即位前紀であることなどは、采女を管掌する制度と、それを専門的に担う氏の成立が、比較的新しいものであることを示唆している。

○

この問題を考える上で、雄略天皇紀二年十月丙子条が示唆的であるが、長文のゆえ概要を記そう。天皇は吉野宮に行幸して、狩猟を楽しんだ。その際、獲物を生食用肉料理の膾にすることをめぐり、調理人である膳人や群臣の対応が良くないとして、従者の大津馬飼を斬り殺した。容姿端麗で温雅な倭采女日媛が天皇に酒を捧げ、天皇の母忍坂大中姫が膳臣長野に宍膾を作らせたので、天皇の怒りは鎮まった。そこで、大倭国造吾子籠宿禰をはじめ、臣下たちは挙って肉の調理人である宍人部を貢進した。

吉野宮は吉野川の右岸、今日の奈良県吉野郡吉野町宮滝に営まれた天皇家の離宮で、応神天皇紀十九年十月戊戌朔条に初見し、雄略天皇は四年八月戊申にもここに行幸して狩猟を楽しんだとある。その後、斉明・天武・持統・文武・元正・聖武各天皇の行幸が伝えられ、重要な離宮として経営された。乙巳の変後には古人大兄皇子、壬申の乱の前には大海人皇子の、逃亡先としても知られる。

生食用肉料理を担った宍人部の設置を主題とする物語に、宮廷の調理を担当した膳臣長野が登場するのは当然であるが、そこに采女が天皇の母とともに現われるのは、采女の古い姿を偲ばせる。律令制下に采女が、後宮の水司や膳司に配置されることに繋がる所伝でもある。

大倭国造吾子籠宿禰と倭采女日媛のことは、先に述べた履中天皇即位前紀の住吉仲皇子の事件では、住吉仲皇子と親密であった倭直（やまとのあたい）吾子籠が、履中に帰服した証に妹の日之姫を采女として献じたとあり、「其れ倭直等、采女貢（たてまつ）ること、蓋（けだ）し此（こ）の時に始るか」と見える。ただし、倭直吾子籠（大倭国造吾子籠宿禰）と采女日之姫（倭采女日媛）が容姿端麗なままで、履中朝から雄略朝まで五代の宮廷に仕えたというのは、不可能ではないが現実的ではない。

右の所伝で注目されることは、大倭国造の倭直氏が妹を采女として貢進したと伝えることである。この場合、特別に倭采女が日媛（日之姫）と称されたのではないかと考えられるが、先の[e]の雄略天皇紀九年二月甲子朔条で、宗像采女を姦したのが凡河内直香賜であったことも、河内国造（『先代旧事本紀』国造本紀）である凡河内直氏と采女の関係を示している。

このように国造と采女貢進の関連が垣間見えるが、先の大化二年正月甲子朔条の改新の詔や後宮職員令では、采女は少領以上の郡司の姉妹子女とされた。さらに、位階・官職の類別とそれを授ける原則を規定した選叙令（せんじょりょう）には、「其（そ）れ大領（たいりょう）、少領（しょうりょう）、才用（ざいよう）同じくは、先（ま）ず国造を取れ」とあり、郡司の大領（長官）・少領（次官）任命には、国造が優先的に採用される規定であった。要するに、これは郡（評）制以前には、国造の姉妹や娘が采女として貢進されたことを示すものであり、かつ采女管掌の制度化についても示唆している。

すなわち、采女管掌の制度化は国造制の施行に連動した動きであったと考えられる。国造制は、継体天皇系王権による地方統治体制整備に関わる新施策として、継体朝から欽明朝の頃に施行されたものである。[17] 国造制の施行などの地方支配制度の改革により、以前よりも多くの采女が貢進されるようになると、それの管掌を専らとする伴造が必要になった。そこで、以前からそのことに従事していた物部氏の、同族集団の中から采女臣氏を分立させて、それに任命したと推考される。采女制が整備される以前にも、采女の貢進がなかったわけではないが、王権や後宮の規模からしてその数は少なく、物部氏が一括して管掌していたと考えられる。

また、制度化以前の采女の貢進は、春日和珥臣深目の娘の童女君に見るように、地方豪族だけでなく中央氏族も行なっていた。制度が整備される前の采女には、制度上は天武朝に始まる中央氏族が貢進する「氏女（うぢめ）」[18]の前身者も含まれていたと考えられるが、問題は次に列記するように、古い時期の采女に窺われる宗教的性格である。[19]

α 天皇と一度交わっただけで春日大娘皇女を産んだ春日和珥臣深目の娘の童女君には、巫女的女性が神を招き祭る夜にだけその妻となる「一夜妻」としての姿が垣間見える。采女の性的禁忌は、天皇による占有とともに、神婚儀礼における一夜妻であることの裏返しでもある。

β 采女山辺小嶋子を姦した歯田根命の罪過は、祓除という宗教的儀礼で解除され、差し出した財貨は市に置かれて無主の存在とされたように、いわゆる宗教法で処理されている。

γ 凡河内直香賜と（宗像）采女が、胸方神を祀るために派遣された。祭場での両人の男女の交わりも、本来は祭祀にともなう儀礼であった可能性も考えられる

δ 倭采女日媛の出た倭直氏は大倭国造に任命される氏であるが、大和国山辺郡鎮座の名神大社大和

坐大国魂神社（奈良県天理市新泉町）を奉斎した氏でもある。

これらが偶発的な事例なのか、それとも采女に共通する属性であったのか、後者だとすればその宗教性は何を意味するのか、ということである。

関連史料が限られていることから断定するのは難しいが、采女はヤマト王権に服属した豪族が貢進した、単なる人質的女性ではなかったと思われる。古代王権の帯びていた呪術宗教的な性格については第一・二章で述べ、また第七章以下にも石上神宮と関わって詳述するが、そうした古代王権の特質からみて采女の宗教性は本来的なものと考えられる。

律令制下の采女が、後宮の重湯や各種の粥を奉る水司、御膳を調進する膳司に配置されたのも、もともと采女が土地の産物を調理、貢進する儀礼に奉仕したことの遺制であろう。豪族が土地の産物を貢進し、采女が調理して天皇がそれを摂取することで、支配と服属の関係が確認されたのである。吉野で獲れた生の獣肉を調理する宍人部を貢進する所伝に、大倭国造吾子籠宿禰と倭采女日媛・膳氏らが登場するのも、これが吉野地域の支配と服属に関わる儀礼に由来する伝承であったことを語っている。また、宗像采女が胸方神の祭祀に従事したように、采女は王宮の近くで出身集団が奉斎する神の祭祀に従事していたのではないかと推考される。

采女が宗教性を帯びていたため、それに向き合うことが可能な宗教的威力を保持している、物部氏が管理に従ったのである。

武烈朝の物部氏―物部麁鹿火大連・影媛・歌垣―

武烈天皇は五世紀の仁徳天皇系王統の最後に位するが、その即位前紀には、即位前の武烈と平群(へぐりの)真鳥(まとり)大臣の子の鮪(しび)が、歌垣の場で物部麁鹿火(あらかひ)大連の娘影媛(かげひめ)を奪い合う物語が記されている。物語は、海柘榴市(つばきち)の巷(ちまた)における武烈と鮪と影媛の、七首の歌（もとは歌垣の伝承歌謡）の掛け合いを中心に展開するが、その部分は物部氏と直接的な関係はないから割愛する。

武烈は、影媛をキサキにしようと媒人(なかだち)を遣わしたが、すでに影媛は平群鮪と通じていた。影媛は武烈から違約を責められるのを恐れ、海柘榴市の巷で待つと返答した。―歌の掛け合いを中心にした物語―そこで影媛と平群鮪の関係を知った武烈は、大伴金村(おおとものかなむら)連に命じ数千の軍勢を派遣し、乃楽山(ならやま)で鮪臣を殺害した。影媛は、そこに赴き目に涙を溢れさせて、次の歌を詠んだ。

石上(いすのかみ)　布留(ふる)を過ぎて　薦枕(こもまくら)　高橋過ぎ　物多(さは)に　大宅(おほやけ)過ぎ　春日(はるひ)　春日(かすが)を過ぎ　妻隠(つまこも)る　小(を)
佐保(さほ)を過ぎ　玉笥(たまけ)には　飯(いひ)さへ盛り　玉盌(たまもひ)に　水さへ盛り　泣(な)き沾(そほ)ち行くも　影媛あはれ

奈良県桜井市の三輪山南西麓にあった海柘榴市の巷（交差点）は、横大路・上(かみ)ツ道・山辺道(やまのべ)・初瀬(はせ)川などが交わる水陸交通の要衝で、周辺には推古天皇の後宮（別業）や官馬を飼養した王権の廐(うまや)、公設の市(いち)などがあった。

右の歌謡は地名を織り込んだ、おそらくは山辺道の道行き歌で、それは石上・布留（天理市石上町・布留町）⇒高橋（天理市櫟本(いちのもと)町）⇒大宅（奈良市山町の辺り）⇒春日（奈良市の東部辺り）⇒佐保（奈良市の佐保川中流域）⇓乃楽山（奈良市北部の丘陵）と、奈良盆地東縁部を北上する。この南北経路は、仁徳天皇紀三十年九月乙丑条に葛城磐之媛が「葛城高宮　我家のあたり」と詠んだ歌に見える、那羅⇓倭（三輪山麓）⇓葛城高宮と一部重なるものであった。

もちろん、物部影媛が実際に右の道行き歌を詠んだという確証はないが、その基点が物部氏の大和における拠地である石上・布留であることは、ここに採録した意図を示している。ただし、高橋（櫟本）・大宅・春日・佐保などは、春日和珥氏系氏族らの拠地であるから、歌謡は本来彼らに関係するものであったとも推察される。

そのことは、『記』の所伝では、平群臣の祖の志毘臣が争う相手は即位前の袁祁命（顕宗天皇）、女性の名も菟田首らの娘大魚と異なるだけでなく、道行き歌や平群真鳥大臣・物部麁鹿火大連が登場しないなど、『記』・『紀』間で内容に差異が大きいことからも類推される。

継体朝の物部氏―物部麁鹿火大連・筑紫君磐井の乱―

二十六代継体天皇は、武烈天皇で五世紀、仁徳天皇以来の王統が途絶えたため、近江（滋賀県）から越前（福井県）を本拠とする応神天皇の五世孫という男大迹王（袁本杼命）が、ヤマト王権からの要請を受けて五〇七年に即位したと伝えられる。これは天皇を出す王族の系統（王統）の交替であり、当時のヤマト王権はそれが不可避なほど深刻で危機的な混乱に陥っていたと思われるが、継体天皇紀元年条は次のように記している。

春正月辛酉朔甲子に、大伴金村大連、更籌議りて曰はく、「男大迹王、性慈仁ありて孝順ふ。天緒承へつべし。冀はくは慇懃に勧進りて、帝業を紹隆えしめよ」といふ。物部麁鹿火大連・許勢男人大臣等、僉曰はく、「枝孫を妙しく簡ぶに、賢者は唯し男大迹王ならくのみ」といふ。丙寅に、臣連等を遣して、節を持ちて法駕を備へて、三国に迎へ奉る。……

甲申に、天皇、樟葉宮に行至りたまふ。

二月辛卯朔甲午に、大伴金村大連、乃ち跪きて天子の鏡剣の璽符を上りて再拝みたてまつる。……

男大迹天皇曰はく、「大臣・大連・将相・諸臣、咸に寡人を推す。寡人敢へて乖はじ」とのたまひて、乃ち璽符を受く。是の日に、即天皇位す。大伴金村大連を以て大連とし、許勢男人大臣をもて大臣とし、物部麁鹿火大連をもて大連とすること、並に故の如し。是を以て、大臣・大連等、各職位の依にす。

男大迹王のいた三国は今の福井県坂井市三国町、即位した樟葉宮は大阪府枚方市楠葉であるが、『記』では近淡海国（滋賀県）よりお迎えしたとある。

この継体天皇の即位をめぐり、応神天皇五世孫という継体天皇の出自系譜や、仁徳天皇系王統に属する王位継承資格者が絶えて居なくなったことの信憑性など、多くの問題点が議論されてきた。それについては前著に詳述した。[20] 再論は冗長になるので、ここでは結論部分のみを摘記しよう。

α 武烈天皇で仁徳天皇系王統が断絶し、王位継承資格者が絶無（無嗣）になったというのは、男大迹王の側が提出した、即位要請を受諾する条件であった。これにより、男大迹王は即位後の安心と王位の安定が保証された。

β男大迹王の応神天皇五世孫という出自系譜の保持については、一定の信憑性がある。応神天皇五世孫という出自系譜を保有していたから、彼に即位が要請されたのである。

γ倭国王＝天皇は、ヤマト王権の宗教的かつ政事的（世俗的）秩序を体現する存在であり、その王統の交替は王権の全秩序の更新を意味する。仁徳天皇系王統の王者では、王権秩序を体現することが出来ないほど深刻な混乱に陥り、権威が衰退していたのである。

δ継体天皇系王統とその王者・王権には、支配秩序の再建が要請されたが、政事的具体策としては国造（くにのみやつこ）制（各地をクニという領域に区画し、地域の豪族をクニ統轄の地方官に任命）・屯倉（みやけ）制（王権直轄地）・部民制（人民を生産物貢納や労役奉仕の義務を負う「部」に編成）などの、新政策として施行された。

ε部分的に有力豪族にも委ねられていた外交権を、王権中枢に一元化した。

継体天皇の即位は新政権の成立でもあるが、その首班を構成する執政官には大伴金村大連・許勢男人大臣・物部麁鹿火大連の三名が任じられたが、それは「並に故（もと）の如し。是を以て、大臣・大連等、各職位（つかさのくらゐ）の依（まま）にす」とあるように、前政権からそのまま引き継がれたものであった。

すなわち、王統は交替したが、宣化朝から蘇我稲目宿禰が大臣として加わることを除けば、政権中枢の人的構成とその基本的な枠組みは、おおむね旧制度から引き継がれたのである。物部麁鹿火大連は、継体天皇の即位と政権の形成および新政策の実施において、主導的役割を果たした人物の一人と位置づけられよう。

右の新政策はこうした体制で施行されたが、内実は、これまでは連合政権的、地方分権的であった支配体制を、中央集権的体制へ革新することを目指した、王権の大きな変革であった。王権の支配体制の根本的な変革であるから、各地で軋轢が続発したのも当然である。以下に概要を列記する継体朝から安閑朝にかけての各地域における出来事は、記録に残されたその一例と位置づけられる。

①継体天皇二十二年（五二八）十二月：筑紫国造磐井の子である「筑紫君葛子、父に坐りて誅せられむことを恐りて、糟屋屯倉（福岡市東区から東方の地域）を献」った。

②安閑天皇元年（五三四）四月癸丑朔：伊甚国造の稚子直が、珠の献上が遅延したことの責任追及を恐れて春日山田皇女の後宮の内寝に闖入したことの贖罪に、伊甚屯倉（千葉県夷隅郡・勝浦市の辺り）を献上した。

③安閑天皇元年七月辛巳朔：屯倉を置いて皇后の名を後世に残そうと、大河内直味張に良田の提出を命じたが、それを惜しんだ大河内直味張は虚偽の報告をした。

閏十二月壬午：県主の飯粒が竹村の地（大阪府茨木市の辺り）を献上したのに対し、虚言を弄した大河内直味張は贖罪として、その三嶋竹村屯倉に田部（耕作農民）を提供することになった。

④安閑天皇元年閏十二月是月：廬城部連枳莒喩の娘幡媛が、物部大連尾輿の瓔珞（首飾）を盗んで皇后の春日山田皇女に献上した。事が露見したので枳莒喩は、贖罪として幡媛を采女丁〈これは

春日部采女である〉として差し出し、加えて安芸国の廬城部屯倉（広島県広島市北部）を献上した。連座を恐れた物部大連尾輿は、十市部・伊勢国の贄土師部・筑紫国の膽狭山部を献上した。

⑤安閑天皇元年閏十二月是月：武蔵国造笠原直使主が、上毛野君氏と連携する同族の小杵と国造職を争い、「国家の為に、横渟（埼玉県比企郡）・橘花（川崎市と横浜市の一部）・多氷（東京都中央部から西部地域）・倉樔（横浜市中南部地域）、四処の屯倉を置き奉」ったので、国造に任命された。

④の安閑天皇元年閏十二月是月条では、物部尾輿が廬城部連幡媛の罪に連座することを恐れたとあるが、幡媛の罪は父の廬城部連枳莒喩が安芸国の廬城部屯倉と娘を采女丁に献上することで償われている。従って、首飾りを盗まれた被害者である物部尾輿がなぜ連座を恐れたのか、その理由は分明ではないが、なお後述する。

○

右の出来ごとの中で最も規模の大きかったのが、①の結末に至る筑紫君磐井の乱である。継体天皇紀二十一年六月甲午条から二十二年十一月甲子条によれば、事は次のように進展したという。

新羅（朝鮮半島東南部の古代国家）に浸食された、古くから倭国と関係の深い地域である任那の南加羅（慶尚南道金海）・喙己呑（慶尚北道慶山）の地を復興するため、近江毛野臣を現地に派遣した。筑紫国造磐井は、新羅から貨賂を贈られ、「今こそ使者たれ、昔は吾が伴として、肩摩り肘触りつつ、共器にして同食ひき。安ぞ率爾に使となりて、余をして儞が前に自伏はしめむ」と言って、火国（長崎・佐賀・熊本県）・豊国（大分県・福岡県東部）を基盤にして、毛野臣の進軍を妨害した。天皇は大伴大連金村・物部大連麁鹿火・許勢大臣男人らと協議し、物部大連麁鹿火に斧鉞を与えて九州に関する全権を委譲し、派遣した。大将軍物部大連麁鹿火は、筑紫の御井郡（福岡県久留米市・小郡市）での決戦で磐井を斬り殺し、この地域の境界を確定した。

二十四代仁賢天皇記以降は、系譜を主とする帝紀的記事のみを記載するのが『記』の原則であるが、継体天皇記は簡潔ではあるが、例外的に右の事件について載せている。

> 此の御世に、竺紫君石井、天皇の命に従はずして、多く礼无かりき。故、物部荒甲の大連、大伴の金村連二人を遣はして、石井を殺したまひき。

『記』における大連は、この物部荒甲のみであることは、大連関連記事としても貴重である。なお、『筑後国風土記』逸文（『釈日本紀』巻十三所引）は、磐井を埋葬した墳墓（福岡県八女市の岩戸山古墳に比定）についての詳細な記事を載せているが、割愛する。

『記』・『紀』の間で派遣された人物が、物部荒甲と大伴金村の二人、物部麁鹿火のみという違いがある。大伴金村の果たした役割も大きかったであろうが、物部麁鹿火（荒甲）が事件を鎮圧するために九州まで赴いたことは間違いなかろう。これは物部氏の軍事的性格を示すものだけでなく、九州に関する全権を委譲されての派遣であったことから、執政官としての職務もあったと考えられる。ただし、事件は近江毛野臣の新羅・任那への派遣や、事実かは確かめられないが筑紫君磐井への新羅から賄賂の贈与の話などから、国造制の施行に外交問題や外交権も絡んだ、複雑な内容であったと見られる。物部麁鹿火に全権が与えられた背景には、以下に主要記事を列記するように、物部氏の対外交渉力も考慮された可能性が大きいと考えられる。

[ア]継体天皇紀六年十二月条：百済が任那の上哆唎・下哆唎（哆唎は全羅南道栄山江東岸の辺り）・娑陀（全羅南道求礼の辺り）・牟婁（全羅南道栄山江西岸の辺り）四県の割譲を要求、大伴大連金村がそれを奏上し、物部大連麁鹿火が裁可の勅を伝える使者に任命された。ところが、物部麁鹿火の妻が「そもそも住吉大神が海外の金銀の国である高麗・百済・新羅・任那を応神天皇に授け、大后息長足姫尊（神功皇后）と大臣武内宿禰が宮家を置き海外の防壁として久しいものである。それを分与すれば、後世まで非難が絶えないでしょう」と諫言したので、病気と称して妻の言に従い職務を辞退した。四県割譲に際し、大伴大連と哆唎国守穂積臣押山は、百済から賄賂を受けたと噂された。

（七年六月に、百済は穂積臣押山を通じて儒教の専門家である五経博士の段楊爾を貢進し、己汶の領有を要求。十一月には百済の己汶・帯沙の領有を認める。しかし、欽明天皇元年九月己卯に、物部大連尾輿らに任那四県割譲問題を追及された大伴大連金村は、失脚する。）

[イ]継体天皇紀九年～十年条：九年二月丁丑に百済の使者文貴将軍らが帰国を申請したので、物部連を添えて帰国させた（百済本記には、物部至至連とある）。

この月に、沙都嶋（巨済島）に到着したところ、伴跛（慶尚北道星州の辺り）の人が暴虐を尽くしていると聞いたので、物部連は舟師五百を率いて帯沙江（蟾津江河口）に進んだ。

四月に物部連が帯沙江に留まって六日ののち、進軍して来た伴跛が凶暴であったので、物部連らは恐れて逃げ出し、辛うじて死を免れた。

十年五月に百済が前部木劦不麻甲背を派遣して、物部連らを己汶（全羅北道南原から全羅南道谷城の辺り）に迎え労い、先導して百済に入り、多くの産物を贈与した。

九月に百済は、物部連に添えて州利即次将軍を派遣し、己汶の土地を与えられた謝礼を述べた。別に五経博士漢高安茂と段楊爾の交替を、要求の通り認めた。

[ウ]継体天皇二十三年三月是月：（二十三年三月に下哆唎国守の穂積臣押山を介した百済王の要求に応じて）物部伊勢連父根・吉士老らを派遣して、多沙津（帯沙津）を百済王に与えた。加羅（慶尚南道高霊の大加羅）王が反対したので、父根は大島（南海島）に退き録史を遣わして百済にそれを伝えた。これがもとで加羅は新羅と交誼を結び、日本には恨みを懐くことになった。

[イ]と[ウ]の物部至至連と物部伊勢連父根は同一人物と見られるが、三つの所伝内容に細かな分析を加えることは問題が煩瑣になるので控えるが、ここでは左に列記する諸点が注目される。

・物部麁鹿火や妻が、国家的航海神である住吉大神（表筒男・中筒男・底筒男などを祭る摂津国住吉郡の名神大社住吉坐神社／大阪市住吉区）との関連における任那の来歴について、一定の知識を有していたと伝えられること。
・物部氏同族の穂積臣押山が、任那の哆唎地域にヤマト王権の官人として派遣され、任那四県や己汶と帯沙などの百済の領有、百済から五経博士の貢進などに従事したと伝えられること。
・物部伊勢連父根が多数の水軍を率いて派遣され、事に当たったと伝えられること。

これらのことは、この時期に物部氏が一族をあげて任那・百済などとの交渉に従事していたことを示している。とくに、実数でないとしても、物部伊勢連父根が「舟師五百」という多数の水軍を率いていたことは、あまり注目されなかった点である。任那・百済に赴くのはもちろん船によるが、物部伊勢連氏は伊勢地域の海洋民集団を統率する立場にあったと見られ、物部氏と水軍・海洋民集団の関係は今後も留意する必要がある。

ちなみに、伊勢地域と物部氏の関係については、先に述べた雄略天皇紀十八年八月戊申条の伊勢の朝日郎討伐に物部菟代宿禰・物部目連が派遣されたと伝えられることとの関連が想定される。すなわち、そのことがあって、水軍を率いる物部氏が現われる。

また、欽明天皇紀には、継体朝前後に百済・任那に赴いた物部氏と朝鮮半島の女性の間に生まれた[21]、物部施徳麻奇牟（東方領物部莫奇武連）・物部連奈率用奇多・物部奈率奇非・上方奈率物部烏・竹斯物部莫奇委沙奇など、渡海した第二世代の「倭系百済官人」の外交での活躍が伝えられるが、これは任那・百済などに派遣された物部氏第一世代の動きの傍証になる。継体朝には、物部氏は内政だけでなく、外交問題に積極的に関与するようになるが、これは王統の交替にあわせた動きであった可能性も考えられる。

安閑朝の物部氏—物部木蓮子大連の娘宅媛・物部尾輿大連の瓔珞—

継体天皇のあとを承けた安閑天皇は、仁賢天皇の娘の春日山田皇女を皇后に迎え、許勢男人大臣の娘紗手媛（さてひめ）とその妹の香香有媛（かかりひめ）、物部木蓮子（いたび）大連の娘宅媛（やかひめ）を妃としたが、いずれも子がなかったという。

物部氏系女性の入内については、先述のように八代孝元天皇の皇后のウツシコメ、キサキのイカガシコメ、九代開化天皇の皇后のイカガシコメらの、穂積氏系と推察される所伝が存在するが、いずれも事実関係が確かめられない事例である。そうした中、物部木蓮子大連の娘宅媛の入内は、物部氏の動きとして特徴的なことと言えよう。これは、第九章で取り上げる、石上神宮の祭祀をめぐる問題を考察する際にも、参考になる。なお、物部木蓮子は、『先代旧事本紀』天孫本紀十二世孫の行には仁賢朝の大連とあるが、『紀』では他に見えない。

安閑天皇紀元年（五三四）十月甲子条には、皇后のために三嶋竹村屯倉を設けたが、妃も子が無く名が絶えることを恐れた天皇に対して、大伴大連金村は妃にも屯倉を置くことを提案し、次のように実施されたとある。

・許勢紗手媛：小墾田（おはりだ）屯倉と国毎（くにごと）の田部（耕作農民）
・許勢香香有媛：桜井屯倉〈一本に、茅渟山（ちぬやま）屯倉を加えたとある〉と国毎の田部
・物部宅媛：難波（なにわ）屯倉と郡毎（こおりごと）の钁丁（くわよほろ）（季節指定の耕作農民）

小墾田は大和国高市郡の南部（奈良県橿原市の南部から明日香村の北部）、桜井は河内国河内郡桜井郷（大阪府東大阪市から八尾市）、難波屯倉は孝徳天皇紀大化二年正月是月条分註の「難波狭夜部邑（さやべのむら）の子代（こしろ）屯倉」（大阪市中心部辺りか）とも見られるが、推定の域を出ない。

安閑天皇元年閏十二月是月条の、廬城部連枳莒喩の娘幡媛が物部大連尾輿の瓔珞を盗み皇后の春日

山田皇女に献上したことの顛末は先にも引いた。問題は、物部尾輿の瓔珞を盗んだ廬城部連枳莒喩の娘幡媛と物部尾輿がどのような関係にあったのか、さらに瓔珞を盗まれた被害者の物部尾輿がなぜ連座を恐れたのかということである。『紀』の筆録者にはそれが分かっていたのかも知れないが、記事からは仔細な内容は読み取れない。

憶測するに、物部尾輿が廬城部屯倉の設定や春日部采女のことに関与しており、その際に何らかの過誤を犯したのではないかと推察される。つまり、幡媛は皇后春日山田皇女に近侍していたが、物部尾輿は後宮の采女を管掌する職務に従っていたことから、両人は近しい関係になった。だから幡媛は、物部尾輿から瓔珞を易々と盗み取ることが出来たのであろう。物部尾輿が連座を恐れたというのは、二人の関係が露顕することではなかったかと推察される。なお、物部尾輿は物部守屋の父であり、欽明朝に仏教崇廃抗争で廃仏派の中心人物として登場するが、このことは次章で述べる。

宣化朝の物部氏―物部麁鹿火大連と新家屯倉―

続く宣化朝には、大伴金村と物部麁鹿火が安閑朝から引き続いて大連に任命され、新たに蘇我稲目（いなめ）宿禰を大臣（おおおみ）に、阿倍大麻呂臣（あへのおおまろのおみ）を大夫（まえつきみ）に加えたとあり、執政官四名体制であった。宣化天皇紀元年（五三六）五月辛丑朔条には、筑紫国は対外交渉の重要な関門であるとして、那津（なのつ）（福岡県福岡市博多）の辺（ほとり）に官家（みやけ）（倉蔵を備えた外交施設）を修造するため、執政官らに各地の屯倉から穀（もみ）を運ばせたとある。

責　任　者	実務担当氏族	穀を搬出した屯倉の所在地
宣化天皇	阿蘇仍君	河内国茨田郡の屯倉
蘇我大臣稲目宿禰	尾張連	尾張国の屯倉
物部大連麁鹿火	新家連	新家屯倉
阿倍臣	伊賀臣	伊賀国の屯倉

上表の河内国茨田郡は大阪府枚方市から門真市の淀川左岸地域、尾張国は愛知県、新家は伊勢国一志郡新家郷（三重県津市新家町／式内社の物部神社が鎮座）、伊賀国は三重県伊賀市・名張市である。『新撰姓氏録』未定雑姓河内国条に、汗麻斯鬼足尼命（未詳）の後とする新家首氏が載録されているが、新家連氏は見えない。『先代旧事本紀』天孫本紀の十一世孫物部真椋連公の段には、「弟物部竺志連公　新家連等祖」とあり、筑紫（竺志）に縁り物部氏同族と伝える。しかし、延暦二十三年（八〇四）に伊勢神宮が神祇官に提出した『皇大神宮儀式帳』の立評記事や、伊勢神宮に関する重要事件を編年体で記した平安時代後期の『太神宮諸雑事記』（『群書類従』神祇部）などには、伊勢国度会郡（三重県伊勢市／伊勢神宮が鎮座）の郡領氏族として見える。これよりすれば、新家連氏は伊勢国度会郡が本貫で、筑紫との関係は新家屯倉の穀を那津官家に運んで以降のことであろう。

雄略天皇紀十八年八月戊申条の物部目連による伊勢の朝日郎の討伐、継体天皇紀二十三年三月是月の物部伊勢連氏の活躍に加え、この新家屯倉・新家連氏との関係からも伊勢地域との結びつきが知られることは、物部氏の地域基盤について考察する上で注視される。また、伊勢の朝日郎の討伐に筑紫聞物部大斧手が参戦していることは、筑紫と伊勢の物部氏系集団の連携の契機になった可能性も考えられる。伊賀臣氏は阿倍臣氏の同族である。なお、屯倉の穀を搬送する責任者に、あと一人の執政官大伴金村が見えないのは不審であるが、その理由は明らかでない。

物部氏の性格と台頭

これまで『記』・『紀』における物部氏関連の所伝を一瞥し、冗長な記述を進めてきたが、そこから導かれた主な内容を、大雑把に要約しよう。

α古い時期には、祭祀関連の所伝が多いという特徴がある。これは物部氏を特徴づける性格として留意されるが、そのことは石上神宮の祭祀においてもっとも顕著に表出する。その状況については、第七章以降で詳述する。

β五世紀代には、物部氏が采女に関わる所伝が集中する傾向があり、合わせて王位継承をめぐる王権の危機に際しての活躍も伝えられている。これは、内廷深くに仕える「股肱（ここう）の臣」としての性格を示している。また、采女が宗教性を帯びた存在であったため、それに向き合うことが可能な宗教的威力を保持している物部氏が、管理に従ったのである。

γ権勢を誇った葛城氏が五世紀後半に衰亡するのと前後して、王権の政治的な場や対外交渉で活躍する所伝が多くなる傾向にある。これは、物部氏が王権の政治に参与するようになったことを語るものと言えよう。とくに、多くの水軍を率いて渡海したと伝えられることは、注目される。

ただし、この時期には五世紀の王権・王統の権威が衰退するのに合わせて、近江から越前を勢力基盤に難波・淀川・琵琶湖・日本海を結ぶ水運網を掌握し、息長氏や尾張氏らを後背勢力とする応神天皇五世孫という継体天皇が即位するという、大きな政治的変動が存在した。

δ六世紀初頭における継体天皇の擁立に功績があったのは、大伴金村大連・許勢男人大臣・物部麁鹿火大連らであった。この頃には、王権における物部氏の執政官氏族としての席が確定したと思われるが、物部麁鹿火はこの時点で未だ執政官の末席であった。

ちなみに、『紀』が執政官任命記事で「並に故の如し」と記すのは大臣・大連らの再任を意味し、継体天皇紀元年二月甲午条に「並に故の如し」と記されるこの三名は武烈朝からの再任と認識されていたことを物語るが、武烈朝の大臣は平群真鳥であり許勢男人のことは見えないという不整合も存在する。

ε継体天皇紀二十二年十一月甲子条では、大伴氏・物部氏という席次はそのままであるが、物部大連麁鹿火が大将軍として九州の筑紫君磐井と自ら交戦、平定する功績をあげたとあることは、物部氏が執政官氏族そして発展する大きな契機になったと考えられる。

その後、欽明天皇紀元年九月己卯条では、大伴大連金村が継体天皇六年時の任那四県を百済に割譲した問題の責任を物部大連尾輿らに追及されて失脚し住吉宅（大阪市住吉区の辺り）に退居したと伝えられ、これにより物部氏は全盛期を迎えるのである。

註

（1）直木孝次郎「物部連と物部　付、小子部」『日本古代兵制史の研究』吉川弘文館、一九六八年。
（2）直木孝次郎、註（1）。
（3）平林章仁『蘇我氏と馬飼集団の謎』祥伝社、二〇一七年。
（4）和田萃「磐余地方の歴史的研究」『磐余・池之内古墳群』奈良県教育委員会、一九七三年。
（5）和田萃、註（4）。
（6）千田稔「磐余と斑鳩」『古代日本の歴史地理学的研究』岩波書店、一九九一年。
（7）橿原市教育委員会発掘調査成果資料『東池尻・池之内遺跡、大藤原京左京五条八坊の発掘調査』二〇一四年。
（8）平林章仁「兄妹相姦へのおそれ」塚口義信博士古稀記念会編『日本古代学論叢』和泉書院、二〇一六年。
（9）小島憲之・直木孝次郎・西宮一民・蔵中進・毛利正守校注　新編日本古典文学全集『日本書紀』2、一九三頁頭注、小学館、一九九六年。
（10）倉塚曄子『巫女の文化』二四五頁、平凡社、一九九四年。
（11）網野善彦『増補　無縁・公界・楽』平凡社、一九八七年。
（12）ただし、物部氏系でない弓削氏も存在し、さらにこの弓削部を吉備氏の配下にあったとみなす立場もある。
佐伯有清『新撰姓氏録の研究』考證篇第三、五二頁、吉川弘文館、一九八二年。
吉田晶『吉備古代史の展開』塙書房、一九九五年。
門脇禎二・狩野久・葛原克人編『古代を考える　吉備』吉川弘文館、二〇〇五年。
（13）田中卓「大化前代の枚岡」『日本国家の成立と諸氏族』田中卓著作集2、国書刊行会、一九八六年。

(14) 佐伯有清『新撰姓氏録の研究』考證篇第四、一五九頁、吉川弘文館、一九八二年。
(15) 浅井虎夫（所京子校訂）『新訂女官通解』講談社、一九八五年、初版は一九〇六年。
門脇禎二『采女』中央公論社、一九六五年。
磯貝正義『郡司及び采女制度の研究』吉川弘文館、一九七八年。
倉塚曄子、註（10）。
(16) 門脇禎二『采女』三九頁、註（15）。
(17) 平林章仁「国造制の成立について」『龍谷史壇』八三、一九八三年。
篠川賢『日本古代国造制の研究』吉川弘文館、一九九六年。

堀川徹「国造制の成立に関する基礎的考察」『国造制の研究―史料編・論考編―』八木書店、二〇一三年。
(18) 天武天皇紀二年五月乙酉朔条、同八年八月己酉朔条、後宮職員令。
(19) 折口信夫「宮廷儀礼の民俗学的研究」『折口信夫全集』十六、中央公論社、一九五六年。
岡田精司「大化前代の服属儀礼と新嘗」『古代王権の祭祀と神話』塙書房、一九七〇年。
(20) 平林章仁『蘇我氏の研究』雄山閣、二〇一六年。同『蘇我氏と馬飼集団の謎』祥伝社、二〇一七年。
(21) 欽明天皇紀二年七月条分註。

第五章　物部氏と仏教崇廃抗争の真相

仏教の公伝と課題

欽明天皇の十三年（五五二）十月に、倭国と親密な関係にあった朝鮮半島南西部の古代国家、百済の聖明王が使者を派遣して釈迦仏金銅像・幡蓋・経論などを倭国に献じたと伝えられる。公的に仏教が伝えられた最初であるが、その際、欽明天皇自らは物部大連尾輿・中臣連鎌子らの強い反対で仏教信仰を受容することが出来ず、受容を主張する大臣蘇我稲目宿禰に与えて試みに礼拝させたという。

これ以降、物部氏は、天皇や蘇我氏の仏教信仰に強く反対し、寺院は焼き払い仏像も難波の堀江（大阪市天満川）に流し棄てるという、激しい廃仏を行なったことも周知のところである。しかし、物部氏がどうして厳しい廃仏行為に走ったのか、本当のところは必ずしも明瞭になっているとは思われない。仏教崇廃抗争について、これまでは蘇我氏の立場から論じられることが多かった。ここでは物部氏に視点を定め、そこに蘇我氏の立場も加味して分析を行ない、仏教崇廃抗争の真相に迫ろう。それにより、事の本質はもちろん蘇我氏が信仰した仏教の性格も明瞭になると考える。

物部氏と蘇我氏による仏教崇廃抗争をめぐる問題は多岐に亘るが、まずは『紀』の記事の信憑性の評価である。次は、天皇自身は仏教信仰の受容は出来ないが、大臣の蘇我氏ならば可能であるという問題である。これは王権内で両者を取り巻く宗教的情況が明らかに相違していたことを示している。仏教崇拝をめぐり、天皇と大臣蘇我氏が、異なる情況に在った理由は何であるか、『紀』は何も語っていないように見えるが、その理由の追究が崇廃抗争考察の前提として求められる。

もちろん、物部氏らによる仏教信仰反対の矛先は、天皇だけでなく大臣蘇我氏にも向かうが、『紀』の関連記事を仔細に読みとけば、物部氏が蘇我氏の仏教信仰に反対していない事例も存在する。一見すれば、物部氏の仏教に向き合う態度に一貫性がないように思われるが、そのことの真相解明が課題の三つめである。

ここでは、仏教信仰受容をめぐるこれら課題の究明を通して、仏教信仰に反対した物部氏の真意と、蘇我氏との抗争の本質を追究しよう。

仏教の公伝—欽明天皇紀十三年十月条—

すこし長いが、ここでの基本史料であるので、欽明天皇紀十三年十月条をそのまま掲げよう。そこには、百済・聖明王から欽明天皇に贈与された仏教の取り扱について、王権内で検討した結果、可否をめぐり深刻な軋轢が生起したとある。

是の日に、天皇、聞し已りて、歓喜び踊躍りたまひて、使者に詔して云はく、「朕、昔より来、未だ曾て是の如く微妙しき法を聞くこと得ず。①然れども朕、自ら決むまじ」とのたまふ。乃ち群臣に歴問ひて曰はく、「西蕃の献れる仏の相貌端厳し。全ら未だ曾て有ず。礼ふべきや不や」とのたまふ。②蘇我大臣稲目宿禰奏して曰さく、「西蕃の諸国、一に皆礼ふ。豊秋日本、豈独り背かむや」とまうす。③物部大連尾輿・中臣連鎌子、同じく奏して曰さく、「我が国家の、天下に王とましますは、恒に天地社稷の百八十神を以て、春夏秋冬、祭拝りたまふことを事とす。方に今改めて蕃神を拝みたまはば、恐るらくは国神の怒を致したまはむ」とまうす。④天皇曰はく、「情願ふ人稲目宿禰に付けて、試に礼ひ拝ましむべし」とのたまふ。大臣、跪きて受けたまはりて忻悦ぶ。小墾田の家に安置せまつる。懃に、世を出づる業を修めて因とす。向原の家を浄め捨ひて寺とす。後に、国に疫気行りて、民夭残を致す。久にして愈多し。治め療すこと能はず。⑤物部大連尾輿・中臣連鎌子、同じく奏して曰さく、「昔日臣が計を須るたまはずして、斯の病死を致す。今遠からずして復らば、必ず当に慶有るべし。早く投げ棄てて、懃に後の福を求めたまへ」とまうす。⑥天皇曰はく、「奏す依に」とのたまふ。有司、乃ち仏像を以て、難波の堀江に流し棄つ。復火を伽藍に縦く。焼き燼きて更余無し。

【欽明天皇は百済・聖明王から贈与された仏教信仰の受容について、自分自身では決められなかった（①）。それで群臣に次々と尋ねられたところ、蘇我大臣稲目宿禰は近隣諸国にならって受容すべきであると答えた（②）。物部大連尾輿と中臣連鎌子は、「天皇は年中、天神地祇を祭祀することが重要なつとめであるのに、いま蕃神（仏教）を信仰すれば国神の怒りを受けることになる」として反対した（③）。

そこで欽明天皇は、希望する蘇我稲目に仏教を下賜し、試しに礼拝させた（④）。大臣蘇我稲目はそれを小墾田（奈良県明日香村北部から橿原市南部）の家に安置し、さらに向原（明日香村豊浦）の家を寺として礼拝した。ところが物部大連尾輿・中臣連鎌子は、国内の疫病流行の原因が蘇我稲目による仏教の信仰にあるとして速やかな投棄を奏上し（⑤）、天皇も仏教の破却を認めたので（⑥）、役人が仏像を難波の堀江に流し建物には火を着けて焼き尽くした。】

崇仏・廃仏をめぐる抗争の始まりでもあり、多くの問題点が存在するが、ここでの関心にしたがって究明するべき事柄を順に列記しよう（数字は記事傍線部に対応）。

①：欽明天皇は、どのような理由で、仏教信仰の受容可否を、自分自身で決定することができなかったのだろうか。

②④：大臣蘇我稲目が信仰した仏教は、欽明天皇が下賜した（そのもとは百済の聖明王から贈与された）ものであったが、このことはどのように評価できるだろうか。

③：年中、天神地祇の祭祀を行なうことが務めであるという天皇は、王権でどのような位置を占めていたのだろうか。

⑤⑥：仏教の破却は、物部大連尾輿・中臣連鎌子の自分勝手の行動ではなく、天皇に奏上し、許可を得た上で、役人が実行したと伝えるが、これはどのように評価できるだろうか。[1]

右の課題は、順次明らかにして行くが、その前に史料に信憑性をめぐる問題に触れておこう。

仏教公伝記事は捏造か

まず問題は、欽明天皇十三年という、『紀』の仏教公伝年次の信憑性である。

これに関わり、天平十九年（七四七）の奥書をもつ元興寺（飛鳥寺）の創建と由来、財産を記した醍醐寺本『元興寺伽藍縁起 幷 流記資財帳』[2]と、平安時代初期に成立した最古の聖徳太子伝である知恩院蔵『上宮聖徳法王帝説』[3]が、それを「欽明天皇七年戊午」（五三八）と伝え、様々に論じられてきたことは周知のところである。この問題については、別に述べたので割愛するが、基本的には『紀』の立場で矛盾はないと考えられる。[4]

次は、『紀』の仏教関連記事には経典などを引用した文飾が少なくないことについての評価である。具体的には、右の仏教公伝記事などには、唐の長安（西安）にあった西明寺で七〇三年十月に義浄が訳出した、国家の平和と繁栄、すなわち鎮護国家を願う経典として知られる『金光明最勝王経』により文飾されていることは江戸時代から指摘されてきた。[5]さらに近年は、のちにも触れる敏達天皇紀十三年（五八四）是歳条、同十四年二・三・六月条、用明天皇紀二年（五八七）四月条など、蘇我・物部両氏による仏教崇廃抗争記事などにも、仏教関連の書籍を用いて文飾されている部分のあることが明らかにされて、『紀』の仏教関連記事の信憑性が大きく揺らいでおり、より慎重な姿勢が求められている。

なかでも、唐留学から帰国したばかりの僧の道慈が、それに基づいた記事の造作までを行なったとみる説が有力である。その主な論拠は、『金光明最勝王経』は西明寺の義浄が七〇三年十月に訳出したものであること、大宝二年（七〇二）に入唐した道慈は西明寺に止住、修学した可能性が高いこと、『続日本紀』天平九年（七三七）十月丙寅条によれば道慈は平城宮大極殿で『金光明最勝王経』の講説を行なっていること、などにある。これらのことから、道慈は養老二年（七一八）に唐から帰国の際に、新しく訳出されたばかりの『金光明最勝王経』を持ち帰り、編纂中であった『紀』の記事述作に利用したのであり、ゆえにその関連記事の信憑性は著しく低いとされる。(6)

指摘の通り、『紀』の初期仏教関連記事には文飾が多く、にわかに事実とは認められない部分があることは確かである。問題は、これらがより権威的な文章に作るための単純な文飾であり、記事のもとになった事実が存在したのか、それとも事実までもが創作、捏造されたものであるのかということである。いま一つは、いずれにしてもそれを為したのが本当に道慈であったのか否か、ということである。

まず後者の、『金光明最勝王経』をもたらした人物と時期の問題であるが、「大宝二年に入唐し、養老二年十月二十日に帰国、同年十二月十三日に平城京に帰着した道慈がそれを請来し、さらに『紀』の潤色、執筆にも従った」とする考えには、強い反対意見もある。たとえば、新羅では七〇四年に官人が『金光明最勝王経』を持ち帰っていて僧侶以外の人物による将来も可能であったこと、僧籍にあった道慈が還俗せずに政務の一環である『紀』の編纂に参画することは不可能であったこと、などの批判がある。(7)

『続日本紀』天平十六年（七四四）十月辛卯条の道慈の死亡記事などによれば、彼は大宝二年六月乙丑に出帆して入唐し、霊亀二年（七一六）八月癸亥に任命された遣唐押使の多治比真人県守らにともない、養老二年十月庚辰に帰国したことが分かる。彼らの帰国については、養老二年十月二十日に九州の大宰府から帰国の報告があり、その平城入京は同年十二月十三日であった。ところが『続日本紀』養老三年十一月乙卯朔条には、道慈は入唐留学の功績により五十戸の食封を賜わったとあることから、この時点で未だ僧籍にあったわけで、『紀』編纂への参与は考えられない。もし、この直後に還俗して『紀』編纂に加わったとしても、舎人親王による『紀』撰上は養老四年五月二十一日であるから、その間僅か六箇月しか存在しない。この短期間で彼がどれほどのことを成しえたか、疑問が大きい。

そうでなくても、道慈が平城京に戻ってから『紀』撰上まで約一年五箇月しかないわけで、帰国報告会や歓迎会なども開催されたであろうから、彼が実務的な仕事に従事できる期間はさらに短くなる。加えて、『紀』における『金光明最勝王経』による文飾と見られる記事は、巻十五（顕宗天皇紀）・十六（武烈天皇紀）・十七（継体天皇紀）・十九（欽明天皇紀）・二十（敏達天皇紀）・二十一（崇峻天皇紀）に及び、巻十五（清寧天皇・仁賢天皇紀）にも可能性がある。(8)『金光明最勝王経』による文飾が、仏教関係以外の記事にも相当広範囲に及んでいるわけで、道慈に広範囲な潤色作業が可能なほど時間的余裕があったかについても、疑問に思われる。

おそらく、道慈が帰国した養老二年ごろには、『紀』の編纂は、記事の校正や更なる加飾などの作業が残された状況にあったものと思われる。つまり、このころには『紀』の実質的な編纂事業はほぼ終了していたと見られる。こうした点からすれば、帰国したばかりの道慈が『紀』編纂に大きく参画する必要性と余地は存在しなかったと考えるのが妥当であろう。

仏教は百済王から天皇に贈与された

『紀』の仏教関連記事を文飾したのが道慈ではなかったとしても、それと記事の信憑性は別である。所伝の核となる事実が存在したのか否かということだが、ここではそれについて検討しよう。まずそれは百済国の聖明王から倭国の欽明天皇へ贈与されたものであり、仏教公伝の事実は否定し難いと思われる。そのことを確認するために、仏教公伝の前後の倭・百済間交渉を見てみよう。

イ継体天皇紀七年（五一三）六月条

百済、姐弥文貴将軍・州利即爾将軍を遣して、穂積臣押山〈百済本記に云はく、委の意斯移麻岐弥といふ〉に副へて、五経博士段楊爾を貢る。

ロ継体天皇紀十年九月条

百済、州利即次将軍を遣して、物部連に副へて来、己汶の地賜ることを謝りまうす。別に五経博士漢高安茂を貢りて、博士段楊爾に代へむと請ふ。請す依に代ふ。

ハ欽明天皇紀十四年六月条

内臣〈名を闕せり〉を遣して、百済に使せしむ。仍りて良馬二匹・同船二隻・弓五十張・箭五十具を賜ふ。勅して云はく、「請す所の軍は、王の須るむ随ならむ」とのたまふ。別に勅したまはく、「医博士・易博士・暦博士等、番に依りて上き下れ。今上件の色の人は、正に相代らむ年月に当れり。還使に付けて相代らしむべし。又卜書・暦本・種種の薬物、付送れ」とのたまふ。

□二欽明天皇紀十五年二月条

百済、下部杆率将軍三貴・上部奈率物部烏等を遣して、救の兵を乞す。仍りて徳率東城子莫古を貢りて、前の番奈率東城子言に代ふ。五経博士王柳貴を、固徳馬丁安に代ふ。僧曇慧等九人を、僧道深等七人に代ふ。別に勅を奉りて、易博士施徳王道良・暦博士固徳王保孫・医博士奈率王有㥄陀・採薬師施徳潘量豊・固徳丁有陀・楽人施徳三斤・季徳己麻次・季徳進奴・対徳進陀を貢る。皆請すに依りて代ふるなり。

右の一連の記事、とくに傍線部からは、ヤマト王権が百済からの援助要請に応えた見返りに、百済がヤマト王権に五経博士・医博士・易博士（易経に基づく占術の専門家）・暦博士・採薬師・楽人（楽器演奏者）・僧侶などを、交替制で貢進していたことが読み取れる。なお、五経は儒教で尊ばれる五つの経書、易経・詩経・書経・春秋・礼記で、五経博士とは儒教の教官のことであるが、中国では皇帝の諮問に応じ、民政の教化に従った。

これら先進の学術や宗教を携えた諸博士らの渡来、「卜書・暦本・種種の薬物」の貢進は、□八に「別に勅したまはく」、□二に「別に勅を奉りて」とあるように、ヤマト王権側からの特別な要請に応えたものであった。

こうした一連の倭・百済間交渉の中に仏教公伝を位置づけてみれば、その事実性に違和感がないとともに、百済・聖明王からヤマト王権・欽明天皇に贈与された歴史的状況についても、よく理解されよう。欽明天皇紀十三年十月条には僧侶のことはないが、[ロ]で物部連（物部伊勢連父根か）が、[ニ]でも倭系百済官人の上部奈率物部烏が関与していることから見て、百済からの仏教贈与についても物部大連尾輿は事前に十分承知していたと思われる。

仏教は天皇から蘇我氏に下賜された

公伝初期の仏教信仰は、倭・百済ともに国王を中心とする一部の支配層の特権であり、庶民はもちろん、中小の豪族らもその埒外（らちがい）に存在した。

古代国家間における仏教の贈与とは、単に仏像や経典だけでなく、のちにも触れるように律師（りっし）（戒律（かいりつ）に通じた僧）・禅師（ぜんじ）（禅定（ぜんじょう）に詳しい僧）・比丘尼（びくに）（尼僧）らの僧尼をはじめ、呪禁師（じゅこむのはかせ）（呪術の専門家）・造仏工（ほとけつくるたくみ）（仏師）・造寺工（てらつくるたくみ）（寺院建築家）・鑪盤博士（ろばんのはかせ）（仏塔の相輪（そうりん）や鑪盤製作の工人）・瓦博士（かはらのはかせ）（瓦造り工人）・画工（えかき）（画家）などの技術工芸集団を含む、仏教文化複合の贈与であった。これらは、当時の東アジア世界における仏教的先進文物の集約でもあった。さきの④で欽明天皇が大臣蘇我稲目に下賜した仏教とは、こうした総合的な仏教文化複合であったことを理解しておく必要がある。

そこで仏教崇廃問題から検討していくが、重要なことは、物部尾輿・中臣鎌子らがまず反対したのは、欽明天皇が仏教信仰を受容することである。ヤマト王権自体が贈与された仏教の受容を拒否しているわけではなく、またヤマト王権の仏教受容に反対しているのでもないことである。そのことは、仏教公伝から暫く経過した[三]の、欽明天皇十五年二月に僧道深ら七人を曇慧ら九人と替えたとあることから明白である。僧道深ら七人の渡来時、さらには曇慧ら九人と交替した際に、物部氏や中臣氏からの反対は何も伝えられず、ヤマト王権が多くの百済僧を受け入れていたことは事実である。

このことは、物部氏や中臣氏も含めた当時のヤマト王権が、仏教の受容を拒否していたわけではないことを示している。百済からの仏教贈与は、おそらくは五経博士の場合と同様に、ヤマト王権側からの要請に基づいたものであったから、それは当然とも言えよう。飛鳥寺創建などから見てもその流れは否定できないが、(9) なお後にも触れる。

欽明天皇が仏教信仰の受容に踏み切れなかった理由が、天神地祇を祭ることでヤマト王権の宗教的秩序を体現する祭祀王＝天皇という特性に存在したことは、前に述べた。(10) 当時のヤマト王権の世俗的権力は、宗教的権威によって支えられていると観念されていたのである。続く課題は、宗教的秩序を体現する祭祀王＝天皇の具体像を示すことであるが、それは第八章以降で述べよう。

要するに、百済から贈与された仏教信仰を天皇が受容することは、天皇が体現する王権秩序の根幹の変更という、王権の存立に関わる重要事項であったから、当時の王権の仕組みに従って群臣層の合意が必要であった。しかし、その合意が形成されなかったので、欽明天皇はそれを大臣蘇我稲目に下賜し、試みに信仰させたのである。ここに、仏教受容に関わり見逃せない、二つの要点が存在する。

一つは、ヤマト王権からの要請もあって百済から贈与された仏教であるが、王権としては受容出来ても天皇自身は信仰出来ないという、背馳（はいち）した実態が倭国に存在したことである。

次は、大臣蘇我稲目が信仰した仏教は、天皇から下賜されたものであったことである。海外からヤマト王権に贈与される先進文物は、基本的にはすべて天皇の占有物であったが、それ故に仏教も欽明天皇から蘇我稲目に下賜されたのである。蘇我稲目が信仰した仏教は、欽明天皇が百済から贈与されたものであったが、さらにそれは大臣という公的立場における試みの信仰であった。

蘇我氏側に個別的な志向が存在したことは想定されるが、この場合は私的な営みとして仏教信仰を受容したのではなく、後の飛鳥寺創建も含めて、天皇から下賜され、あるいは許可を得て、かつ大臣という公的立場での営為であったことを理解しなければならない。詳しくは後述するが、物部氏や中臣氏が蘇我氏の仏教信仰に反対する理由も、ここに存在したのである。

ちなみに、伝来間もない仏教が、天皇から臣下に下賜される場合のあったことは、次の推古天皇紀十一年（六〇三）十一月己亥朔条からも知ることが出来る。

皇太子（ひつぎのみこ）、諸の大夫に謂りて曰はく、「我、尊き仏像有（たも）てり。誰か是の像を得て恭拝（ゐやびまつ）らむ」とのたまふ。時に、秦造河勝（はだのみやつこかはかつ）進みて曰（い）はく、「臣（やつかれ）、拝（をが）みまつらむ」といふ。便（すで）に仏像を受く。因りて蜂岡寺（はちのをかでら）を造る。

皇太子の表記は後の文飾であるが、秦造河勝による山背（やましろ）の蜂岡寺（後の太秦の広隆寺／京都市右京区）創建の記事である。それは、廏戸皇子が諸大夫（群臣）に諮問し、その同意を得て仏像を秦造河勝に下賜したことに始まる、と伝える。この記事の意図は、廏戸皇子と秦造河勝の個人的な親密関係を示すだけでなく、推古天皇の権限を代行する廏戸皇子が諸大夫に諮り、その合意を得て仏像などを秦造河勝に下賜したことを語るところにある。[11]

仏教伝来に関する『紀』の歴史認識

当初のこうした仏教の在り様を知るうえで、王権による仏教の統制と造寺の援助を述べた、孝徳天皇紀大化元年（六四五）八月癸卯条が参考になる。次に引く記事は『紀』の編者が、孝徳朝以前の仏教関係記事を要約しただけかも知れないが、少なくとも彼らの仏教の伝来・受容に関する歴史的認識を垣間見ることが出来る点で貴重であり、検討するに値しよう。

　使を大寺に遣して、僧尼を喚し聚へて、詔して曰はく、「ⓐ磯城嶋宮御宇天皇の十三年の中に、百済の明王、仏法を我が大倭に伝へ奉る。是の時に、群臣、倶に伝へまく欲せず。而るを蘇我稲目宿禰、独り其の法を信けたり。天皇、乃ち稲目宿禰に詔して、其の法を奉めしむ。ⓑ訳語田宮御宇天皇の世に、蘇我馬子宿禰、追ひて考父の風を遵びて、猶能仁の教を重む。而して余臣は信けず。此の典幾に亡びなむとす。ⓒ天皇、馬子宿禰に詔して、其の法を奉めしむ。ⓓ小墾田宮御宇天皇の世に、馬子宿禰、天皇の奉為に、丈六の繡像・丈六の銅像を造る。仏教を顕し揚げて、僧尼を恭み敬ふ。……」とのたまふ。

まず、右にある磯城嶋宮御宇天皇・訳語田宮御宇天皇・小墾田宮御宇天皇とは、欽明・敏達・推古の各天皇である。したがって、ⓐは欽明天皇紀十三年十月、ⓑは敏達天皇紀十四年（五八五）二月・三月、ⓒは敏達天皇紀十四年六月、ⓓは推古天皇紀十三年（六〇五）四月・十四年四月の、各条に対応することも明瞭である。ⓑ以下の史料の具体的な分析は後に行なうが、ここで注目されるのは、次の諸点である。

まずⓐでは、仏教公伝時に欽明天皇が群臣の反対で受容出来なかったが、とくに波線部は蘇我稲目が天皇の詔にしたがって仏教を崇拝したこと、すなわち蘇我稲目への仏教下賜を述べている。

次にⓑで、敏達朝に蘇我馬子が父稲目の信仰した仏教を崇拝しようとしたが、「而して余臣は信けず」＝群臣の反対が多く、仏教が滅びる危機に直面したこと。しかしⓒでは一転して、蘇我馬子は改めて敏達天皇の許認を得て崇拝が出来たと伝えている。これらは、ほぼ正確な認識だと考えられる。

またⓓは、蘇我馬子による飛鳥寺創建を伝えた内容であるが、波線部に「天皇の奉為に」とあることから、それも天皇の許可を得たうえで[12]、天皇のために建立したことを示していることにも留意される。天皇中心の考えのもとに編纂された歴史書の記事という性格を考慮に入れても、右は蘇我氏の仏教信仰が天皇からの下賜や、許認の詔を得た上での行為であったことを語って余りある。

おそらく、これが大化前代の仏教史に関する支配層の共通認識であり、背景にはそれを裏付ける一定の歴史的事実が存在したと考えられる。そのことは、飛鳥寺の建立過程からも知ることが出来る。

まず、敏達天皇紀六年（五七七）十一月条には、次のようにある。

百済国の王、還使大別王等に付けて、経論若干巻、幷て律師・禅師・比丘尼・呪禁師・造仏工・造寺工、六人を献る。遂に難波の大別王寺に安置らしむ。

また、崇峻天皇紀元年（五八八）是歳条も、次のように伝えられる。

　百済国、使并て僧恵總・令斤・恵寔等を遣して、仏の舎利を献る。百済国、恩率首信・徳率蓋文・那率福富味身等を遣して、調進り、并て仏の舎利、僧、聆照律師・令威・恵衆・恵宿・道厳・令開等、寺工太良未太・文賈古子、鑪盤博士将徳白昧淳、瓦博士麻奈文奴・陽貴文・㥄貴文・昔麻帝弥、画工白加を献る。

すなわち、最初の本格的伽藍である飛鳥寺は、ヤマト王権からの要請により、右史料にある百済からヤマト王権に贈与された寺院建立に必要な技術集団、すなわち「造仏工・造寺工」を始め、「寺工、鑪盤博士、瓦博士、画工」らによって創建、荘厳化されたことは間違いない。また飛鳥寺金堂の釈迦丈六仏は、推古天皇紀十三年（六〇五）四月辛酉朔条によれば、高句麗の大興王から推古天皇に贈られた黄金三百両を用いて鍍金したという。

要するに、彼ら僧侶や技術集団は、百済からヤマト王権・天皇に贈与されたものである。王権・天皇に贈与された僧侶、工人集団と資材を用いて造立している点からも、飛鳥寺を単なる蘇我氏の「氏寺」とみなすことは適切ではなく、国家的性格の強い寺院であったと解さなければならない。

先進文物の集約である仏教は、天皇がその信仰を受容できなくても、王権に帰属する、天皇の優先的占有物であった。蘇我氏に下賜された仏教とは、本来は天皇に占有される先進の仏教文化複合と称すべきものであって、蘇我氏の仏教信仰と物部氏らのそれへの反対についても、こうした点からの再評価が必要である。なお、大別王寺のことは後に触れよう。

仏教外交と仏教下賜

百済から倭国・ヤマト王権への仏教贈与の性格については、仏教が当時の東アジア世界における、外交の贈与物であったことからも理解される。すなわち、中国を中心とする古代の東アジア世界において、次のような仏教的朝貢外交が展開されていたと説かれている[13]。

東アジア地域では四世紀（東晋）以降、七世紀前期（隋）まで、仏教色を強調した対中国外交、すなわち仏教的朝貢外交が展開されていた。それは仏教を崇拝する皇帝に対し、外交目的を円滑に達成するために行なわれた。とくに南朝・梁の武帝（在位五〇二〜五四九年）が仏教崇拝に熱心だったこともあって、仏教的朝貢外交が流行したが、梁に仏教的朝貢外交を行なっていた百済からヤマト王権が仏教を公的に導入したことは、対中国外交を視野に入れた行為であったとみるべきであり、ヤマト王権の遣隋使も仏教的朝貢と無関係に計画・実行されたはずはない。

ヤマト王権が仏教を導入したのも、こうした東アジアの情勢を周知、認識した上でのことであったことは間違いない。仏教の授受を重視する外交においては、僧尼の留学や仏教文物の贈与、下賜がともなったが、留学から帰国した僧尼や将来された仏教文物が、まず国家・国王に帰属、占有された。これは何も仏教だけでなく、国家間の外交にともなう贈答物が、まず国家に帰属し、国王の占有物であったことは、この時代には当然のことであった。欽明天皇はその仏教を、大臣蘇我稲目に下賜したのであり、仏教外交の方法を国内の君臣関係に転用したとも言えよう。

ただし、仏教的朝貢外交が積極的に展開した梁代に、ヤマト王権が百済から仏教を公的に導入、受容したことが、将来の対中国交渉を視野に入れた行為であったかは、なお当時の国内外の情勢を分析しなければならないであろう。

物部氏と蘇我氏の仏教崇廃抗争Ⅰ　―敏達朝Ⅰ―

さて、先に示した孝徳天皇紀大化元年八月癸卯条のⓑに対応する、敏達天皇紀十四年二・三月条について検討しよう。これに関わり、欽明朝の仏教公伝時だけでなく、酷似した仏教崇廃抗争が、敏達・用明朝の三代に亘り伝えられていることが問題となる。

これに関して、それらの記事の信憑性を疑う立場から、事実として蘇我氏と物部氏の対立の原因と位置づける解釈まで、多様である。そうした中で、当時の王権内では、利害の対立を含む重要な案件は、天皇の代替わりごとに群臣の合議が開かれて可否が判断されていたことが参考となる。[14]天皇の仏教信仰の受容問題もその一つであり、三代に亘る仏教崇廃抗争記事もある程度信頼できるとする説に、[15]妥当性があろう。ただし、それのみでは判じきれない部分があるので、いま少し細かく見ていこう。

まず、先のⓑに対応する敏達天皇紀十四年（五八五）二・三月条は、本章の論旨に関わることから、少し長いが史料を示そう。

春二月戊子朔壬寅に、蘇我大臣馬子宿禰、塔を大野丘の北に起てて、大会の設斎す。即ち達等が前に獲たる舎利を以て、塔の柱頭に蔵む。①辛亥に、蘇我大臣、患疾す。卜者に問ふ。卜者対へて言はく、「父の時に祭りし仏神の心に祟れり」といふ。大臣、即ち子弟を遣して、其の占状を奏す。②詔して曰はく、「卜者の言に依りて、父の神を祭ひ祠れ」とのたまふ。③大臣、詔を奉りて、石像を礼び拝みて、壽命を延べたまへと乞ふ。是の時に、国に疫疾行りて、民死ぬる者衆し。

三月丁巳朔に、④物部弓削守屋大連と、中臣勝海大夫と、奏して曰さく、「何故にか臣が言を用る肯へたまはざる。考天皇より、陛下に及るまでに、疫疾流く行りて、国の民絶ゆべし。豈専蘇我臣が仏法を興し行ふに由れるに非ずや」とまうす。⑤詔して曰はく、「灼然なれば、仏法を断めよ」とのたまふ。丙戌に、物部弓削守屋大連、自ら寺に詣りて、胡床に踞げ坐り。其の塔を斫り倒して、火を縦けて燔く。幷て仏像と仏殿とを焼く。既にして焼く所の余の仏像を取りて、難波の堀江に棄てしむ。是の日に、雲無くして風ふき雨ふる。大連、被雨衣り。馬子宿禰と、従ひて行へる法の侶とを訶責めて、毀り辱むる心を生さしむ。乃ち佐伯造御室〈更の名は、於閭礙〉を遣して、馬子宿禰の供る善信等の尼を喚ぶ。是に由りて、⑥馬子宿禰、敢へて命に違はずして、惻愴き啼泣ちつつ、尼等を喚び出して、御室に付く。有司、便に尼等の三衣を奪ひて、禁錮へて、海石榴市の亭に楚撻ちき。

この話には前段として敏達天皇紀十三年九月条・是歳条があり、これは概要を摘記しよう。

・十三年九月条

百済から帰国した鹿深臣と佐伯連がそれぞれ、釈迦の説法からもれた人々を救う菩薩とされる弥勒石像と仏像を持ち帰った。

・是歳条

この二軀を得た蘇我馬子宿禰は、還俗僧の高麗恵便を師とし、司馬達等の娘ら三名を出家させ、邸宅の東方に仏殿を作り弥勒石像を安置した。塔の柱頭に納めた舎利（釈迦の遺骨）は、その三尼を招いて仏事を催していた際に得たものであり、蘇我馬子は石川宅に仏殿を造った。「仏法の初、茲より作れり」。

まず、この敏達天皇紀十三年九月条・是歳条で注目されることは、蘇我馬子の崇仏に対して物部氏らの反対・廃仏の動きが、何も記されていないことである。これは当時の仏教信仰の実態を考察する上で重要であるが、そのことの理由はのちに明らかになる。ところが、敏達天皇紀十四年二・三月条の途中から、この状況が一変する。二月壬寅（十五日）の大野丘の塔での仏事までは前年からの営みの継続であるが、二月辛亥（二十四日）からは事態が大きく変化している。傍線部を中心にして、その展開を見ていこう。

①二月辛亥（二十四日）に、痘瘡に罹患した蘇我馬子が占いの結果も添え、父の大臣蘇我稲目が信仰した仏教を、病気恢復のために崇敬することの許可を天皇に願い出た。

②敏達天皇は「父の神を祭ひ祠れ」と、蘇我稲目が欽明天皇から下賜され礼拝した仏教を、子の大臣馬子が崇拝することを認めた。

③天皇の詔を得た大臣蘇我馬子は、弥勒石像を礼拝し、寿命の延長を願った。ところが、この時に

国内で疫病が流行し、多くの人民が死亡した。

④三月丁巳朔（一日）に、物部弓削守屋大連と中臣勝海大夫は「どうして我々の提案を採用しないのか。欽明天皇から敏達天皇の時まで、疫病が流行るのはもっぱら蘇我臣が仏教を興し信仰したことが原因ではないか」と天皇に異議を申し出た。

⑤敏達天皇は、「言うところはもっともである。仏教の信仰を止めよ」と命じた。それをうけた物部弓削守屋大連は、三月丙戌（三十日）に自ら寺におもむいて塔や仏殿・仏像を焼却し、残った仏像などは難波の堀江（天満川）に投棄させた。さらに、蘇我馬子が供養する善信ら三人の尼僧を罰するために、佐伯造御室を遣って呼びだした。

⑥蘇我馬子は天皇の命令に違うことなく、泣きながら三名の尼僧を呼び出して役人に引き渡した。それで役人は、三名の尼僧を禁固して衣を剝ぎ取り、海柘榴市（奈良県桜井市三輪山の南西麓辺り）にあった王権の廏で鞭打ち刑に処した。

ここで留意するべきは、さきにも少し指摘したが、敏達天皇紀十三年九月条・是歳条・十四年二月壬寅条までと、同十四年二月辛亥条・三月条では、蘇我氏の仏教信仰に対する物部氏や中臣氏の態度が大きく異なることである。ここには一体、何があったのか、その理由を明らかにしなければならない。これは、仏教崇廃抗争の本質を探る上でも、重要なことである。

次に、敏達天皇が、蘇我稲目が欽明天皇から下賜され礼拝した仏教を、申し出のとおりに蘇我馬子が崇拝することを認めた途端、物部弓削守屋と中臣勝海が反対の動きに出ていることに注目される。

ここに、右の課題を解明するための鍵がある。

さらに重要なことは、物部弓削守屋による仏教破却が、敏達天皇の許可を得て行なわれていること、蘇我馬子はそれに異議を唱え反抗することもなく従順であったことである。これは、当時のヤマト王権における仏教受容に関する主権が、最終的にどこに存在したのかを示している。

物部氏と蘇我氏の仏教崇廃抗争Ⅱ　―敏達朝Ⅱ―

右の一連の所伝において、仏教に向き合う天皇や物部氏の態度が途中で反転しているように見える理由の追究は、蘇我氏の信仰した仏教および物部氏らとの仏教崇廃抗争の、実相解明にもつながる。その手掛かりは、敏達天皇紀十四年二月辛亥条（①）において、馬子宿禰が敏達天皇に、父の稲目宿禰が行なった仏教信仰の許可を求めていることにある。もうすこし具体的に言えば、これは、父の蘇我稲目が欽明天皇から下賜されて礼拝した仏教を、子の蘇我馬子が再び公的に崇拝すること（稲目の信仰した仏教の復興）の許可を、敏達天皇に求めているのである。

これに対して、先立つ敏達天皇紀十三年九月条・是歳条・十四年二月壬寅条では、鹿深臣と佐伯連の持ち帰った弥勒石像と仏像を譲り受けた蘇我馬子が、私的に信仰したことを述べたものである。

要するに、それは、鹿深臣と佐伯連が個人的に将来した弥勒石像と仏像を入手した蘇我馬子が、私的に礼拝したものであったから、廃仏の問題が生起しなかったのである。天皇から下賜・許認された公的な仏教信仰と、私的な立場での仏教崇敬が区別されていたことを理解しなければ、この複雑な一連の記事は読み解けない。

これまでは、仏教崇廃抗争に関して、「国家レベルの導入可否が問題であった」という指摘を除けば[16]、こうした視点からの分析はなかったように思われる。

それは天皇から許可を得た公的な仏教信仰であったが故に、天皇が廃仏を命じたならば、蘇我馬子は「敢へて命に違はずして、惻愴き啼泣ちつつ、尼等を喚び出して、御室に付く」とあるように、物部氏らによる廃仏にも従わざるを得なかったのである。

このことは、その後日譚でもある、次の敏達天皇紀十四年六月条から確かめられる。

> 夏六月に、馬子宿禰、奏して曰さく、「臣の疾病りて、今に至るまでに愈えず。三宝の力を蒙らずは、救ひ治むべきこと難し」とまうす。是に、馬子宿禰に詔して曰はく、「汝独り仏法を行ふべし。余人を断めよ」とのたまふ。乃ち三の尼を以て、馬子宿禰に還し付く。馬子宿禰、受けて歓悦ぶ。未曾有と嘆きて、三の尼を頂礼む。新に精舎を営りて、迎へ入れて供養ふ。

一旦は廃仏を認めた敏達天皇であるが、やはり仏教崇敬の功徳に拠らなければ病気（痘瘡）の治癒が困難であると、馬子宿禰が申し出た。敏達天皇は「汝独り仏法を行ふべし。余人を断めよ」と命じ、馬子宿禰にのみ信仰を許して、他者には禁断を命じたという。

これも一見すれば、仏教禁断を命じた敏達天皇十四年三月丁巳朔条（④⑤）と矛盾し、天皇の仏教に対する態度が短期間で逆転しているようにも捉えられる。

しかし、これは、六月になって病気治療にために仏教を信仰したいと馬子宿禰が再び願い出たので、敏達天皇は馬子宿禰だけにそれを許した、ということである。「余人を断めよ」ということについて、当時の状況から推し量るならば、馬子以外の蘇我氏一族を指していると思料される。この天皇の言からも、それが馬子宿禰のみの個人的、私的な信仰であったことが知られる。ひるがえって、物部氏らが反対したのは、天皇の許可を得た上で、仏教文化複合の優先的占有権をも認められた、蘇我氏の公的な仏教信仰であった。

先の孝徳天皇紀大化元年八月癸卯条（一三九頁ⓑⓒ）において、敏達朝には「蘇我馬子宿禰、追ひて考父の風を遵びて、猶能仁の教を重む。而して余臣は信けず。此の典幾に亡びなむとす。天皇、馬子宿禰に詔して、其の法を奉めしむ」とあるのは、こうしたことを伝えたものである。

要するに、稲目宿禰以来の公的な立場における蘇我氏の仏教信仰を否定した敏達天皇十四年三月丁巳朔条（④⑤）の態度と、蘇我馬子宿禰の個人的、私的な信仰を述べている敏達天皇紀十三年九月条・是歳条・十四年二月壬寅条および十四年六月条は、何ら矛盾しないのである。また、物部氏が反対する蘇我氏の仏教は、天皇から許可を得た公的な信仰であり、私的なそれには何の反応もしていないのであり、この点において物部氏の仏教に対する態度も一貫している。

なお、敏達朝における廃仏に関して、『元興寺伽藍縁起幷流記資財帳』では廃仏を主張するのが「余臣」とあるだけで、具体的に物部氏や中臣氏の名がなく、廃仏を命じた「他田（おさだ）天皇」（敏達天皇）の名のみが記されている。このことから、廃仏を推進したのは敏達天皇であり、仏教崇廃の対立が物部氏の滅亡を招いたとする展開は、『紀』編者が物部氏を廃仏派に仕立てて造作した筋書きに過ぎず、そ

のまま事実とはみなし難いとする見方もある。(17)

しかし、右述のように、『紀』では敏達天皇が崇仏の許可も与えている。廃仏だけでなく、崇仏も天皇の許可を得て行なわれていたわけで、その頃の氏族の公的な仏教信仰の許・否決定は、天皇の専権事項であったことが分かる。これは天皇自身の仏教信仰が群臣合議の議題であったことと対照的に見えるが、それぞれの政治的権限の内容が異なる。なお、天皇と氏族のこうした相互関係が、仏教以外の問題に敷衍できるか否かは、今後の検討課題である。

いずれにしても、廃仏が敏達天皇の命で行なわれていることを根拠として、『紀』の記事は信じられず敏達天皇が廃仏派の中心であった、とは言えない。

物部氏と蘇我氏の仏教崇廃抗争 Ⅲ —用明朝—

次は用明朝における仏教崇廃問題であり、用明天皇紀二年（五八七）四月丙午条は左のように伝える。

> 磐余の河上に御新嘗す。是の日に、天皇、得病ひたまひて、宮に還入します。群臣侍り。天皇、群臣に詔して曰はく、「朕、三宝に帰らむと思ふ。卿等議れ」とのたまふ。群臣、入朝りて議る。物部守屋大連と中臣勝海連と、詔の議に違ひて曰さく、「何ぞ国神を背きて、他神を敬びむ。由来、斯の若き事を識らず」とまうす。蘇我馬子宿禰大臣、曰さく、「詔に随ひて助け奉るべし。詎か異なる計を生さむ」とまうす。是に、皇弟皇子〈皇弟皇子といふは、穴穂部皇子、即ち天皇の庶弟なり〉、豊国法師〈名を闕せり〉を引て、内裏に入る。物部守屋大連、邪睨みて、大きに怒る。

是の時に、押坂部史毛屎、急て来て、密に大連に語りて曰はく、「今群臣、卿を図る。復将に路を断ちてむ」といふ。大連聞きて、即ち阿都に退きて、〈阿都は大連の別業の在る所の地の名なり〉人を集聚む。中臣勝海連、家に衆を集へて、大連を随助く。遂に太子彦人皇子の像と竹田皇子の像とを作りて厭ふ。俄ありて事の済り難からむことを知りて、帰りて彦人皇子に水派宮に附く。

まず右の傍線部で、用明天皇が病気（疱瘡）治療のため仏教に帰依したいという希望を専決せず、群臣に諮問していることから、「天皇の仏教崇拝は自身で最終決定できない、王権の重要問題である」という、欽明朝以来の方針が維持されていることが確認できる。用明天皇の仏教帰依の理由は先の蘇我馬子の場合と等しいが、たとえ理由が同じであっても、当時の天皇に私的生活があると認識されていたとは思われない。だからこそ、物部守屋大連と中臣勝海連は「由来、斯の若き事を識らず」（今まで、このようなことは聞いたことがない）、すなわち天皇が仏教を崇敬しないことは欽明朝以来の王権の基本方針であるとして、用明天皇の仏教帰依に強く反対したのである。

それに対して、蘇我馬子大臣は用明天皇の要望をかなえるべく、「詎か異なる計を生さむ」と妙案を募ったところ、それに応じて穴穂部皇子が豊国法師を内裏に引き入れたため、物部守屋が従前からの王権の方針に違うとして睨みつけて怒った、ということである。

この七日後には用明天皇は亡くなり、物部守屋は穴穂部皇子を天皇に擁立しようと図ったものの事が漏れた。その二箇月後の六月に、敏達天皇の大后炊屋姫尊（後の推古天皇）の許諾を得た蘇我馬子らは、穴穂部皇子と宣化天皇の子の宅部皇子を殺害するのである。さらに翌七月には、蘇我馬子・諸皇子・群臣がこぞって物部守屋を滅ぼすことも、周知のところである。

ここで穴穂部皇子・物部守屋・中臣勝海連らの動きを見ると、王族や有力氏族が常に同じ関係を維持していたわけではなく、事態に応じてその時々に離散集合を繰り返していたことが分かる。当時、王権内では王位継承をめぐる対立が深刻化していたが、物部守屋の滅亡が仏教崇廃をめぐる蘇我氏と物部氏の私的な抗争の結果でないことは、穴穂部皇子・宅部皇子を攻めた際には炊屋姫尊を奉じ、物部守屋を攻撃した際は多くの有力王族と氏族を鳩合していることからも明白である。すなわち、それらは蘇我馬子・蘇我氏単独の擅断な振る舞いではなかったのである。そこからは、王権内部の権力闘争が垣間見える。

ちなみに、推古天皇紀二年（五九四）四月朔条では、推古朝政権の基本方針として仏教興隆の詔を出しているが、その前に群臣の合議が開かれた様子はない。これは反対派の物部氏が没落したことに加えて、大夫層の三分の一以上が蘇我氏系の氏に占められ、もはや群臣に諮る必要がなくなったからである。推古朝に仏教興隆の詔が出されたことの意義は、次の舒明朝以降に天皇・大臣の仏教崇敬に関する王権の態度表明が、一切見られなくなることに表われている。舒明朝以降は、王権・天皇の仏教崇敬は王権内では自明、既定の方針となり、天皇の大寺として百済大寺（のち高市大寺→大官大寺→大安寺）が創建されるに至るのである。

物部氏と蘇我氏の抗争の真相

仏教崇廃関連記事を細かく分析すれば、物部氏らが反対したのは、天皇自身の仏教信仰の受容と、蘇我氏に対しては天皇から下賜され、許諾された公的立場における仏教信仰であった。かつ、仏教受容反対・廃仏の理由は、前者の場合はヤマト王権の秩序を体現する祭祀王＝天皇に存在したが、蘇我氏に対しては先進の仏教文化複合を優先して占有することにあった。そのことは、蘇我氏の個人的・私的な立場での仏教崇敬は埒外にあって、物部氏らが何らの動きもしていないことから明白である。

物部氏が仏教信仰に反対する理由は、天皇と蘇我氏では異なったのであり、また蘇我氏に対してその対象となるのは公的な仏教信仰であり、私的な場合は物部氏ら他の氏族の及ばない事柄であった。これは蘇我氏や仏教に限らず、他の氏族や問題においても同様であったと考えられる。

王権による仏教の受容は、大連物部氏と大臣蘇我氏が対立・抗争する契機の一つではあったが、そのすべてではなかった。仏教信仰の受容をめぐり物部氏と蘇我氏の間に角逐のあったことは確かであるが、守旧的・開明的といった氏の性格によるものではなく、かつ両氏の対立が深刻化するのも敏達天皇死後のことである。

物部氏が保守一辺倒の氏でなかったことは、渡来系集団の西漢氏を配下に有し、(18) さきにも触れたが継体天皇九年（五一五）から十年にかけては物部至至連が朝鮮半島に派遣されて百済の将軍と行動をともにし、百済がわが国に派遣する五経博士らの交替を進めていることなどからも、明らかである。

また、欽明天皇紀には、物部氏と朝鮮半島の女性の間に生まれた人物と見られる[19]物部施徳麻奇牟・物部連奈率用奇多・物部奈率奇非・上部奈率物部烏・東方領物部莫奇武連（物部施徳麻奇牟と同一人物）・竹斯物部莫奇委沙奇ら、施徳（八位）・奈率（六位）など百済の冠位を有する、いわゆる倭系百済官人の任那問題など外交での活躍が伝えられ、物部氏が継体朝前後からヤマト王権の外交に深く関与し、海外交渉で現地へ赴いていたことからも知られよう。

こうした状況からみて、物部氏が海外の事情に疎く、守旧的で先進文物の受容にも否定的であったとは考えられない。物部氏が仏教信仰受容に反対した理由は、右に述べたように別の次元にある。

これに関わり、物部氏の本貫にある渋川廃寺（大阪府八尾市渋川町）は大連物部守屋が創建に関与したから、物部氏は廃仏の立場ではなかったとして『紀』の所伝を否定的に解する説もある[20]が、創建が守屋の時期に遡るという考古学上の明証がないことから[21]、判断の材料とはできない。

なお、この時期の物部氏と蘇我氏の関係を明らかにするためには、ヤマト王権の神祇政策との関連についても分析する必要がある。蘇我氏と神祇祭祀の関連については、かつて次の点を指摘した[22]。

四世紀後半から六世紀半ばの王権直属の大規模な玉作工房遺跡である、奈良県橿原市の曽我玉作遺跡の性格と地理的位置は、蘇我氏と神祇祭祀の関連を考える上で大きな示唆を与える。そこは蘇我氏の本貫（大和国高市郡蘇我里・式内大社宗我坐宗我都比古神社／奈良県橿原市曽我町）であるだけでなく、隣接して祭祀氏族である忌部首氏の本貫（高市郡忌部里・名神大社太玉命神社／橿原市忌部町）が存在した。忌部氏の職掌（幣帛や祭料の調達、祭場の設営）や天太玉命という祖神名からみて、前身は玉作工人集団だったと見られる。ところが、玉作は王権のクラ職の管轄下にあり、王権のクラを統括管理したのは蘇我氏であった。蘇我氏と忌部氏の職掌や曽我玉作遺跡の性格などからみて、両氏は親密な関係にあった。また曽我玉作遺跡での玉生産が急減するのと前後して、王権の神祇政策、祭祀制度が更新されて、原初的な祭祀制度「祭官制」が成立する。それと軌を一にして、曽我玉作遺跡の玉作工人集団が祭祀氏族の忌部氏として、また王権内の卜占集団は祭祀氏族の中臣連氏として成立する。

ただ、そこで中臣氏のことは述べなかった。中臣氏とその成立については、廃仏で行動を共にする物部氏との関係からも触れておく必要がある。

中臣氏の成立と王権の新政策

王権の祭祀制度の変革は、継体朝から欽明朝にかけての新政策の一環であったと目されるが、中臣氏の王権での職掌について、まず天平四（七三二）・五年頃にまとめられた藤原鎌足と孫の藤原武智麻呂（藤原不比等の長男）の伝記である『藤氏家伝』(23)は、次のように記している。

其の先、天児屋根命より出づ。世、天地の祭を掌り、人神の間を相ひ和せり。仍て、その氏に命せて大中臣と曰ふ。

王権において天神地祇の祭祀を掌り、神・人の仲介者として奉仕したとあるが、『中臣氏系図』(24)糠手子大連公（鎌足の伯父）の行に引く「延喜本系帳」は、左のように伝えている。

高天原初而、皇神之御中、皇御孫之御中執持、伊賀志桙不傾、本末中良布留人、称之中臣者。

「伊賀志桙不傾」は立派な桙を傾けず（真っ直ぐに）、「中良布留人」は間で関係する人のことで、『藤氏家伝』と同じ意味のことを述べたものである。中臣氏が、王権の祭祀において神・人を仲介する職務に従った祭祀氏族であったことは間違いないが(25)、問題はその始まりの時期である。

南北朝時代に企画された源氏・平氏・藤原氏・橘氏を始めとする諸氏の系図集成で、室町時代にかけて増補、修訂された『尊卑分脈』によれば、「天児屋根尊…（十代略）…跨耳命…（五代略）…常盤大連…（二代略）…鎌足」と記すなかで、跨耳命について、またの名を「雷大臣命」と記し、さらに「始而賜卜部姓」（始めて卜部の姓を賜ふ）と傍書している。すなわち、中臣氏自身が、元は卜部であったと称しているのである。

大型動物の肩甲骨や亀の甲羅に火を当てて裂け目を生じさせ、神意を探る骨卜法は、漢字の起源とともに大陸に発することは周知のところである。わが国古代のそれは、弥生時代に稲作文化複合の一要素として伝来し、当初は鹿の肩甲骨を用いる鹿卜が主であったが、古墳時代後期からは海亀を用いる亀卜が主流となった(26)。

卜部は、王権の祭祀や儀礼で、鹿卜・亀卜を用いて神意をはかることに従事した祭祀集団であるが、律令制下では対馬・壱岐・伊豆から採用された（『延喜式』臨時祭）。これには亀卜に用いる海亀の甲羅を調達する関係もあったと思われるが、『記』の天石屋戸神話では、

天児屋命、布刀玉命を召して、天香山の真男鹿の肩を内抜きに抜きて、天香山の天波波迦を

　取りて、占合ひ麻迦那波しめて、……

とあるように、未だ鹿卜の世界であり、その背景に存する時代相を示唆している。

　さて、卜部前身集団から中臣氏が成立する時期については、『尊卑分脈』の常盤大連の傍書、「本系曰、始賜中臣連姓、本者卜部也」から推量できる。つまり、「本系」によれば、本は卜部であった集団が中臣連を賜姓されたのは、中臣鎌足の曽祖父常盤の時であったという。『中臣氏系図』が引く「中臣氏本系帳」も、中臣常磐（常盤に同じ）大連公について「中臣姓始」と記し、次のように伝えていることから、時期が限定できる。

　右の大連、始めて中臣連の姓を賜ふ。磯城嶋宮御宇天国押開広庭天皇の代、特に令誉を蒙り、恪勤供奉す。

磯城嶋宮御宇天国押開広庭天皇とは欽明天皇のことであり、この時に特別な栄誉を蒙ったので、まじめに供奉したという。[27] これらから、欽明天皇の時に、王権の卜占集団の中から中臣氏が成立したことは間違いなかろう。

　中臣氏の成立は、卜占集団に新たな氏姓が与えられたということだけでなく、それに応じた新たな職務を命じられた、かつ王権内に新たな制度が整えられた、ということである。それは、右に述べた王権の新たな祭祀制度と、その下での祭祀氏族としての職務であった。

　基本的に、これらのことは継体天皇系王権による新政策と理解され、それの採用される歴史的状況は前に述べたが、[28] これにより六世紀の王権内には、蘇我氏と忌部氏、物部氏と中臣氏という、執政官氏族と祭祀氏族の二組の氏族連携が併存することになった。

用明天皇が亡くなった直後に、穴穂部皇子を擁立しようとした物部守屋大連が、先手を打った蘇我馬子大臣や泊瀬部(はつせべ)皇子らの連合軍に攻め滅ぼされているように、物部氏と蘇我氏の対立には、王位継承問題が絡んでいた。要するに、物部氏・蘇我氏の抗争は、王権内部における王位継承や宗教政策などの政治的主導権をめぐる権力抗争に本質があった(29)。

物部氏による廃仏と二つの仏教

蘇我氏の受容した仏教は、天皇から下賜されたものであり、かつ天皇の場合とは異なり個別氏族の問題であることなどから、群臣合議の議題にはならなかった。それにも拘わらず、群臣の中で反対の動きが顕在化、政治問題化するのは、蘇我氏に下賜された仏教文化複合は、国家間交渉で贈与された先進文物として、天皇に帰属する優先的占有物であったことにある。そのことは、蘇我氏の公的立場での仏教崇拝には、天皇の許可が与えられていることに現われている。

物部氏が蘇我氏に廃仏を迫った理由は、天皇の仏教信仰への反対とは異なり、天皇の優先的占有物である先進の仏教文化複合(信仰や僧侶、文筆の術、造仏工・造寺工、鑪盤博士、瓦博士、画工などの複合体)が蘇我氏に下賜されたこと、蘇我氏優遇策に対する反発にある。等しく権力を担う立場にある氏族として、それは許容し難いことであった。そのことは、蘇我氏の私的な、あるいは馬子個人にのみ認められた仏教崇拝の場合は、物部氏らの反対の動きがまったく起きていないことから明らかである。

さらに、先に引いた敏達天皇紀六年（五七七）十一月条に、百済国王から贈与された経論や律師・禅師・比丘尼・呪禁師・造仏工・造寺工を難波の大別王寺に安置したとある所伝も参考になる。

大別王のことはよく分からないが、大別王寺を営み仏教を信仰していたことは確かであるものの、物部氏らがそのことを問題とした痕跡は存在しない。それは、大別王による私的、個人的な仏教崇拝であったからである。物部氏らは、蘇我氏や王族らの私的、個別的な仏教信仰[30]には、何ら反対の動きをしていないのである。

この頃に、公・私を別ける観念がどれほど存在したか、明確ではない。信憑性をめぐって議論があるが、推古天皇紀十二年（六〇四）四月戊辰条の憲法十七条の第八条には、「群卿百寮（まへつきみたちつかさつかさ）、早く朝（まゐ）りて晏（おそ）く退（まか）でよ。公事（おほやけのわざ）盬靡（いとな）し。終日（ひねもす）に尽（つく）し難（がた）し。…」、すなわち、役人は公事をゆるがせにしてはならないとある。また、孝徳天皇紀大化元年（六四五）八月庚子条には、東国に派遣する国司たちに「但（ただ）し、公事（おほやけ）を以て往来（かよ）はむ時には、部内（くにのうち）の馬に騎（の）ること得（え）、部内の飯飡（いひくら）ふこと得（う）」と命じており、一定の公・私観念の存在は読み取れよう。

仏教信仰に限らず、各氏族らの私的、個人的な部分に他者は介入できなかったのであり、これは古代に限らずとも当然のことであった。

このように、物部氏や中臣氏が仏教信仰の受容に反対したのは事実であるが、その理由が天皇と蘇我氏の場合では異なったことを、正しく認識しなければならない。また、物部氏らの廃仏行動も、天皇の許可を得た上でのことであって、すべて王権内部での出来事、いわば王権の方針であった。これらのことを明確に弁別して考察しなければ、物部氏と蘇我氏の対立を、正しく読み解くことは出来ない。物部守屋が、蘇我馬子らに攻め滅ぼされる原因の一つである仏教の崇廃をめぐる抗争も、王位継承や王権内の主導権争いを含む、権力抗争の一部であった。

註

（1）この廃仏を『元興寺伽藍縁起幷流記資財帳』の記述に依拠して、蘇我稲目の死去（五六九年）後のこととみる立場もあるが、蘇我稲目が生存していてこそ廃仏行為に意味があったと考えられる。薗田香融『日本古代仏教の伝来と受容』塙書房、二〇一六年。

（2）竹内理三編『寧樂遺文』中、東京堂出版、一九六二年。藤田經世編『校刊美術史料』寺院篇上、中央公論美術出版、一九七二年。

（3）花山信勝・家永三郎校訳　岩波文庫『上宮聖徳法王帝説』一九四一年。藤原猶雪編『聖徳太子全集』二、臨川書店、一九八八年（復刻版）。

沖森卓也・佐藤進・矢嶋泉『上宮聖徳法王帝説　注釈と研究』吉川弘文館、二〇〇五年。

（4）平林章仁『蘇我氏の研究』雄山閣、二〇一六年。同『蘇我氏と馬飼集団の謎』祥伝社、二〇一七年。

（5）河村秀根・河村益根『書紀集解』一七八五年、臨川書店、一九六九年復刻。

（6）津田左右吉『日本古典の研究』下巻、岩波書店、一九五〇年。

井上薫『日本古代の政治と宗教』吉川弘文館、一九六一年。

大山誠一『〈聖徳太子〉の誕生』吉川弘文館、一九九九年。

吉田一彦『仏教伝来の研究』吉川弘文館、二〇一二年、など。

（7）皆川完一「道慈と『日本書紀』」『中央大学文学部紀要』史学科四七、二〇〇二年。
勝浦令子「『金光明最勝王経』の舶載時期」『続日本紀の諸相』塙書房、二〇〇四年。同「仏教と経典」『列島の古代史』七、岩波書店、二〇〇六年。
（8）小島憲之『上代日本文学と中国文学』上、塙書房、一九六二年。
（9）本郷真紹「仏教伝来」『古代を考える　継体欽明朝と仏教伝来』吉川弘文館、一九九九年。
西宮秀紀「神祇祭祀」『列島の古代史』七、岩波書店、二〇〇六年。
曾根正人『聖徳太子と飛鳥仏教』吉川弘文館、二〇〇七年。
（10）平林章仁『天皇はいつから天皇になったか？』祥伝社、二〇一五年。同『「日の御子」の古代史』塙書房、二〇一五年。
（11）石井公成『聖徳太子―実像と伝説の間』春秋社、二〇一六年。
（12）石井公成、註（11）。
（13）河上麻由子『古代アジア世界の対外交渉と仏教』山川出版社、二〇一一年。
（14）加藤謙吉『大和政権と古代氏族』吉川弘文館、一九九一年。
倉本一宏『日本古代国家成立期の政権構造』吉川弘文館、一九九七年。
佐藤長門『日本古代王権の構造と展開』吉川弘文館、二〇〇九年。
（15）川尻秋生「仏教の伝来と受容」『古墳時代の日本列島』青木書店、二〇〇三年。
（16）曾根正人、註（9）。
（17）薗田香融、註（1）。
（18）加藤謙吉『吉士と西漢氏』白水社、二〇〇一年。
（19）欽明天皇紀二年七月条分註。
（20）安井良三「物部氏と仏教」『日本書紀研究』三、塙書房、一九六八年。

（21）八尾市文化財調査研究会『渋川廃寺』第2次調査・第3次調査、二〇〇四年。
（22）平林章仁『蘇我氏の実像と葛城氏』白水社、一九九六年。
（23）竹内理三編『寧樂遺文』下、東京堂出版、一九六二年。
沖森卓也・佐藤進・矢嶋泉『藤氏家伝　鎌足・貞慧・武智麻呂伝　注釈と研究』吉川弘文館、一九九九年。
（24）『群書類従』五。
（25）津田左右吉『日本古典の研究』下巻、註（6）。
（26）神澤勇一「日本の卜骨」『考古学ジャーナル』二八一、一九八七年。
東アジア恠異学会編『亀卜』臨川書店、二〇〇六年。
（27）横田健一「中臣氏と卜部」『日本古代神話と氏族伝承』塙書房、一九八二年。
加藤謙吉「中臣氏の氏族組織と常磐流中臣氏」篠川賢・増尾伸一郎編『藤氏家伝を読む』吉川弘文館、二〇一一年。
（28）平林章仁『蘇我氏と馬飼集団の謎』、註（4）。
（29）日野昭「六世紀における氏族の動向」『日本書紀と古代の仏教』和泉書院、二〇一五年。
篠川賢『物部氏の研究』雄山閣、二〇〇九年。
（30）寺西貞弘「仏教伝来と渡来人」『古代史の研究』二〇、二〇一七年。

第六章　石上神宮と祭神フツノミタマと物部氏

石上神宮の祭神名は布都御魂か、布留御魂か

ヤマト王権にとって、大和国山辺郡に鎮座する名神大社の石上坐布都御魂神社（石上神宮／奈良県天理市布留町）が伊勢神宮に次ぐ重要な神社であったことは、以下の記述で明らかになろう。また、石上神宮が、物部氏と関係の深い神社であったことは否定できないが、一部で唱えられているような物部氏の氏神社であったか否かについても、徐々に明らかとなる。さらには、石上神宮の祭神と祭祀をめぐる諸問題は、物部氏だけでなく、物部氏と蘇我氏の関係、さらには律令制以前のヤマト王権と天皇の列島統治の本質にも関わる、重要な鍵を秘めていることが理解されよう。

したがって、ここからは、この石上神宮の祭祀と物部氏をめぐる諸問題について取り上げ、その考察にむかうが、まず祭神から見ていこう。

この石上坐布都御魂神社が、「石上坐布留御魂神社」[1]、あるいは祭神名を「布留御魂」[2]と記されることが散見される。すなわち、石上神宮の祭神名が布都御魂か、それとも布留御魂か、という問題がある。

石上神宮の祭神は、初代天皇神武の東遷軍が、上陸した熊野で神の毒気にあたり生気を喪失したのを援けるために、武甕槌神が高倉下という人物の庫の床に天から降し、倒立して顕われたという霊剣「韴霊」である。『記』では、高倉下の倉の棟を穿って落とし入れ、分註でその刀名を「佐士布都神・甕布都神・布都御魂」などと記し、「石上神宮に坐す」と伝える。古代の史料に「布留御魂」と記すものはなく、祭神名はあくまでも「布都御魂・韴霊」であり、フツという語にこそ、この神名の本質が存在したことを示している。

「布留御魂」とするのは、そう記す写本が伝来するからであるが、新訂増補国史大系『延喜式』が、底本（享保八年板本）に「石上坐布留御魂神社」とあるのを、九條公爵家本などにより「石上坐布都御魂神社」と校訂しているのは妥当である。フルが神宮の鎮座地名であることは、『新撰姓氏録』大和国皇別の布留宿禰条に「布都努斯神社を石上の御布瑠村の高庭の地に賀ひまつりて」とあることからも明白である。のちに、祭神名と鎮座地名が混同されたのであろう。履中天皇即位前紀に「石上振神宮」とある「振」も、鎮座地名のフルを一文字で表記したものであり、これが祭神名ではない。

祭神フツノミタマは物を斬る音か

石上神宮の祭神は、『延喜式』神名帳においても一座であり、「石上坐布都御魂神社」という神社名からフツノミタマであることは動かない。石上神宮の祭神名の本質が「韴・布都」にあることは諒解されるが、フツとは一体何であろうか。これは石上神宮の本質のみならず、王権と石上神宮の祭祀にも関わる重要な問題であることは、以下に明らかとなろう。

フツの語意については、江戸時代の国学者本居宣長（一七三〇～一八〇一）が、十一世紀初めに陳彭年らが漢字の韻について著わした『広韻』に韴を「断声」（たち切る音）とあることから、「物を残りなく断離する音、そのようによく切れる刀を称えた名」として以来、[3]「フツと物を斬る擬声語」と解する立場がほとんどである。手許のいくつかの『記』・『紀』の注釈書も、多くがこれを継承している。[4]

しかし、はじめに「韴霊」の表記があってフツノミタマの訓が行なわれたのではなく、フツノミタマという言葉に「韴霊」の表記があてられたのである。「韴」の字があてられたのは、フツが「物を斬る擬声語」であったからであるとは断定できない。「韴霊」は、その刀剣が良く斬れる、機能的に優れていることが重視されて、採用された表記と考えられる。そもそも、擬声語が霊剣名やそれを神格化した神名として採用されることがあり得るか、という疑問を拭い去ることが出来ない。

フツノミタマは光り輝く剣の神

こうした大方の理解に対して、文化人類学・神話学者の三品彰英氏は、次のように述べる。[5]

すなわち、わが国古代の金属器文化の源と、神代紀に素戔嗚尊が大蛇を退治した「蛇の韓鋤の剣」という剣の名を顧みると、「フツ」の同系語として韓国語のpur（火）・purk（赤・赫）・park（明）などが想起される。古代朝鮮では、purkという語が、天・太陽に対する宗教的観念を伴った言葉として広く使用されてきた。古代の呪術師的色彩を帯びた王者には、霊剣はその資格を規定する聖具であったと説き、数多の傍証史料を示している。そのひとつ、一〇六〇年に成立した『新唐書』高麗伝(6)を掲げよう。

> 城【遼東城、遼寧省遼陽】中には朱蒙祠【朱蒙＝高句麗王の始祖東明聖王】があり、祠には鎖甲〔鎖を連ねて作ったよろい〕・銛矛（するどいほこ）があった。前燕【中国華北の東部にあった遊牧騎馬民族である鮮卑族の国家、三三七～三七〇】の時、天が降らせてきたものだと妄言している。〔唐の〕包囲が切迫すると、〔祠に〕美女を飾って婦神とした。巫は、「朱蒙が喜んでいるから城は必ず保たれる」と言った。（〔 〕は訳注者の、【 】は筆者による補足。（ ）は訳注者の解説）

すなわち、貞観十九年（六四五）四月、唐の将軍李勣が高句麗の遼東城を包囲攻撃した時、高句麗では急を脱するため、城中の朱蒙祠で祖霊を祀る祭儀が行なわれた。その神祠の中には天から降ったという武具刀剣が奉安されており、その聖器に美女が奉仕して神事を行なっていたことが知られる。天降った武具刀剣の類は、いうまでもなくフツノミタマの霊剣に等しい意味をもつものであり、それに美女が奉仕して神事を行なうことにより、国家守護の祖霊の発動、いわば朱蒙の出現があり、かくして城の安全が保証されると信じられたのである、という。

さらに通説に対しても三品氏は、『播磨国風土記』賀古郡比礼墓条にみえる「麻布都鏡」まで、名剣とかプッツリと切れ味のよい意味に解することは適切でない、と批判する。マフツという神鏡は、天神の霊が天降り憑ります霊形であり、かつ光を表象した神器であって、フツノミタマの霊剣と同一の本質を持つものである。フツは「光の降臨」という宗教的観念と不可分な関係にある言葉である、という指摘は妥当である。

ちなみに、神代紀第七段本文の天石窟戸（あまのいわやと）神話で、天照大神の籠る磐戸（いわと）を開くため祈禱した際に真坂（まさか）樹の中枝（なかつえ）にかけた八咫鏡（やたのかがみ）について、「一（ある）に云はく、真経津鏡（まふつのかがみ）といふ」と別名を記している。これら鏡名のフツまでも「切断する時の擬声語」と解しては、(7)器物と名の乖離は甚だしいものとなろう。

神話学者の松前健氏らも三品氏説を支持するように、(8)フツは剣で物を切断する時の音の神格化ではなく、神霊降臨・霊魂の招き入れや光輝を意味する韓国語プリに通じる古語と解するのが妥当である。『記』・『紀』の注釈書では、フツノミタマを光り輝く剣の神と解する立場は例外的であるが、(9)多数で決する問題ではない。

さらに、三品氏説で重要なことは、国譲り神話などで常に武甕槌神（たけみかづちのかみ）と対（つい）で行動する経津主神（ふつぬしのかみ）の名義はフツノミタマの霊剣による、という指摘である。そこで次に、フツノミタマ・フツヌシ・タケミカヅチの関係についても見てみよう。

フツノミタマ・フツヌシ・タケミカヅチの関係

神話の中で経津主神が常にタケミカヅチと共に行動していることは、まず神代紀第九段本文の国譲り神話で、高皇産霊尊（たかみむすひのみこと）らが経津主神を葦原中国へ国譲りの交渉に派遣すると決定した際に、武甕槌神が「豈唯（あにただ）経津主神のみ大夫（ますらを）にして、吾は大夫にあらずや」と語気激しく迫ったので、この二神を派遣したと見える。二神は出雲国の五十田狭（いたさ）の浜に天降り、十握剣を地面に逆さまに突き立て、その剣の鋒先に座して大己貴神に国譲りを迫ったという。

神代紀第九段一書第二では、天神が経津主神と武甕槌神に葦原中国を平定させた際、天の悪神である天津甕星（またの名は天香香背男）を誅伐したが、「是の時に、斎主の神を斎の大人と号す。此の神、今東国の檝取の地に在す」とある。斎主とは神を斎い祭る者のことであり、祭祀氏族である忌部（斎部）氏の氏族誌『古語拾遺』も、経津主神を「今、下総国の香取神是なり」と記している。

すなわち、「東国の檝取の地」は下総国香取郡、斎主の神は経津主神であり、下総国香取郡鎮座の名神大社、香取神宮（千葉県香取市佐原）で奉斎されていたことが知られる。また、武甕槌神は「今、常陸国の鹿嶋神是なり」と記すように、常陸国鹿嶋郡鎮座の名神大社、鹿嶋神宮（鹿島神宮／茨城県鹿嶋市）の祭神である。ちなみに、『延喜式』神名帳で、伊勢神宮とともにこの二社が神宮を称していることは、神祇制度上の重要性を示すものである。

フツヌシ・タケミカヅチの誕生について、神代紀第五段一書第六は、次のように伝える。

復剣の刃より垂る血、是、天安河辺に所在る五百箇磐石と為る。即ち此経津主神の祖なり。復剣の鐔より垂る血、激越きて神と為る。号けて甕速日神と曰す。次に熯速日神。其の甕速日神は、是武甕槌神の祖なり。

【伊奘冉尊が火の神である軻遇突智を産んで亡くなったことを悲しみ、伊奘諾尊が軻遇突智を斬った十握剣の刃から垂れた血から化生した磐石がフツヌシの祖であり、その鐔より垂れた血から化生したのがタケミカヅチの祖の甕速日神である。】

同じく一書第七には、左のようにある。

> 又曰はく、軻遇突智を斬る時に、其の血激越きて、天八十河中に所在る五百箇磐石を染む。因りて化成る神を、号けて磐裂神と曰す。次に根裂神、児磐筒男神。次に磐筒女神、児経津主神。

このように、『紀』は所伝により若干の差異があるが、タケミカヅチ・フツヌシは、いずれも伊奘諾尊が火神を剣で斬った際に化生した神の裔と位置づけている点で共通する。

また神代記では、次のように伝える。

> 是に伊邪那岐命、御佩せる十拳剣を抜きて、其の子迦具土神の頸を斬りたまひき。爾に其の御刀の前に著ける血、湯津石村に走り就きて、成れる神の名は、石拆神。次に根拆神。次に石筒之男神。〈三神〉次に御刀の本に著ける血も亦、湯津石村に走り就きて、成れる神の名は、甕速日神。次に樋速日神。次に建御雷之男神。亦の名は建布都神。亦の名は豊布都神。

火の神である迦具土神を産んだことで伊邪那美命が亡くなった。それを悲しんだ伊邪那岐命が、十拳剣で迦具土神を斬った際に、神聖な岩群（湯津石村）に十拳剣から血が滴り落ち、タケミカヅチ（建御雷之男神）などが化生したとする点は、基本的に『紀』と通じる。特に神武天皇記と神代記のまたの名で注目されるのは、次の点である。

・布都御魂（韴霊）＝佐士布都神＝甕布都神

・建御雷神（建御雷之男神／武甕槌神）＝建布都神＝豊布都神

佐士布都神・甕布都神や、建布都神・豊布都神は、冠された修飾語を除くと「布都神」となり、神格の等しい神となる。すなわち、フツを共有するフツノミタマ（布都御魂／韴霊）とフツヌシ（経津主神）が同一神格の神であるとの理解は容易であるが、それだけでなくタケミカヅチ（建御雷神／武甕槌神）もフツヌシやフツノミタマと同じ神格とみなされていたことが知られる。[10] これよりすれば、タケミカヅチにより天より降された霊剣フツノミタマは、タケミカヅチの分身、あるいは同神そのものと神話的に観想されていたことが分かる。これは、これらの神々の神格が等しいだけでなく、その奉斎集団や神の威力についての観念にも、共通する部分があったことを示唆している。そこで、これらの神が奉斎された、古代東国の状況も一瞥しておこう。

『常陸国風土記』のタケミカヅチとフツヌシ

『常陸国風土記』は、和銅六年（七一三）の官命に基づいて編纂され、『紀』が成立する養老四年（七二〇）以前には、基本部分は完成していたと見られる。鹿嶋神宮の鎮座するその香島郡条は、天之大神社（あめのおおかみのやしろ）・坂戸社（さかとのやしろ）・沼尾社（ぬまおのやしろ）を合わせて「香島天之大神」と称する、あるいは高天原より降り来た大神の名を「香島天之大神」という、と記している。

ここでは周知のタケミカヅチの名が見えないが、「香島天之大神」がそれと目される。『風土記』より先に成った『記』では、すでにタケミカヅチの神名が定着しているから、その神名が知られていなかった訳ではなかろう。そのことは、左の香島郡条の所伝からも類推される。

崇神天皇の時に大刀十口をはじめとする武器・武具をはじめ鉄・馬・鞍・鏡・絁などの幣帛を薦（すす）

め、神宮の経済的基盤である神戸はもと八戸だったが、孝徳朝に五十戸、天武朝には九戸加増されたものの、庚寅年（持統天皇四年／六九〇）には二戸減らされて六十五戸になった。

十代崇神朝のことは確かめようがないが、孝徳朝や天武朝のことは疑うべき理由はない。さらに「淡海大津朝に、初めて使人を遣はして、神之宮を造らしめき」とあり、天智天皇（淡海大津朝）の時に王権により初めて社殿が造営されたとある。王権による社殿造営は、王権が鹿嶋神宮を奉斎してきたことを示しており、この時に祭神名が定まっていなかったとは考え難いことである。タケミカヅチの名を記さないのは、王権によりこの地で奉斎された強力な霊威を有する神の名を、『常陸国風土記』が直接表記することを憚り、意図的に避けた結果ではないかと推察される。

　そのことは、さきに引いた神代紀第九段一書第二で、天の悪神・天津甕星を誅伐した際に、経津主神を「斎主の神・斎の大人」と記しているのも参考になる。八世紀半ば過ぎ頃に藤原氏が常陸国からタケミカヅチを勧請して成立した、大和国添上郡鎮座の名神大社、春日祭神四座（春日大社／奈良市春日野町）の『春日祭祝詞』には「鹿嶋坐健御賀豆智命、香取坐伊波比主命」と対で見えるが、香取神宮の祭神はここでも抽象的な名である。『常陸国風土記』における鹿嶋神宮だけでなく、『春日祭祝詞』で香取神宮の祭神について直接的な神名表記を避けているのであり、宮都に住む藤原氏らがフツヌシの名を知らなかった訳ではない。

タケミカヅチ・フツヌシの神格

すでに神代紀第九段一書第二の段階で、経津主神が香取神宮の鎮座地で奉斎されていたことは確かである。それだけでなく、この神の名が東国でも知られていたことは、『常陸国風土記』信太郡条の、次の一文からも明白である。

古老の曰へらく、天地の権輿、草木言語ひし時、天より降り来し神、み名は普都大神と称す、葦原中津の国に巡り行でまして、山河の荒梗の類を和平したまひき。

東国でも経津主神（普都大神）の名と信仰上の機能が知られていたことが分かるが、鎌倉時代末期に成った『日本書紀』の注釈書である『釈日本紀』巻十には、延喜四年（九〇四）の『日本書紀』の講筵に列席していた矢田部公望の私記に曰くとして、次の『常陸国風土記』逸文を載せている。なお、今に伝わる『常陸国風土記』では、この部分は省略されている。

古老の曰へらく、難波長柄豊前宮御宇天皇の御世、癸丑年、小山上物部河内・大乙上物部会津等、惣領高向大夫等に請ひて、筑波・茨城の郡の七百戸を分ちて信太の郡を置けり。

難波長柄豊前宮御宇天皇はいわゆる大化改新を進めた孝徳天皇、癸丑年は白雉四年（六五三）であり、小山上・大乙上は大化五年（六四九）の冠位十九階、もしくは天智天皇三年（六六四）の冠位二十六階の内で、(11) ほぼ令制の正七位上・正八位上に相当する。信太郡（当時は評）の設置を申請した物部河内・物部会津は、常陸国信太郡（茨城県稲敷市、竜ヶ崎市、土浦市の南部、つくば市の一部）地域の有力豪族で、同族であろう。

『続日本紀』養老七年（七二三）三月戊子条には、物部国依（くにより）に信太連（しだのむらじ）を賜姓したことが見え、延暦五年（七八六）十月丁丑・同九年十二月庚戌条にも信太郡大領（だいりょう）（郡の長官）物部志田連（しだのむらじ）大成（おおなり）の名が見える。常陸国におけるタケミカヅチ・フツヌシの信仰と祭儀の中心にいたのは、この地の物部氏と見てほぼ間違いない。

常陸国信太郡地域における物部氏は、建郡（評）の申請や大領への任命などから同地域の最有力の豪族であり、中央の物部氏とも連携関係にあったと推察される。普都大神の信仰が信太郡に早くに定着していたのも、こうした歴史的背景によると考えられる。

いずれにしても、神代紀第九段一書第二の「斎主の神・斎の大人」・『春日祭祝詞』の「香取坐伊波比主命」の表記は、それが経津主神ではなかったことをいうものではなく、経津主神の宗教的機能面を強調した表現と考えられる。

なお、神代記では、建御雷神に天鳥船神（あめのとりふね）を副えて葦原中国へ派遣したとあり、経津主神は見えない。さきに引いた神代記の火神殺害の行では、建御雷之男神の亦（また）の名が建布都神・豊布都神とあったことから、ここではフツヌシを登場させる必要がなかったのであろう。

要するに、タケミカヅチとフツヌシは刀剣を神格化した武神であり、かつ常に一対で機能し、故に同一神とみなされることもあった。強力な霊威を有する刀剣神であるフツヌシ・フツノミタマは、タケミカヅチの霊的威力を神格化した名でもあったが、問題はこれらの神を常陸国で奉斎した集団である。『常陸国風土記』香島郡条の鹿島神宮社殿造営に関する所伝から、タケミカヅチは王権により奉斎されたことは間違いないが、もう少し具体的に見てみよう。

常陸国のタケミカヅチ・フツヌシ

『常陸国風土記』信太郡条に見える「普都大神」を奉斎したのは、この地の物部氏であったと考えられるが、常陸国におけるタケミカヅチ・フツヌシ神の奉斎を考える上で注目されるのは、『常陸国風土記』に見える香島神子(みこ)之社と香取神子之社の鎮座、祭祀氏族である中臣氏と卜部(うらべ)氏の分布、物部氏の同族である采女(うねめ)氏関連の所伝などである。これらは『常陸国風土記』の特徴の一つでもあり、左にそれらを抽出し、項目的に略記するが、その歴史的意味は節を改めて述べる。

①香島神子神

a 行方(なめかた)郡提賀(てが)里（玉造町手賀）：香島神子之社（玉造町玉造の大宮神社）。

b 行方郡當麻(たぎま)郷（鹿島郡鉾田町当間）：二神子之社（当間の鎮守か）。

c 行方郡田里(たのさと)（麻生町小牧の辺り）：香島神子之社（麻生町小牧の鉾神社）。

②香取神子神

a 行方郡鴨野(かもの)（玉造町加茂）：香取神子之社（玉造町若海の香取神社）。

b 行方郡男高(おたか)里（麻生町小高）：香取神子之社（麻生町小高の側鷹神社）。

c行方郡當麻郷（鹿島郡鉾田町当間）：二神子之社（当間の鎮守か）。

③**中臣氏**

a総記：孝徳朝に高向臣・中臣幡織田連を派遣して東国を治めさせた。

b行方郡郡首：孝徳朝の癸丑年（六五三）に、惣領高向大夫・中臣幡織田大夫等に申請して行方郡（評）を建てた。

c香島郡郡首：孝徳朝の己酉年（大化五年／六四九）に、大乙上中臣□子・大乙下中臣部兎子らが、惣領の高向大夫に建郡（評）を申請した。〈□は闕字〉

d香島郡香島天之大神「俗云」：崇神朝に大中臣神聞勝命が香島国坐天津大御神の託宣を伝えた。

e香島郡香島天之大神「年別七月」：倭武天皇の代に、天之大神が中臣巨狭山命に神の舟を管理して、神に奉仕するよう命じた（御舟祭の起源）。

④**卜部氏**

a信太郡郡首：景行天皇の行幸の際に、卜者に水のある場所を占わせた。

b香島郡香島天之大神「年別四月十日」：卜氏の種属、男女集会し、日夜楽しむ。

c香島郡香島天之大神「神社周匝」：卜氏の居む所なり。

⑤**采女臣氏**

a筑波郡郡首：「筑波県は、古、紀国と謂ひき。美万貴の天皇の世、采女臣の友属、筑箪命を紀国の国造（くにのみやつこ）に遣はしき。」

b香島郡高松浜：慶雲元年（七〇四）、国司の婇女朝臣（うねめのあそん）が、鍛（かぬち）の佐備大麻呂（さびのおほまろ）らを率て、若松浜（わかまつのはま）の鉄を採り、剣を造った。軽野里（かるののさと）から若松浜の間は、みな松山である。産出する沙鉄は、剣を造るのに最適である。しかし、「香島の神山たれば、輙（たやす）く入りて、松を伐り鉄を穿（ほ）ることを得ず」。

香島神子之社・香取神子之社鎮座の意味

まず注目されるのは、香島・香取神子を祭る社が、行方郡に各三社も鎮座することである。両神が王権の祭る武神であったことを思えば、これは単にタケミカヅチ・フツヌシの信仰の広がりという以上に、より深い意味があったと解される。これを考える上で参考になるのが、やや後の史料であるが、『三代実録』貞観八年（八六六）正月二十日丁酉条である。そこには概ね、次のようにある。

常陸国の鹿嶋神宮司が言うには、大神の苗裔神を祭る神社が、陸奥（むつ）国には三十八社ある。内訳は、菊多（きくた）郡一・磐城（いわき）郡十一・標葉（しねは）郡二・行方（なめかた）郡一・宇多（うた）郡七（以上、福島県）、伊具（いく）郡一・日理（わたり）郡二・宮城（みやぎ）郡三・黒河（くろかわ）郡一・色麻（しかま）郡三・志太（した）郡一・小田（おた）郡四・牡鹿（おしか）郡一（以上、宮城県）であり、古老は延暦（七八二〜八〇六）以来、鹿嶋神宮の神物を用いて祭ってきたと伝えている。

ちなみに、『延喜式』神名帳には、鹿島苗裔神を祭る陸奥国内の神社は八社（磐城郡：鹿島神社、行方郡：鹿島御子神社、信夫（しのぶ）郡：鹿島神社、日理郡：鹿島天足別神社・鹿島緒名太神社・鹿島伊都乃比気神社、黒川郡：鹿島天足別神社、牡鹿郡：鹿島御児神社）、香取苗裔神は二社（牡鹿郡：香取伊豆乃御子神社、栗原郡：香取御児神社）が載る。鹿島苗裔神を祭る式内社八社のうち、信夫郡を除く七社は先の三十八社と重なると思われる。

「大神の苗裔神」とは、『常陸国風土記』のいう「香島神子」のことであるが、『常陸国風土記』以降にその信仰が陸奥国内に拡大していることが分かる。また日本海沿岸、出羽国地域には鹿島・香取の苗裔神を祭る式内社が鎮座しないことから、右の状況は東北地方の蝦夷の地域へ、律令国家が鹿島・香取の神威を奉じて太平洋岸沿いに北進したことを示している。[12]その時々に、北進の拠点となった地に、これらの神の苗裔神が祭られたと見られるが、[13]とくにそれが鹿島神・香取神の苗裔神であったのは、太平洋岸沿いに進む場合に、利根川河口付近の鹿嶋・香取の地が基幹の拠地であったからだけではなく、そもそもヤマト王権が東国地域と政治的関係を結んだ時以来、鹿島神・香取神が東国鎮護の武神として奉斎されてきたからであろう。[14]

なお、『文徳天皇実録』嘉祥三年（八五〇）五月丙申条には、次のことも伝えられている。

武蔵（むさし）国の奈良神（ならのかみ）が慶雲二年（七〇五）に激しい光を放つという神威を示し、その後に陸奥の蝦夷が反乱した際に、救援軍がこの神霊を戴き奉じて敵を撃破した。

奈良神とは、播羅（はら）郡の式内社奈良神社（埼玉県熊谷市中奈良）の祭神である。古代の戦には、霊威のすぐれた神を先頭に奉じ掲げて敵と対峙したのであり、蝦夷と向き合う場合だけでなかった。第四章に引いた『肥前国風土記』三根郡物部郷条に、推古天皇十年（六〇二）二月に「征新羅将軍に任命された来目（くめ）皇子（厩戸皇子の弟）が、物部経津主神を奉ずる物部若宮部（もののべのわかみやべ）を神部（かみとものお）として率いて、四月には筑紫の嶋郡（筑前国志摩郡／福岡県糸島市）まで進んだ」とあるのも、その一例である。

事実関係を確かめ難い所伝であるが、神功皇后摂政前紀に、神功皇后が新羅へ出征するにあたり、北部九州で「大三輪社を立てて、刀矛を奉り」、また依網吾彦男垂見を神主に任じて神（住吉の三神か）の「荒魂を撝ぎたまひて、軍の先鋒とし、和魂を請ぎて、王船の鎮とし」て出帆した、と伝えるのも同様な所伝である。右の大三輪社とは、筑前国夜須郡の式内社の於保奈牟智神社（福岡県朝倉郡三輪町の大己貴神社）であるが、『筑前国風土記』逸文（『釈日本紀』所引）にも次のようにある。

> 気長足姫尊、新羅を伐たむと欲して、軍士を整理へて発行たしし間に、道中に遁げ亡せき。其の由を占へ求ぐに、即ち、祟る神あり、名を大三輪神と曰ふ。所以に此の神の社を樹てて、遂に新羅を平けたまひき。

一方、これを迎える側はどのように対処したのであろうか。景行天皇紀十二年九月戊辰条には、熊襲征圧に向かった天皇が周芳の娑麼（周防国佐波郡／山口県防府市）に到った際に、土地の女首長である神夏磯媛が「則ち磯津山の賢木を抜りて、上枝には八握剣を挂け、中枝には八咫鏡を挂け、下枝には八尺瓊を挂け、亦素幡を船の舳に樹てて、参向て」、服属したという。仲哀天皇紀八年正月壬午条の岡県主の祖熊鰐や、『筑前国風土記』逸文（『釈日本紀』巻十所引）の怡土県主らの祖五十跡手の、服属の情景もこれに等しい。それは、神を迎え祭る（神代紀第七段・天石窟戸神話で、天照大神の籠る磐戸を開くための祈禱の情景。『播磨国風土記』賀古郡比礼墓段では、天皇の求婚の標物）のと同じ所作でもって、神夏磯媛・熊鰐・五十跡手らが、先祖以来保持してきた権威を象徴する神聖な宝器（剣・鏡・瓊）

を差し出し、服属の証としたのである。右はその儀礼を伝えたものであるが、彼らの宝器を得た王者には、その支配、活殺が自在になると観念されたのである。

『常陸国風土記』の記載は、風土記編纂以前のヤマト王権と東国地域の関係を示し、『三代実録』貞観八年正月二十日丁酉条の陸奥国の鹿島大神の苗裔神三十八社、『延喜式』神名帳の陸奥国の香島・香取の苗裔神の式内社十社などは、おおむね平安時代前半までの状況を伝えたものである。いずれも、王権がタケミカヅチ・フツヌシの二神を捧げ奉じて、東方から北方の地域勢力と対峙、進出していることが重要であり、二神と苗裔神は意図的にこれらの地に祭られてきたものであった。もちろん、その祭祀に従事した集団が居たわけであるが、次にその問題を取り上げよう。

鹿島神宮と中臣氏・卜部氏

常陸地域におけるタケミカヅチ・フツヌシの祭祀を担った集団について考える際に、参考となるのが右の『常陸国風土記』③・④・⑤の所伝である。

香島郡条の、③dの「崇神朝に大中臣神聞勝命が香島国坐天津大御神の託宣を伝えた」ことや、③eの「倭武天皇の代に、天之大神が中臣巨狭山命に神の舟を管理して、神に奉仕するよう命じた」[15]ことはそのまま事実とはみなせないが、重要なのは、そうした所伝が『常陸国風土記』に載録されていることである。

③bでは、孝徳朝に評（郡）を建てた際に、総括官として高向大夫と中臣幡織田大夫が派遣されて

いるが、高向氏は蘇我氏の同族である。中臣幡織田氏も中臣氏の同族で幣帛・神衣（かんみそ）などの織成に従った氏と見られる。舒明天皇即位前紀には、推古天皇が亡くなった後、蘇我蝦夷大臣の家で次期天皇の推戴について群臣会議を催した際に、采女臣摩礼志（まれし）・高向臣宇摩（うま）・中臣連弥気（みけ）・難波吉士身刺（なにわのきしむざし）は、大伴鯨連（くじらのむらじ）による田村皇子（のちの舒明天皇）の推挙に異論はないと語った、とある。中臣連弥気は鎌足の父であるが、ここでは高向氏と中臣氏は、次期天皇については同じ意見であった。

そうした関係もあって高向氏と中臣幡織田氏が東国に派遣されたのかも知れないが、中臣幡織田氏については、香島郡の建郡（評）申請記事に中臣□子や中臣部兎子らの名が見えることも、無関係ではなかろう。彼らと中央の中臣氏の具体的な関係は明らかでないが、[16]神宮の周囲に集住していた卜部（うらべ）氏（卜氏）ともども、鹿島神宮の祭祀に関わり中央の中臣氏に統率されていた集団と思われる。

『続日本紀』天平十八年（七四六）三月丙子条には、「常陸国鹿嶋郡の中臣部廿烟と占部（うらべ）五烟とに、中臣鹿嶋連（なかとみのかしまのむらじ）の姓を賜ふ」とあり、鹿島神宮の祭祀に従事して来た中臣部と占部（卜部）に中臣鹿嶋連が賜姓されている。彼らはもとの氏名こそ違うが、同じく中臣鹿嶋連を賜姓されていることから、同族的な結合を有していたのであろう。この地における中臣氏の伝統が推察される。[17]

問題は、タケミカヅチは、本来は物部氏が祭り中臣氏との関係はなかったが、物部守屋が蘇我馬子らに敗れ物部氏が没落したので、中臣氏が代わって鹿島神宮の祭祀を担うようになったのか、[18]それとも当初から物部氏のもとで中臣氏や卜部氏が鹿島神宮の祭祀に従事して来たのか、[19]ということである。

用明天皇死去（五八七年）後に、蘇我馬子らが物部守屋を殺害したことで、物部氏本宗が一時的に逼塞したことは確かであろう。それにより、物部氏が石上神宮の祭祀から一時的に遠退いていたことも、後述のように推察される。これを敷衍すれば、鹿島神宮においても、同様な事態が生起していたと想定することは可能である。

しかし、先に述べたように信太郡では、令制後も物部氏系豪族が郡司を出す有力集団として勢力を維持していた。また、宇治部連（うじべのむらじ）氏は伊香我色乎命（いかがしこおのみこと）の後裔を称する物部氏同族であるが（『新撰姓氏録』河内国神別条）、奈良時代の常陸国那賀郡（茨城県水戸市、ひたちなか市、東海村、那珂市と常陸大宮市の一部、城里町など）に大領宇治部直荒山（うじべのあたいあらやま）[20]、郡司擬少領宇治部大成（おおなり）・大井郷戸主宇治部花麻呂[21]、大領宇治部全成（またなり）[22]らの名が散見される。常陸国那賀郡の宇治部直氏は、この地の宇治部の伴造として、宇治部連氏の統率下にあったものと思われる。さらに、物部氏の同族の采女氏のことは第四章で触れ、次にも述べるように、常陸国との継続的な関係が見られることも留意される。これらのことから、物部守屋が滅ぼされた後に、常陸地域の物部氏勢力が著しく衰退したと、断定できる状況にはない。

限られた史料の中で判断することは難しいが、鹿島・香取神宮の祭祀に物部氏と中臣氏・卜部氏が従事してきたことは確かである。物部氏がそれに与らなくなったのが、物部守屋の滅亡による本宗の勢力退潮が原因か、あるいは他の理由によるのかは判然としないが、中臣氏がこの地域の祭祀で大きな位置を占めてきていることは間違いない。

香島の砂鉄とタケミカヅチ

王権が鹿嶋の地でタケミカヅチ（鹿島神宮）を奉斎したことに関わり、あと一つ留意されることは、⑤bの香島郡高松浜（茨城県神栖市波崎）条に伝えられる、砂鉄の産出である。

すなわちそれは、「慶雲元年に国司の婇女朝臣が、鍛の佐備大麻呂らを率て、若松浜の沙鉄を採り剣を造った。ここの沙鉄は、剣を造るのに最適であるが、そこは鹿嶋神宮の神域であるから、鉄精錬の燃料にする松を伐採し、沙鉄を採取することはできない」、というものであった。

鍛は製鉄・鉄器製作技術者のことであるが、佐備大麻呂は国司の婇女（采女）朝臣にともなって、この地に赴任したのであろうか。鍛の氏名「佐備」は鉄製の利器を指し[23]、彼の有した技能・職掌に由来するが、慶雲元年（七〇四）を信じてよければ『風土記』筆録の少し前であるから、ほぼ事実のことと出来よう。国司の婇女朝臣は、神武天皇記に宇摩志麻遅命は「物部連、穂積臣、婇臣の祖なり」とあるように、物部氏の有力な同族であるが、砂鉄精錬に関する知識を有していたのであろうか。

鹿島灘と北浦の間の丘陵西側（北浦側）縁辺部には、鉄炉・炭焼窯・鍛冶工房など製鉄関連遺跡が多く分布していることが知られている。「軽野里から若松浜の間は、みな松山」である松は、製鉄・鉄器生産の燃料としての利用が想定されるが、この地域では浜砂鉄・川砂鉄を原料として、七世紀前半から九世紀代まで、精錬・鍛冶・鉄製品の一貫生産が行なわれていた[24]。

さらに、砂鉄が産出する地域は、「香島の神山たれば、輙く入りて、松を伐り鉄を穿ることを得ず」

とあるように、鹿島神宮の神域としてその管理下にあり、利用は鹿島神宮に限られていた。すなわち、この地域に産出する砂鉄を用いた剣の生産は、鹿島神宮と強く結び付いた営為であったのである。[25] 鍛の佐備大麻呂らを率いて剣を造らせた国司の婇女朝臣は、鹿島神宮とどのように折り合いをつけたのだろうか。中央から派遣された国司の権威で事を進めたのか、それとも物部氏の同族という伝統的な関係を利用したのであろうか。

これに関わり、『常陸国風土記』香島郡条には、香島天之大神に次のような供物を薦めたとある。

> 其の後、初国知らしし美麻貴天皇のみ世に至りて、奉る幣は、大刀十口、鉾二枚、鉄弓二張、鉄箭二具、許呂四口、枚鉄一連、練鉄一連、馬一匹、鞍一具、八絲鏡二面、五色の絁一連なりき。

崇神天皇（初国知らしし美麻貴天皇）の時に、こうした供物が実際に薦められたか確かめられないが、垂仁天皇紀二十七年八月己卯条には、次のようにある。

> 祠官に令して、兵器を神の幣とせむとトはしむるに、吉し。故、弓矢及び横刀を、諸の神の社に納む。……蓋し兵器をもて神祇を祭ること、始めて是の時に興れり。

わざわざこうした記事が載せられているのは、本来は武具や武器を幣帛とすることはなかったこと、ある時点からそれが始まったと認識されていたことを示している。

さて、香島天之大神への幣帛が、大刀・鉾・鉄弓・鉄箭・枚鉄・練鉄など、鉄製武器やその素材（枚鉄・練鉄）を中心とする品々であったことは、この神の性格を知るに十分であろう。ただし、枚鉄（延べ板状の鉄／鉄鋌）や練鉄（鍛造の未製品か）の素材の供薦から、この所伝成立の段階では、この地の砂鉄は未だ利用されていなかったことも考えられる。

わが国における鉄の精錬は、五世紀末には小規模に行なわれていた可能性もあるが、本格的なものは六世紀以降という。[26] 鹿島神宮の創祀時期と、この地での砂鉄精錬の開始時期の確定は困難であるが、両者の有機的な関連については今後も留意する必要があろう。

ちなみに、奈良県桜井市高田にある四世紀後半の前方後円墳のメスリ山古墳（全長二二四メートル）は、墳丘に直径七〇～八〇センチという巨大な円筒埴輪が樹立されていたことで知られているが、墓室には全長一八二センチの鉄弓（弦も鉄）と五本の鉄矢（矢羽根まで鉄）などが副葬されていた。実用品とは思われない鉄弓・鉄箭の所伝が、虚構でないことが知られる。後に述べる石上神宮に伝世される鉄盾ともども儀仗用であろうが、メスリ山古墳からは、他に鉄の刀剣十一以上、鉄槍先二百十二以上、鉄斧十四、鉄鎌十九など多数の鉄製品や二百三十六個の銅鏃も出土している。[27]

香島天之大神への供薦の品に、四～五世紀の古墳副葬品に共通するものが少なくないことは、その所伝の文化史的背景を示唆している。常陸国司の婇女朝臣の行為は、こうした伝統を踏まえたものであり、その時に鍛えた剣はもちろん鹿島神宮へ献納されたに違いない。

不思議な剣の物語

古代の人たちには、刀剣は単なる実用の武器であるだけでなく、特別な意味を有する存在であったことは、三種の神器のひとつ草薙剣からも知られる。古代の刀剣観を知る上で、次の『播磨国風土記』

讃容郡中川里（兵庫県佐用町三日月）条も興味深い内容である。

昔、近江天皇のみ世、丸部具といふものありき。是は仲川里人なり。此の人、河内国免寸村人の賷たる剣を買ひ取りき。剣を得てより以後、家挙りて滅び亡せき。然して後、苫編部犬猪、彼の地の墟を圃するに、土の中に此の剣を得たり。土と相去ること、廻り一尺ばかりなり。其の柄は朽ち失せけれど、其の刃は渋びず、光、明らけき鏡の如し。ここに、犬猪、即ち心に恠しと懐ひ、剣を取りて家に帰り、仍ち、鍛人を招びて、其の刃を焼かしめき。その時、此の剣、申屈して蛇の如し。鍛人大きに驚き、営らずして止みぬ。ここに、犬猪、異しき剣と以為ひて、朝庭に献りき。後、浄御原朝庭の甲申年七月、曾禰連麿を遣りて、本つ処に返し送らしめき。

今に、此の里の御宅に安置けり。

近江天皇とは天智天皇であり、剣を買い取ったという丸部具は他に見えないが、和珥氏に縁りの人物であろう。和珥氏は春日和珥氏とも伝えられる古代の雄族で、五代孝昭天皇の皇子の天押帯日子命（天足彦国押人命／母は尾張連の祖余曽多本毘売命〈世襲足媛〉）を祖とする。大和国添上郡和爾（奈良県天理市の北部）から同郡春日（奈良市の東部）を本貫とし、十五代応神天皇から三十代敏達天皇まで長期に亘り、出身の女性がキサキとして多く入内したと伝える、王家の有力な姻族であった。同族には春日臣氏のほかに、大宅臣・粟田臣・小野臣・柿本臣氏など、外交で活躍する名族らが名を連ねる。

河内国免寸村は、のちの和泉国大鳥郡の富木（大阪府高石市取石・西取石）で、式内社の等乃伎神社

が鎮座する。仁徳天皇記に、

免寸河の西に高樹があり、その影は朝陽に当たれば淡路島におよび、夕日に当たれば河内・大和の境である高安山(たかやすやま)を越えた。その樹を切って速く進む船を造り、淡路島の寒泉(しみず)を朝夕に天皇のもとへ運んだ。破損してのちは、それを燃料にして塩を焼き、また良い音色の琴を製作した。

とある、枯野(からの)の船の物語の舞台でもある。(28) 右の「免寸河」は「兎寸河」の誤写と見られ、『新撰姓氏録』和泉国神別条に、天児屋命(あめのこやねのみこと)の後で中臣氏同祖とある殿来(とのき)連氏の本貫である。

苫編部は菅(すげ)や茅(かや)を編んで敷物や建物の壁材などに用いる薦(こも)や蓆(むしろ)を生産、貢納した集団であろうが、苫編部犬猪は他に見えない。浄御原朝庭の甲申年は、天武天皇十二年（六八三）である。曾禰連氏は、『新撰姓氏録』左京神別上・右京神別上・和泉国神別条などで、石上氏や采女氏と同祖と伝える、物部氏の同族である。和泉国和泉郡に式内社の曾禰神社（大阪府泉大津市北曾根）が鎮座することから、ここが本貫と目される。

物語の主題である「蛇のように伸縮する不思議を示した霊剣」の所在は、

河内国免寸村の人⇒播磨国讃容郡中川里の丸部具⇒同地の苫編部犬猪⇒霊威を示したことで朝廷に献上⇒天武天皇十二年七月に曾禰連麿を派遣して元の地に返還

と変遷したという。ちなみに、次の天智天皇即位前紀是歳条が、この所伝に関わると目される。

是歳、播磨国司岸田臣麻呂等、宝剣(たからのつるぎ)を献(たてまつ)りて言(まう)さく、「狭夜郡(さよのこほり)の人の禾田(あはふ)の穴内(あな)にして獲たり」とまうす。

狭夜郡（讃容郡）の禾田の穴内より獲た宝剣と、讃容郡中川里の苫編部犬猪が献上した霊剣は同じものである可能性が高いが、そうならば丸部具が河内国兎寸村人から剣を入手した時期や、苫編部犬猪のもとで霊威を示したのは、天智朝以前のこととなる。『播磨国風土記』がいう「近江天皇のみ世」は、その霊剣を献上した時であろう。

河内国兎寸村からもたらされた剣を、地中より得て再び鍛造したところ、蛇のように伸縮する不思議を示したというが、苫編部犬猪は王権に献納するまで、この霊剣を宝器として保持していたのである。剣と蛇を同一視する観念については後述するが、剣に霊的威力を認め特別視する観念が存在したことが知られる。この場合は天智称制の初め（六六一年）に播磨国司の岸田臣麻呂を介して献上されたというが、岸田氏は『新撰姓氏録』右京皇別上条に、稲目宿禰の後とある蘇我氏同族である。

かつて王権に献納した宝器が、旧主の豪族へ返還が命じられるのは、第八章で述べるように天武天皇三年（六七四）であるが、この場合は天武天皇十二年に返還が実現したということであろう。それまでは、この不思議な剣も石上神宮に納められていたに違いない。

なお、和泉国大鳥郡兎寸村が、後述する垂仁天皇紀三十九年十月条に、五十瓊敷命（いにしきのみこと）が石上神宮に納める剣一千口を製作した地とある、茅渟（ちぬ）の菟砥川上宮（うとのかわかみ）（和泉国日根郡鳥取郷／大阪府阪南市）に遠くないことにも留意される。

また、土左国土左郡の式内大社、都佐坐（とさにいます）神社（高知県高知市一宮（いっく））には「神刀」として崇められた霊剣が蔵されており、天武天皇紀四年（六七五）三月丙午条には「土左大神、神刀一口（あやしきたちひとから）を以て、天皇に進る」とある。天武天皇紀朱鳥元年（六八六）八月辛巳条に、「秦忌寸石勝を遣して、幣を土左大神に奉る」とあるのは、五月二十四日以来の天武天皇の病気の原因が、さきの土左大神による「神刀」の献納にある、と解されたからであろうか。

強力な霊威を秘めた刀剣は祟ることがあると観念されていたことは、朱鳥元年六月戊寅条に、「天皇の病を卜ふに、草薙剣に祟れり。即日に、尾張国の熱田社に送り置く」とあることからも知られる。この場合は、天武天皇の病気の原因が明らかに草薙剣の祟りと判断され、尾張国愛智郡の名神大社、熱田神社（熱田神宮／愛知県名古屋市熱田区）に送り置いた。草薙剣が熱田神宮の神体であったことは、神代紀第八段一書第二、景行天皇記（倭建命伝承）や景行天皇紀五十一年八月壬子条などから明らかである。これに関わり、天智天皇紀七年（六六八）是歳条には、「沙門道行、草薙剣を盗みて、新羅に逃げ向く。而して中路に風雨にあひて、荒迷ひて帰る」という、興味深い記事が見える。

天智天皇は、六六一年七月に母の斉明天皇が亡くなった後、即位せずに政務を摂る称制を続けてきたが、七年（六六八）正月（一説には六年三月）に即位した。草薙剣の窃盗は、天智天皇の即位に反対した動きであろうか。この時に草薙剣がどこに納置されていたのか判然としないが、天武朝には天皇の近くに置かれていたことは間違いない。草薙剣もある時期に、土左大神の神刀と同様に献納されたとみられるが、それが天皇の病気の原因と解されて、もとの熱田神宮に返納されたのである。

刀剣信仰とフツノミタマ

古代社会では、すぐれた刀剣には不思議な霊威が秘められており、よく斬れるという機能はその現われに過ぎないと観念されていた。これは前者の存在を認めない現代と大きく異なる点であり、フツヌシ・フツノミタマのことを理解する上で、留意するべき点である。

先にも述べたように、神代記では布都御魂のまたの名を佐士布都神・甕布都神、建御雷神のまたの名は建布都神・豊布都神と伝える。佐士・甕・建・豊は「布都」に冠された修飾語であるから、これらの神名の本質は「布都」の語にある。フツヌシという神名がフツノミタマの霊剣に由るとすれば、対で表現されることが多いタケミカヅチとフツヌシは同一の神格となるが、これはどのように解するべきであろうか。

その際に参考になるのが、さきにも触れた『播磨国風土記』賀古郡比礼墓条にみえる「麻布都鏡」、神代紀第七段本文の「真経津鏡」である。このマフツなる神鏡が、天神の霊が天降り、顕現して憑りつく霊器であり、かつ光輝を表象する神器でもあったことを参酌すれば、フツヌシ・フツノミタマは剣神タケミカヅチが天降りして憑依する霊器であり、その象徴として光り輝きよく斬れる威力を秘めた霊剣そのものであったと考えられる。

要するに、フツヌシ・フツノミタマとは、剣神タケミカヅチのすぐれた霊威を内に秘めた光り輝く霊剣である。タケミカヅチとフツヌシ・フツノミタマは王権・王家が奉じた剣神であり、光を受けて威力が照り輝く霊剣であった(29)。王権・王家だけでなく、各地の豪族・氏族もこうした霊威が観想される聖器を保有しており、それは首長の呪術宗教的な権威の象徴であった。こうした聖器を奪取されることは相手に死命を制されることであり、ゆえに献納した、あるいは奪われた豪族は相手に服従せざるを得ない、と観念されたのである。(30)

さらに詳しくは後に述べるが、ヤマト王権が各地の豪族の神宝を検校し、あるいは豪族が神宝を献上したという所伝には、こうした呪術宗教的な意味が存在したのである。なかでも、刀剣が聖器の中心的存在であり、刀剣信仰とも称すべき呪術宗教的信仰の対象となったのである。

一部を列記すれば、須佐之男命が八俣遠呂智(やまたのおろち)を伐ったのが「十拳剣(とつかのつるぎ)」、その大蛇の尾から得た「草那芸剣(くさなぎのたち)」を伊勢神宮に奉仕する倭比売命(やまとひめのみこと)から授かった倭建命(やまとたける)は危難から救われた。しかし、それを美夜受比売(みやずひめ)のもとに置いて以降は、苦難の道を歩むことになる。新羅から渡来したという「天之日矛(あめのひぼこ)」、アメノワカヒコ神話に登場する味耜高彦根神(あぢすきたかひこね)(大和国葛上郡の名神大社高鴨阿治須岐託彦根命神社の祭神、奈良県御所市鴨神)等々、刀剣を神格化した事例は枚挙にいとまがない。

草薙剣(草那芸剣)のもとの名は、それを得た大蛇の上に常に雲気(くも)があったので「天叢雲剣(あまのむらくものつるぎ)」といい(神代紀第八段本文一書云)、大蛇を斬った剣は「蛇の麁正(をろちのあらまさ)」(神代紀第八段本文一書第二)、あるいは「蛇の韓鋤(からさひ)の剣」とも伝える(神代紀第八段本文一書第三)(31)。鋤・鉏・耜は朝鮮語のsap(鍬)と同系語で、韓鋤は韓から伝来、あるいは韓式の刀剣のことであり、これが蛇身をもつ雷神を表象すると観念されたことは、右からの所伝から明白であろう。剣と蛇を同一視し、かつ蛇身の雷神の象徴する古代の観念は普遍的なものであって、垂仁天皇紀五年十月己卯朔条には、「皇后の狭穂姫(さほひめ)が夢に見た頸(くび)に纏(まと)わる錦色の小蛇と大雨は、実は匕首(ひもかたな)と涙であった」と伝えるのも、その一例である。

こうした刀剣信仰[32]がわが国独自のものでないことは、先の『新唐書』高麗伝貞観十九年四月条からも知られるが、後に述べる石上神宮に伝来する「七支刀（しちしとう）」の銘文からも明瞭である。

註

（1）虎尾俊哉編『延喜式』上、集英社、二〇〇〇年。
（2）虎尾俊哉編『延喜式』上、註（1）。
（3）『古事記伝』十八之巻、『本居宣長全集』第十巻三五一頁、筑摩書房、一九六八年。
（4）武田祐吉校注　日本古典全書『日本書紀』二、一六頁頭注、朝日新聞社、一九五三年。
倉野憲司・武田祐吉校注　日本古典文学大系『古事記』一五三頁頭注、岩波書店、一九五八年。

西郷信綱『古事記註釈』一、一六五頁、平凡社、一九七五年。

小島憲之・直木孝次郎・西宮一民・蔵中進・毛利正守校注　新編日本古典文学全集『日本書紀』一、二〇三頁頭注、小学館、一九九四年。

山口佳紀・神野志隆光校注　新編日本古典文学全集『古事記』一四七頁頭注、小学館、一九九七年。

三浦佑之『口語訳古事記』神代篇、二三三頁、文藝春秋、二〇〇六年。
（5）三品彰英『建国神話の諸問題』三品彰英論文集第二巻、二五五頁以下、平凡社、一九七一年。
（6）井上秀雄他訳注『東アジア民族史』2、平凡社東洋文庫、一九七六年。
（7）新編日本古典文学全集『日本書紀』一、七七頁頭注、註（4）。
（8）松前健『古代伝承と宮廷祭祀』塙書房、一九七四年。
大林太良・吉田敦彦『剣の神・剣の英雄―タケミカヅチ神話の比較研究―』法政大学出版局、一九八一年。

（9）次田真幸『古事記』上、五九頁、講談社学術文庫、一九七七年は、三品氏説を支持する。坂本太郎・家永三郎・井上光貞・大野晋校注　日本古典文学大系『日本書紀』上、五六八頁補注、岩波書店、一九六七年、および青木和夫・石母田正・小林芳規・佐伯有清校注　日本思想大系『古事記』三二三頁補注、岩波書店、一九八二年は、ともに両説を併記し、慎重な態度である。

（10）横田健一「中臣氏と卜部」『日本古代神話と氏族伝承』塙書房、一九八二年。

（11）行方郡の建郡申請者の壬生直夫子の冠位が天智朝の「大建」（令制の大初位に相当）とあることから、『常陸国風土記』における他の建郡申請者の冠位も天智朝のそれと解されている。志田諄一『常陸風土記とその社会』一七六頁、雄山閣、一九七四年。しかし、それでは孝徳朝とする所伝と整合せず、ここは大化五年の冠位と見ることも出来る。

（12）志田諄一『常陸風土記とその社会』一四七頁、註（11）。同「神々の世界とその変貌」『新版日本の古代』第八巻関東、角川書店、一九九二年。

（13）大塚徳郎「式内の神々」『日本の古代』第八巻東北、角川書店、一九七〇年。

（14）岡田精司「風土記の神社二題」土橋寛先生古稀記念『日本古代論集』笠間書院、一九八〇年。志田諄一「物部氏について」『東アジアの古代文化』七二、大和書房、一九九二年。同「神々の世界とその変貌」、註（12）。

（15）中臣巨狭山命は、『尊卑分脈』に臣陝山命、『新撰姓氏録』には臣狭山命と見える。

（16）椙山林継「鹿島神宮」『風土記の考古学』①『常陸国風土記』の巻、同成社、一九九四年。

（17）横田健一、註（10）。

（18）松前健「国譲り神話の形成」『日本神話の形成』塙書房、一九七〇年。志田諄一「物部氏について」、註（14）。

（19）横田健一、註（10）。

(20)『続日本紀』養老七年二月戊申条。
(21) 天平宝字元年十月の正倉院「調庸綾絁布墨書」、竹内理三編『寧樂遺文』下、東京堂出版、一九六二年。
(22)『続日本紀』天応元年正月乙亥条。
(23) 三品彰英、註(5)。
(24) 小沢重雄「常陸における製鉄」『風土記の考古学』①『常陸国風土記』の巻、同成社、一九九四年。
(25) 松前健「国譲り神話の形成」、註(18)。
(26) 白石太一郎「総論」、松井和幸「鉄生産」、東　潮「鉄素材論」『古墳時代の研究』5生産と流通Ⅱ、雄山閣、一九九一年。
田中琢・佐原真『日本考古学事典』四七一頁、角川書店、二〇〇二年。
舘　充「わが国における製鉄技術の歴史―主としてたたらによる砂鉄精錬について―」『鉄と鋼』九一、日本鉄鋼協会、二〇〇五年。
(27) 奈良県立橿原考古学研究所附属博物館『巨大埴輪とイワレの王墓―桜井茶臼山・メスリ山古墳の全容―』二〇〇五年。
(28) 類似の所伝は、応神天皇紀五年十月条や同三十一年八月条にも見える。
(29) 大林太良・吉田敦彦、註(8)。
(30) 守屋俊彦「剣の呪―物部伝承考―」『古事記研究―古代伝承と歌謡―』三弥井書店、一九八〇年。
(31) 三品彰英、註(5)。
(32) 権威の象徴・宝器として伝世される刀剣に対する信仰とは別に、古墳に副葬される刀剣についても考えなければならない。これについては、道教思想との関連が指摘されている。
岸俊男「古代刀剣銘と稲荷山鉄剣銘」『日本古代文物の研究』塙書房、一九八八年。

第七章　石上神宮の神宝と禁足地と王宮

石上神宮の諸問題

物部氏らが、欽明天皇や用明天皇の仏教信仰受容に反対した主な理由が、ヤマト王権の宗教的秩序を体現する祭祀王＝天皇に存在した。そのことによる王権の秩序崩壊への危惧にあったことは、以前に述べ[1]、また第五章でも記したところであるが、これは物部氏と神祇祭祀の関連を明らかにする必要のあることをも示している。

第四章で一瞥したように、古い時期の物部氏関連の所伝には祭祀に関わる内容が多かったが、物部氏と神祇祭祀の問題を考察する上でもっとも注視されるのが、大和国山辺郡に鎮座する名神大社の石上坐布都御魂神社（石上神宮）である。

この石上神宮には大量の武器が収蔵されていたことから、ヤマト王権の武器庫であり、ゆえに王権の軍事集団であった物部氏がそれを祭ってきたと、一般には説明されてきた。石上神宮に多くの武器が収蔵されていたことは事実であるが、それが王権の武器庫であった、武器庫として機能していたことは未証明である。物部氏は、物部を統率して職務を遂行していたが、同時に祭祀氏族的特徴が色濃い存在であったことは、これまで述べてきたところである。つまり、石上神宮が王権の武器庫でないならば、物部氏が軍事氏族であったから石上神宮の祭祀に従事したとする論拠が、崩れることになる。また、人口に膾炙（かいしゃ）している石上神宮は物部氏の氏神社とみる立場も、論拠を示して説かれたものではなく、思い込みの域を出るものではない。

それに加えて、石上神宮の祭祀を担った氏について、物部氏と春日和珥氏系物部首氏の、いずれが本来であったかをめぐり、見解の対立がある。さらに、蘇我氏がこの石上神宮の祭祀に関与することがあったとすれば、石上神宮に係わる問題は、相当に重大かつ複雑である。すなわち、物部大連守屋が滅ぼされた後、蘇我大臣蝦夷が石上神宮の祭祀権に介入して神宮から物部氏の勢力を一掃した、[2]あるいは石上神宮の祭祀権を掌握した、[3]などと説かれてきた。

そもそも、石上神宮については、

①どのような性格の神社なのか。天神庫に収納された神宝の、歴史的性格は何か。
②王権とどのような関係にあったのか。天皇は、なぜ祭らなければならなかったのか。
③本来、その祭祀を担ったのは物部氏か、それとも春日和珥氏系の物部首氏か。
④祭祀を担う氏に交替があったとすれば、その理由は何か、また何時のことか。
⑤物部氏は、なぜ石上神宮の祭祀を担ったのか。
⑥蘇我氏がその祭祀に関与したとすれば、その理由と歴史的意義はどこにあるか。

などの、さまざまな課題が想起される。思えば、これまで論究されて来たのは石上神宮に関わる諸問題の一部に過ぎず、古代石上神宮の全体像は未解明のままと考えられる。

そこで、本章以降で、ヤマト王権と天皇および物部氏の本質にも関わる、石上神宮とその祭祀をめぐる諸問題の考察に向かうが、まずここでは、今日に伝来する七支刀と鉄盾、禁足地などから、その性格を明らかにしよう。

神宮の呼称からみた石上神宮

古代の石上神宮の地位と性格を、『記』・『紀』における「神宮」の呼称の使用から探ってみよう。そこで、『記』・『紀』に「神宮」と記されたすべての神社について、所伝の概要とともに以下に掲出する。

Ⅰ 『日本書紀』における「神宮」

①崇神天皇八年十二月乙卯条：神宮（二回）＝大神大物主神社。三輪君氏らの祖、大田田根子による大物主神祭祀の起源伝承。

②崇神天皇六十年七月己酉条：出雲大神宮。出雲氏の祖、武日照命が天から将来した、出雲神宝の収蔵場所。

③垂仁天皇三十九年十月条：石上神宮（「一云」を含め三回）。五十瓊敷命に茅渟の菟砥（大阪府阪南市の自然田・鳥取の辺り）川上宮で作らせた剣一千口の収蔵場所、皇子がその神宝を管治した。

④垂仁天皇八十七年二月辛卯条：石上神宮。石上の天神庫に納める神宝の管治を、五十瓊敷命と妹の大中姫命から物部十千根大連に交替することに続き、丹波国桑田村（京都府亀岡市）の甕襲の犬が食い殺した獣の腹から得た八尺瓊勾玉の、「今」の収蔵場所。

⑤景行天皇四十年十月癸丑条：伊勢神宮。東方遠征に出立する日本武尊が拝した。

⑥景行天皇四十年是歳条：神宮＝伊勢神宮。日本武尊が俘虜にした蝦夷の献上先。

⑦景行天皇五十一年八月壬子条：神宮（二回）＝伊勢神宮。献上した蝦夷を御諸山（三輪山）麓、さらに播磨・讃岐・伊予・安芸・阿波の五国に移配した、佐伯部の起源伝承。

⑧仁徳天皇四十年二月条：伊勢神宮。隼別皇子・雌鳥皇女の事件における、二人の逃亡先。

⑨履中天皇即位前紀：石上振神宮。住吉仲皇子事件で、即位前の履中の逃亡先。

⑩雄略天皇三年四月条：石上神宮。伊勢斎宮の栲幡皇女事件に関わる、阿閉臣国見の逃亡先。

⑪欽明天皇十六年二月条：神宮＝百済の神宮。父の聖明王が新羅に殺害されたという百済王子恵の報告に対する、蘇我卿（稲目か）の「邦を建し神とは、…自天降来りまして、国家を造り立し神なり。…方に今、前の過を悛めて悔いて、神宮を修ひ理めて、…」という言の中に見える。

⑫用明天皇即位前紀：伊勢神宮。酢香手皇女が日神の祭祀に奉仕した。

⑬斉明天皇五年是歳条：神宮＝出雲国造に修厳を命じたが、狐が於友（意宇）郡役民の葛を噛み絶ち、狗が死者の臂を言屋社に置くという、変異が発生した。

⑭天武天皇二年四月己巳条：天照太神宮。伊勢にむかう大来皇女、泊瀬斎宮で潔斎。

⑮天武天皇三年八月庚辰条：石上神宮。忍壁皇子に膏油で収蔵する神宝を磨かせた。
⑯天武天皇三年十月乙酉条：伊勢神宮。大来皇女が泊瀬斎宮から伊勢に向けて出立した。
⑰天武天皇四年二月丁亥条：伊勢神宮。十市皇女・阿閉皇女が参赴した。
⑱天武天皇十年正月己丑条：天社地社神宮。畿内・諸国にその修理を命じた。
⑲天武天皇朱鳥元年四月丙申条：伊勢神宮。多紀皇女・山背姫王・石川夫人を派遣した。

右の『紀』における事例の内、⑤・⑥・⑦・⑧・⑫・⑭・⑯・⑰・⑲は伊勢神宮をさしているが、十九例中九例とほぼ半数を占めることは、当然であろう。次いで多いのが石上神宮で、③・④・⑨・⑩・⑮と、五例を占める。⑬は、出雲国造である出雲氏が本拠で奉斎した、出雲国意宇郡の名神大社である熊野坐神社（島根県松江市八雲町）にあてるむきもあるが、変異発生の原因がこの神宮造営に対する意宇郡地域の反発（役民資材の徴発か）にあると思われることから、大己貴神（大国主神）を祭る出雲国出雲郡の名神大社である杵築大社（出雲大社／島根県出雲市大社町）と見るのが妥当であろう。したがって、②・⑬が出雲の杵築大社であり、①が大和三輪山西麓の大神大物主神社（奈良県桜井市三輪）であるが、⑪・⑱は具体的な神社名が明らかではない。なお、③・④と⑮は石上神宮を考える上で見逃せない所伝であるが、詳細な分析は次章で行なう。

　次に、用例は多くはないが『古事記』について見てみよう。

Ⅱ　『古事記』における「神宮」

①神武天皇記：石上神宮。神武の一行が熊野で疲瘁した際、建御雷神が高倉下の倉に下して救った横刀、布都御魂（佐士布都神・甕布都神）の収蔵場所（分註）。

②崇神天皇記：伊勢大神之宮。豊鉏比売命（豊鉏入比売命）が拝祭した（分註）。

③垂仁天皇記：石上神宮。印色入日子命が鳥取（和泉国日根郡鳥取、Ⅰ－③の茅渟の菟砥と同所）の河上宮で作らせた横刀一千口の奉納先。

④垂仁天皇記：伊勢大神宮。倭比売命が拝祭した（分註）。

⑤垂仁天皇記：大神宮・神宮。成人しても言語に不自由な（実は出雲大神の祟り）本牟智和気王の出雲巡行物語に見える。

⑥景行天皇記：伊勢大御神宮。倭建命（小碓命）が東方遠征に際して参拝した。

⑦履中天皇記：石上神宮（二回）・神宮。墨江中王の事件で履中が逃亡した先。

⑧継体天皇記：伊勢神宮。佐佐宜王が祭拝した（斎宮に任命）。

『記』においても八例中、②・④・⑥・⑧の四例が伊勢神宮であり、次いで①・③・⑦の三例が石上神宮、⑤は杵築大社であること明白である。全体的な傾向は、『紀』と等しい。すなわち、『記』・『紀』において神宮の呼称を附して記されるのは、まずは伊勢神宮と石上神宮であった。杵築大社と大神大物主神社も神宮の呼称の附されることがあるが、『記』・『紀』では一般化はしていない。このことは、『記』・『紀』において、伊勢神宮と石上神宮が王権から特別な扱いをうける、重要な神社であったことを示している。

石上神宮は、皇祖神の天照大神を祭る伊勢神宮と並ぶ特別な存在の神社であり、物部氏という一氏族の氏神社でないことは、これからも明白であろう。次の課題は、その重要性と特別性が何に由来するのかということであり、石上神宮の収蔵品からそれに迫ってみよう。

贈与された七支刀

石上神宮の重要性と特別性、王権との関係などは、今日に伝わるその収蔵物から知ることが出来る。石上神宮の収蔵品で最も重要なものの一つが、次に引く神功皇后紀摂政五十二年（三七二）九月丙子条に見える、百済が倭国に贈与したという七枝刀（七支刀）である。

　久氏等、千熊長彦に従ひて詣り。則ち七枝刀一口・七子鏡一面、及び種種の重宝を献る。

久氏は百済の使者で、神功皇后紀には、

・摂政四十七年四月：百済王は久氏・弥州流・莫古らを派遣して朝貢、その際に新羅の使者が貢物を百済の貢物とすり替え、そのことの詰問に千熊長彦を新羅に派遣した。
・摂政四十九年三月：久氏は荒田別・鹿我別（東国の上毛野氏の祖）とともに新羅を攻撃した。
・摂政五十年五月：千熊長彦と久氏が、百済から帰り至る。
・摂政五十一年三月：百済王が久氏を派遣、朝貢して来た。

などと見え、倭国との外交で活躍した人物と伝えられる。新羅の妨害を撥ね退けて懸案であった倭国・百済の安全な交渉路を確保できたことを記念し、贈与したのが七枝刀などの品であるという位置づけである。

倭国の千熊長彦については、右の神功皇后紀摂政四十七年四月条は、次の註を付している。

> 千熊長彦は、分明しく其の姓を知らざる人なり。一に云はく、武蔵国の人。今は是額田部槻本首等が始祖なりといふ。百済記に、職麻那那加比跪と云へるは、蓋し是か。

「百済記」は、『紀』が編纂の原史料として用いた百済系史料（百済記・百済新撰・百済本紀）の一つで、今日では他に見えない貴重なものである。『紀』編者は、千熊長彦の人物像について確かに判断する材料は有しておらず、倭国側の史料のみの所伝であったのだろう。また、武蔵国（東京都・埼玉県、神奈川県の一部）の額田部槻本首は、他の史料には現われず詳細は分明でないが、『紀』編纂の頃には千熊長彦の後裔を称していたと見られる。その氏名に見える額田部は、額田部皇女（推古天皇）の養育を担った名代であり、伴造の額田部連氏は馬飼集団として知られていた。(4) 同じく槻本には、天武天皇紀朱鳥元年（六八六）六月己巳朔条に連を賜姓された槻本村主氏が見えるが、額田部槻本首と額田部連・槻本連氏らの関係は詳らかでない。『紀』編者は、百済記に見える職麻那那加比跪に音が近いということで、千熊長彦に該当する可能性を示したが、確証をもてなかったので断定は留保した。

神功皇后紀の外交関連記事は紀年などの信憑性をめぐり様々な議論があるが、(5)『紀』の所伝に照応するのが、応神天皇記の次の記事であろう。

> 亦百済の国主照古王、牡馬壹疋、牝馬壹疋を阿知吉師に付けて貢上りき〈此の阿知吉師は阿直史等の祖〉。亦横刀及大鏡を貢上りき。

百済の照古王とは、十三代近肖古王（在位三四六〜三七五）のことで、『紀』の所伝とも齟齬する点はない。

右の久氏らのことは百済記をもとに記事を編んだと見られること、倭国側は東国の豪族や人名が登場し、朧げではあるが関連所伝が伝承されていたと見られること、石上神宮にはそれと目される七支刀が伝来することなどから、神功皇后紀摂政五十二年九月丙子条の七枝刀などの贈与のことは、一定の事実を伝えていると考えられる。

七支刀と石上神宮

ここでの大きな課題は、百済から贈られたと目される七支刀（七枝刀／国宝）が石上神宮に伝来するとともに、そこに中国・東晋（三一七〜四二〇）の「泰（太）和四年（三六九）」で始まる金象嵌銘文が施されていることである。これは、古代東アジアの国際関係を考察する際の重要な史料であるとともに、石上神宮の性格を明らかにする上でも看過できない。

・泰□(和)四年十□(一)月十六日丙午正陽造百練□(鉄)七支刀□(出)辟百兵宜供供侯王□□□□作（表）

・先世以来未有此刀百済王世□(子)奇生聖音故為倭王旨造伝示後世（裏）

【泰和四年十一月十六日丙午正陽、百練の鉄の七支刀を造る。出て百兵を辟け、供供たる侯王を宜しくす（宜しく侯王に供供すべし?）。□□□□の作なり。】（表）

【先世以来、未だ此の刀有らず。百済王の世子奇生聖音(貴須)、故に倭王旨（個人名、もしくは王の意向?）の

為に造り、後世に伝示す。】（裏）

一一四五年に高麗の金富軾が撰述した高句麗・新羅・百済三国の歴史書である『三国史記』の高句麗本紀や百済本紀によれば、百済は近肖古王の二十六年（三七一）に、高句麗軍の侵攻を迎撃して撃退した。冬になって王は太子（十四代近仇首王）とともに三万の精兵で高句麗を攻撃、高句麗の十六代故国原王（在位三三一～三七一）は流れ矢に当たり死亡した。百済が中国・東晋へ遣使したのは三七二年一月と三七三年二月、東晋からの百済使派遣が三七二年六月である。(6)

これらのことから、「原七支刀」は「太（泰）和四年（三六九）」に東晋で製作され、三七二年一月もしくは六月に東晋から百済の近肖古王へ下賜されたと見られる。百済は、高句麗との戦に勝利し、東晋との国交も開けて、国家意識が高揚していた時期である。

石上神宮に伝わる七支刀は、銘文に未確定部分があり、ゆるぎない解読は困難であるが、百済の近肖古王と世子（後嗣、近仇首王か）(7)が倭国との関係強化を意図して、東晋から下賜された重宝「原七支刀」をもとに百済で瓜二つの模造刀を製作、裏に新たな銘文を付加、象嵌し、三七二年に七子鏡などとともに倭国に贈与したものと見てよかろう。(8)三七二年に百済から倭国に贈られた国家的記念品であるその七支刀が、石上神宮に収蔵され、今日まで伝世している事実こそが重要である。

鉄盾と石上神宮

七支刀ほどに耳目を集めることはないが、それに並ぶ石上神宮古来の伝世品に、類例のない貴重な二面の鉄盾（国宝）がある。戦における防御用武具である盾は、木製や皮製が一般的である。元日や即位の儀式、外国の使節が来た際などに、威儀を正すために大内裏の応天門外の左右に立て並べた百八十枚の「隼人の楯」は、馬髪を編みつけた木製の儀礼用である。

石上神宮の鉄盾は、すべてが鉄で作られており、実用にはほど遠い。高さ一四六センチメートル、幅七三センチメートル、矩形・鍵形の鉄板を重ねて鋲止めにしており、鎧の製作で用いられている技法と共通することから、古墳時代中頃の製作とされる。製作されてほどなく石上神宮に収納されたとすれば、石上神宮の創祀とも関わる天神庫成立の時期を推察する、手掛かりにもなる。

この鉄盾の理解に関わり、参考になるのが次の所伝である。仁徳天皇紀十二年七月癸酉条は、「高麗国、鉄の盾・鉄の的を貢る」と高句麗（高麗）からの鉄盾・鉄的の貢進を記し、さらに仁徳天皇紀十二年八月己酉条は、それに関わる左の物語を記している。

> 高麗の客を朝に饗へたまふ。是の日に、群臣及び百寮を集へて、高麗の献る所の鉄の盾・的を射しむ。諸の人、的を射通すこと得ず。唯的臣の祖盾人宿禰のみ、鉄の的を射て通しつ。
> ……明日、盾人宿禰を美めて、名を賜ひて的戸田宿禰と曰ふ。

二つの史料は別々の月日に配置されているが、もとは一連の所伝であったと見られる。鉄的は寡聞にして未見であり、的氏の祖盾人宿禰（的戸田宿禰）の功績も、今では確かめられない。

石上神宮に伝わる二面の鉄盾の製作地は明らかでないが、鉄盾そのものが国家間交流の贈答品になる貴重なものであったことは間違いない。おそらく鉄盾・鉄的は、先章で触れた『常陸国風土記』香島郡条に香島天之大神に薦めたという、また奈良県桜井市のメスリ山古墳から出土した鉄弓・鉄箭などとも照応する、貴重な儀仗用武具であったと思われる。

石上神宮の鉄盾も、本来は七支刀に並ぶ国家的な重宝であったに違いなく、王権と神宮の特別な関係を示すものと言える。

石上神宮の禁足地

『万葉集』巻四の「未通女(をとめ)等が袖布留山(そでふるやま)の瑞垣(みづかき)の久(ひさ)しき時ゆ思ひきわれは」(五〇一)という和歌は巻頭に引いたが、石上神宮の境内には古くから瑞垣で囲まれた一郭があった。この区画は、禁足地(きんそくち)、あるいは高庭(たかにわ)、神籬(ひもろぎ)などと称され、今も立ち入りが厳しく規制された特別区域である。もとは本殿のなかった石上神宮では、この禁足地がそれと等価の最も重要な場所とされた。

こうした宗教的特別区域が、常に宗教法の規制下にある聖地として世俗法が適用されないアジール(asile)と観念されたことは、第二章で述べた。石上神宮の禁足地、あるいは石上神宮そのものがアジールと看做されているので、ここではこの問題を考えよう。

その際、まず注目されるのが次の所伝である。

父の敵として安康天皇を殺害した眉輪王(まよわ)を匿った葛城円大臣(つぶらのおおおみ)が、贖罪として雄略天皇に差し出した娘の葛城韓媛(からひめ)は、のちの清寧(せいねい)天皇と稚足姫皇女(わかたらしひめ)(またの名は栲幡姫皇女(たくはたひめ))を産んだ。雄略天皇紀元年三月是月条には、稚足姫皇女について「是の皇女、伊勢大神(いせのおほみかみ)の祠(やしろ)に侍(はべ)り」とあって、伊勢神宮(天照大神）に奉仕する斎宮(さいぐう)として派遣されたと伝える。稚足姫皇女のまたの名に見える栲は、クワ科の低木の楮(こうぞ)のことで、樹皮からとる繊維は織物や綱、紙などの原料として重用された。栲幡姫とはこれを原料にして布を織る織姫のことだが、雄略天皇紀三年四月条は、この栲幡姫皇女を主人公とする不可解な出来ごとを伝えており、その概要を記そう。

阿閉臣国見(あへのおみくにみ)が、伊勢の斎宮である栲幡姫皇女の養育を担っていた廬城部連(いおきべのむらじ)武彦(たけひこ)が彼女を孕ませたと、虚偽の報告をした。斎宮は男性との交わりが禁止されていたので、それを伝え聞いた武彦の父の廬城部連枳莒喩(きこゆ)は、罪が自分に及ぶのを恐れて廬城河（三重県津市の雲出川(くもず)）に誘い出し、武彦を殺害した。それを聞いた天皇は使者を派遣して栲幡姫皇女に詰問したが、事を否定した皇女は神鏡(あやしきかがみ)を神宮の側を流れる五十鈴河(いすずがわ)の畔に埋めて自経した。天皇は姿の見えなくなった皇女を求めて闇夜に探し回り、河畔に蛇のような虹のあがった場所を掘った。すると、神鏡と皇女の屍が出てきたので、腹を割いたところ水の中に石があって、武彦の疑いが雪(そそ)がれた。阿閉臣国見は、石上神宮に逃げ隠れた。

何とも不思議な内容であるだけでなく、王家の太陽神祭祀・伊勢神宮の創祀を考えるうえでも示唆深い所伝である。太陽神の象徴である神鏡を持つ女性の屍内から石の出現は、巫女的な女性の卵生型神婚物語を彷彿させるが、伊勢斎宮の葛藤も読み取れよう(9)。

ここで注目されるのは、阿閉臣国見が石上神宮に逃げ隠れていることであり、石上神宮がアジールと評される所以(ゆえん)でもある。これは、第四章で述べた住吉仲皇子事件における去来穂別(いざほわけ)皇子（履中）の場合と同様にも見えるが、詳しくは後に検討しよう。

神社へ逃げ隠れた例としては、『続日本紀』天平神護元年（七六五）八月庚申朔条に、『紀』編纂を担った舎人親王の孫の和気王が謀反を疑われて逃げ隠れた率川社（大和国添上郡の式内社率川坐大神神御子神社／奈良市本子守町）で捕捉され、伊豆国へ流罪の途中の山背国相楽郡（京都府相楽郡）で絞殺されたとあることが知られる。ただし、和気王は捕捉されているから、率川社のアジールとしての機能は強いものではなかったのかも知れない。

禁足地の由来と実態

垂仁天皇紀三年三月条の伝える新羅王子天日槍（『記』は天之日矛）の渡来説話には、天日槍が将来したという羽太玉・足高玉・鵜鹿々赤石玉・出石小刀・出石桙・日鏡・熊神籬の七種の品々が見える。[10] これらの神宝はのちに石上神宮に収められるが、天日槍を祀るのが名神大社の出石神社（出石神社／兵庫県豊岡市出石町）である。この出石神社にも、由来は詳らかではないが今も禁足地がある。石上神宮ほど規制は厳しくないようである。

石上神宮に禁足地が形成された状況は明らかではないが、参考になるのが三世紀の頃に韓の地域に行なわれていた「蘇塗」である。倭の邪馬台国について記した史書として知られる『三国志』「魏書」の東夷伝韓条は、次のように伝えている。[11]

また諸国には、それぞれ特別な地域があり、蘇塗と呼ばれている。〔そこでは〕大木を立てて、その木に鈴や鼓をかけて、鬼神に仕えている。さまざまな逃亡者がその地域に逃げ込めば、〔逃亡者を〕けっして外部に追いだしたりはしない。〔このような風習があるので、この地方の人々は〕しばしば〔秩序に反し〕害になることを行なう。〔馬韓で〕蘇塗を作る意味は、仏教に似たところがあるが、行なっていることの善悪は異なるところがある。（〔 〕内は、訳注者の補足）

百済が建国される前の馬韓の地域には、蘇塗と呼ばれた一郭があり、そこには鈴や鼓などをかけた大木が立てられ、鳴り物入りで鬼神が祀られるとともに、そこに入った逃亡者は捕縛されない特別な慣習があった、という。これは馬韓の人々が神を祀る祭場であるが、そこは世俗法が適用されない特別地域、アジールと観念されていたことが知られる。

以下は現代の我が国ことだが、福井県大飯郡大飯町には、この地域に特有の杜神信仰の対象である「ニソの杜」がある。そこは地域の開拓先祖二十四名をまつると伝える照葉樹林の森で、小祠が存在する場合もあるが、叢林だけのものもある。十一月二十二・二十三日に新穀を供え豊作に感謝する祭りが執り行なわれるが、この祭りの日以外は決して近づいてはならないとされる。[12] かつては三十二箇所のニソの杜が存在したが、近年はその祭りの衰退や開発などで急減している。このニソの杜も、神社の禁足地や蘇塗に酷似した宗教的特別区域である。

石上神宮と石上の王宮

石上神宮の禁足地が、蘇塗やニソの杜と類似した宗教的聖域であったことは確かである。ここでの課題は、住吉仲皇子事件の際の履中や右述した阿閉臣国見らが、石上神宮へ逃亡した理由が、アジールの機能と関わるのか否かについての検討である。重ねて、安康天皇と仁賢天皇が、石上に王宮を定めたことが、物部氏や石上神宮・禁足地の存在と関連するのか否かを含め、その歴史的背景の究明である。

①履中の逃亡先

第四章に概要を示したが、羽田矢代宿禰（もしくは葛城葦田宿禰）の娘の黒媛の争奪をめぐり、弟の住吉仲皇子の軍勢に追われた履中（去来穂別皇子）は、平群木菟宿禰・物部大前宿禰・漢直祖阿知使主に救われて、石上振神宮に逃れたという。

本質は仁徳天皇が亡くなった後の王位継承争いであるが、履中がなぜ石上神宮に逃亡したのか、『記』・『紀』ともに記すところがないので、その理由は推察に頼らざるを得ない。

隠れ居たとは伝えられないこと、事は王位継承争いであることなどから、それはアジールとしての石上神宮を頼ったものとは見られない。おそらくは、難を逃れると同時に、石上神宮そのものを掌握するという意図によるものではないかと考えられる。

韴霊・七支刀・鉄盾など王権の重宝をはじめ石上神宮に収納する器仗が、天皇の列島統治を呪術宗教的に保証する神宝であったことは次章以下に述べる。履中には、それを掌中にする、すなわち王権の宗教的権威を掌握するという企図が、存在したのではないかと考えられる。この点は、天皇が石上へ正宮を造営する場合についても、考慮する必要がある。履中天皇紀四年十月条には「石上溝」の掘削が見え、布留遺跡に関わり後に触れるが、これが事実とすれば履中が石上神宮に逃れたのも、単に危機からの逃避だけでなかったことを物語る。

なお『紀』の所伝では、物部大前宿禰の活躍が伝えられることから、それを物部氏と石上の地・石上神宮との関連によると解することは容易であるが、活躍が伝えられるのは彼一人ではない。

②安康天皇の石上穴穂宮

『記』・『紀』ともに、安康天皇は石上穴穂宮を正宮としたと伝え、石上に王宮を営んだ最初である。『記』・『紀』は、いずれの王宮についても所在地選定のわけを記すことはなく、その理由を知るには推察するより他にない。

允恭天皇は大后の忍坂大中姫命との間に、木梨軽皇子・名形大娘皇女・境黒彦皇子・穴穂皇子（安康天皇）・軽大娘皇女・八釣白彦皇子・大泊瀬皇子（雄略天皇）らをもうけたという。長子である木梨軽皇子については、『記』・『紀』ともに「太子」と記し、王位継承者であったと伝える。太子の表記は後の文飾であろうが、木梨軽皇子がその地位にあったと伝えられていたことまで疑う必要はない。

王位が穴穂皇子に廻って来たのは、木梨軽皇子と軽大娘皇女が同母兄妹相姦の禁忌を犯したことによる。それにより、軽大娘皇女は伊予（愛媛県）に流罪（『記』では自経）、木梨軽皇子は太子だから罰を加えることが出来なかったが、逃亡先の物部大前宿禰の家で自経したという。分註の「一云」では、伊予に流罪、『記』では大前小前宿禰大臣の家に逃亡したが、捕えられて伊余の湯（道後温泉）に流されたとある。流罪と自経の違いがあるが、同母兄妹相姦の禁忌を侵犯したことで、王位継承者の地位を失うという、物語の基本は共通する。

近親相姦の規制が相当に緩やかであった我が国古代において、同母兄妹相姦の禁忌侵犯がなぜ重い罪になるのか、今日では明解でない。これについては以前に、同母兄妹相姦に旧い世界と秩序を破壊して更新する偉大な力があると観想されており、ゆえに王権転覆も可能と信じられ、謀反に結びつく行為として禁忌とされたのではないか、と推考した(13)。

安康天皇の即位の前には、木梨軽皇子の事件（『記』では允恭天皇没後）の外にも、日向系日下宮王家の大日下王（大草香皇子）の殺害など(14)、王位継承をめぐる王族内の内紛が続いていた。即位した安康天皇が、程なく大日下王の遺児目弱王（眉輪王）に殺害されるのも、その流れの中にある。穴穂皇子が石上に初めて王宮を定めるのも、そうした王族内部の内紛と無関係ではなく、天皇の支配を呪術宗教的に保証する石上神宮とその神宝を掌握することで、その地位と権力の安定強化をはかるという意図より出たものではないかと推察される。

物部大前宿禰（大前小前宿禰）は、当初は木梨軽皇子の側にありながら、後半で穴穂皇子に協力するという展開である。その事実関係の確認は今では不可能であるが、物部氏が穴穂皇子側に寝返ることと石上穴穂宮の造営の関連は、想定可能なことであろう。

③阿閉臣国見の逃亡先

これも概要は先に示したが、阿閉臣国見と石上神宮との関連は見いだせない。虚言を弄した罪からの逃亡であるから、阿閉臣国見は石上神宮をアジールとして頼ったということであろう。

④呉国使者への饗宴の場所

左に引く雄略天皇紀十四年四月甲午朔条は、これらとはやや性格の異なる所伝である。

> 天皇、呉人に設へたまはむと欲して、群臣に歴め問ひて曰はく、「其れ共食者に誰か好けむ」とのたまふ。群臣が、僉に曰さく、「根使主、可けむ」とまうす。天皇、即ち根使主に命せて、共食者としたまふ。遂に石上高抜原にして、呉人に饗へたまふ。

十四年正月に呉国（中国南朝の宋）から帰国した身狭村主青らにともない渡来した、呉国からの使者をもてなす場として、石上高抜原が選ばれたことの理由は定かではない。

この説話全体の主題は、次のように坂本氏の始まりを語るところにある。

石上高抜原での呉人歓迎の饗宴において、根使主の着けていた玉縵（立派な冠）は、かつて安康天皇からの「草香幡梭皇女を弟・大泊瀬皇子（雄略）のキサキにしたい」という申し出に対し、皇女の兄・大草香皇子が受諾のしるしに献上したものと判明した。否まれたとの報告の虚偽が明らかになった根使主は、日根（和泉国日根郡／大阪府貝塚市、泉佐野市、泉南郡岬町）に逃れ、稲城（き）を造って戦ったが殺された。その子孫の半ばは大草香部民とし、残りは茅渟県主（ちぬのあがたぬし）に下賜して負嚢者（ふくろかつぎびと）とした。根使主の後裔が坂本臣となったのは、これより始まる。

石上と、雄略天皇の泊瀬朝倉宮（奈良県桜井市脇本）は少し距離がある。根使主の安康天皇に対する虚偽報告・不忠を明らかにする場として、亡き安康天皇の石上穴穂宮の近くが選ばれたのかもしれないが、石上高抜原では呉国の使者への饗宴が目的であり、根使主の悪行を暴くことではない。石上が、海外からの使節など要人をもてなす、王権の重要な地であったことは読み取れよう。

なお、稲城の実態は明らかではないが、聖域を表示するために稲藁で作った標（しめ）（注連）を囲みめぐらせた、急造の臨時的アジール施設ではなかったかと推察される。

⑤市辺押磐皇子の石上市辺宮

雄略天皇は有力者を次々と蹴落として即位したと伝えられるが、近江来田綿の蚊屋野（くたわたのかやの）（滋賀県東近江市、もしくは愛知郡愛荘町（えちあいしょう））での狩猟に託けて（かこつけて）射殺された、履中天皇の子の市辺押磐皇子（いちのへのおしは）もその一人である。顕宗天皇即位前紀によれば、市辺押磐皇子の子の顕宗・仁賢（母は葛城蟻臣（ありのおみ）の娘荑媛（はえひめ））は、父殺害の難から逃れ、播磨の縮見（しじみ）屯倉（兵庫県三木市）に隠棲していたが、あるとき顕宗は次の歌で隠していた身分を明らかにしたという。

石上　振（ふる）の神椙（かみすぎ）　本（もと）伐（き）り末截（すゑおしはら）ひ　市辺宮に天下（あめのした）治（しら）しし　天万国万押磐命（あめよろづくによろづおしはのみこと）の御裔（みあなすゑ）　僕（やつこ）らま

これは、顕宗・仁賢兄弟が、市辺押磐皇子の子であることの名告りである。市辺押磐皇子の皇子宮が、石上神宮に近い石上市（式内社の石上市神社／天理市石上町）に近接する、石上市辺宮であったことも分かる。市辺押磐皇子が雄略天皇に殺害される理由も、その辺りに存在したのではないかと推察されるが、皇子が石上市辺宮を営んだ歴史的背景については、次の仁賢天皇のところで述べよう。

⑥仁賢天皇の石上広高宮

仁賢・顕宗両天皇は、隠れ住んでいた播磨で見いだされて即位したという、二世王である。弟の顕宗天皇が先に即位し、近飛鳥八釣宮（奈良県明日香村八釣／『記』は近飛鳥宮）を正宮としたが、その理由は分明ではない。

弟に遅れて即位する仁賢天皇の正宮は、『記』・『紀』ともに石上広高宮と伝えるが、この場合もその理由は明らかでない。

ところで、天皇や王族の宮は、その主が死去あるいは他の場所に遷居の後も放棄されず、所縁の王族に家産として伝領されていた。[15] そこで、王宮の伝領という視点から仁賢天皇の石上広高宮を眺めれば、祖父：履中が逃亡した石上神宮⇓父：市辺押磐皇子の石上市辺宮⇓子：仁賢天皇の石上広高宮と、石上との縁りが三代に亘り継承されていることが読み取れる。

ちなみに、顕宗天皇の近飛鳥八釣宮についても、同様の視点から再検討すれば、その大后である難波小野王（『記』は難波王）は、遠飛鳥宮（『紀』には見えない）を正宮とした允恭天皇の曾孫であることに留意される。おそらくは、允恭天皇の遠飛鳥宮を間接的に難波小野王が伝領しており、顕宗天皇はそれを利用して近飛鳥八釣宮を営んだのではないかと推考される。

石上の王宮が王家の家産として伝領されていたとすれば、安康天皇の石上穴穂宮のみ、右の例から外れることになる。しかしそれは、木梨軽皇子・軽大娘皇女の同母兄妹相姦という王権・王位を揺るがす変事をおさめ、有勢な日向系日下宮王家・大日下王を滅ぼして即位した、安康天皇の正宮である。履中・安康・仁賢の三天皇とも、王位継承をめぐる争いの後に即位したという、共通点がある。石上に正宮を営むことで、その地位を安定、強化しようという意図が見え隠れする。すなわち、天皇の権威を呪術宗教的に保証する石上神宮とその神宝を身近に置くことで、それを確実にしようという意図が読み取れよう。もちろん、それらの時期に石上神宮の祭祀を担っていたのは、物部氏であったと考えられる。

市辺押磐皇子が石上に皇子宮を営んだのも、同様な企図を有したからであり、それ故に王位に最も近い人物と看做されて殺害された可能性も考えられる。また、市辺押磐皇子の石上市辺宮と、安康天皇の石上穴穂宮は時期的に併存する可能性もあるが、対抗意識はなかったと思われる。それは雄略天皇即位前紀に、次のように見えるからである。

天皇、穴穂天皇の、曾(いむさき)、市辺押磐皇子を以て、国を伝へて遥(はるか)に後事(のちのこと)を付(ゆだ)に嘱(つ)けむと欲(おもほ)ししを恨(うら)みて、……

すなわち、安康天皇が市辺押磐皇子に王位を譲ろうと思っていたため、雄略天皇は彼を殺害した、という。真偽は確かめられないが、そうならば市辺押磐皇子と安康天皇の関係は悪くはなく、両者は同時的に石上に拠地を得ていたことも想定される。

このように、石上神宮のアジール的機能が想定されるのは、③の阿閉臣国見の事例だけであり、他は王権の存続と安定にかかわる石上神宮である。また、①と②に物部氏は登場するが、春日和珥氏系の物部首氏が見えないことは、この氏の成立時期と性格を示唆している。

いずれにしても、石上が五世紀の王権・王家にとって、王宮を造営するに相応しい地、その権威と地位が呪術宗教的に保証される場と観念されていたことは、間違いない。その重要性は偏に、石上神宮の天神庫に収蔵される神宝にあったことは、次章以下で明らかになる。

石上神宮と鎮座地域の特別な性格は、その禁足地の発掘と石上神宮の西前方に広がる布留遺跡からも垣間見ることが出来る。次に、それらの概要を紹介しよう。

石上神宮禁足地の発掘

立ち入りはもちろん、覗き見ることも厳しく規制される石上神宮の禁足地であるが、かつて発掘されたことがあった。水戸藩の徳川光圀が設立した彰考館(しょうこうかん)で考証(こうしょう)史学を研鑽した菅政友(かんまさとも)(一八二四〜一八九七)が、明治六年(一八七三)に石上神宮大宮司として着任した。翌七年に菅は、明治初期に神道・仏教・国民教化などのことを掌った中央官庁である教部省(きょうぶしょう)(一八七二〜一八七七)の許可を得て、八月二十日から三日間、禁足地にある小円丘を発掘調査した。その結果報告書が「石上神剣発掘ノ件」[16]として残され、原紙は大正十二年(一九二三)の大震災で焼失したが、その写しが残されている。

その当時の禁足地は、奥行き（南北）一八メートル余り、幅（東西）が四四メートル余り、面積は八〇〇平方メートルほどであったというが、大正二年に完成した現本殿造営の際に、北方に一〇メートルほど拡張された。菅政友が発掘したのは、拝殿から三メートルほどの位置にある、禁足地南より中央の小円丘で、平面からの高さは約〇・八五メートル、周りは約六・三メートルであった。その中央には一株の「カナメノ木」があったが、今は高さ約〇・五メートルの花崗岩（かこうがん）の自然礫（しぜんれき）を置き、周りには円礫が敷かれている。

この小円丘の後方の左右（東西）にも二つの小円丘があり、この三つで三角形を呈する形状であった。さらに、明治十一年の正殿（仮本殿）や大正二年の本殿造営の際にも、部分的に発掘されている。(17) これらの小円丘のうち、菅が発掘した中央のものが天神庫（もしくは『延喜臨時祭式』にいう正殿）の、後方の二つを伴（とも）・佐伯（さえき）二殿（『延喜臨時祭式』）の跡とみなすことも可能であるが、発掘が限定的なために定かではない。

さて、菅が小円丘を掘ると、約二・七メートル四方の石室があらわれ、地表下〇・九メートルほどのところで土石に交じって多数の緑色の勾玉、管玉、四つに折れた鉾、剣などが出土した。さらに翌日、翌々日にも玉類が出土し、菅による検出品は以下のとおりである。

神剣…一、鋒ノ折（破損）…四、同柄折…三、管玉…二七二、勾玉…一二、丸玉…九、角管玉…一、
緑石…一、鈴…一。

これら検出品は、古墳時代前期から中期前半頃の古墳副葬品に類例があり、境内の東にある溜池（ためいけ）から

は、古墳時代中期の土師器高坏や小型壺、須恵器高坏なども発見されている。これらのことから、五世紀の前半[18]、もしくは五世紀の後半頃[19]には、石上神宮の地で祭祀が行なわれていたと見られている。

古代祭祀の場が厳しい禁忌で規制される例としては、大和国城上郡に鎮座する名神大社の大神大物主神社（大神神社／奈良県桜井市三輪）の三輪山や、筑前国宗像郡の名神大社宗像神社（宗像大社／福岡県宗像市）の沖津宮が鎮座する沖ノ島などが、参考となる[20]。菅の検出した「神剣」がフツノミタマであるか定かでないが、少なくとも石上神宮には禁足地が三輪山や宗像沖ノ島に匹敵する祭祀枢要の地であり、そこでの祭祀が五世紀代まで遡ることは確かである。

布留遺跡の性格と石上神宮

古墳時代初期の指標とされる布留式土器の出土地として知られる奈良県天理市の布留遺跡は、石上神宮の北側を東から西に流れる布留川（大和川上流、初瀬川に合流）の両岸、一・四キロメートル四方に広がる、縄文時代から近世にいたる複合遺跡である[21]。なかでも注目されるのは、古墳時代の祭祀関連を中心とした遺構群であり、石上神宮の西方に近接するという位置からも、両者の関連は想定可能であるが、具体的には分明でない。

さて、その概要を列記すると、古墳時代の中期を中心とする遺構群としては、布留川の左岸（南岸）地域からは有力者の居館や校倉を思わせる高床建物跡などが検出され、斜面には拳大の丸い石を貼り詰めていた。その西北からは、幅一三メートル、岸からの深さ二メートル、底の幅二・五メートルという、布留川から引水していた巨大な溝跡が出土した。検出されたのは四二メートル分で、北東から南西に流れる。古墳時代中期に開削され、奈良時代までは大量の水が流れていたが、平安時代になると埋没する。この溝跡は、履中天皇紀四年十月条に「石上溝を掘る」と見える石上溝に想定されているが、規模からも妥当であろう。この時期に、王権が布留地域の大規模な開発を進めているわけだが、住吉仲皇子の変で履中が石上に逃避したことと、連動した営為であったと推察される。

布留川の右岸（北岸）地域からは、竪穴住居跡や土器を焼成した穴跡が検出され、布留川の支流跡からは、多数の土器・ふいご羽口（はぐち）・鉄滓（てっさい）・木製刀剣装具・滑石（かっせき）製玉類・銅鏡・鉄農具ミニチュア・小型壺・高坏（たかつき）など、多様な祭祀用品が出土した。多量の玉類は布留遺跡内で生産され、多数のふいご羽口・大量の鉄滓は大規模な鉄製品加工が行なわれたことなど、木工・玉作・鉄器生産の工房の存在を物語る。また、透（す）かし穴のある円筒埴輪（えんとうはにわ）が二十七個体以上も出土し、一般的な古墳への樹立ではなく、ここでは祭壇の区画、あるいは神への供献などの用途が推察できるが、祭祀のために特別に製作、使用されたことは間違いない。

とくに驚かされるのは、「石上溝」と布留川周辺を中心に遺跡全体で、合わせて千本をこえる馬の歯や多数の骨が出土していることである。これらの馬は、ここでの祭祀に犠牲に供されたもので、五世紀後半から百年ほどの間に、個体数にして四百匹ほどもの馬が供犠（くぎ）にされたと、推定されている。

布留遺跡で百年ほど間に四百匹におよぶ馬が供犠に用いられていたとすれば、単純計算すれば一年に四匹、しかも毎年のことである。この時代における馬の貴重性からみて、毎年四匹もの馬の供犠は、到底一氏族のなし得るところではない。王権あげての供儀祭祀と解するべきであろう。牛馬の供犠は水神祭祀が一般的であるが、農耕祭祀や太陽神祭祀などでも用いられていた[22]。

さらに、布留川の右（北）岸約四〇〇メートルの布留遺跡三島（里中）地区からは、土師器・須恵器・鉄滓・滑石製品・木製刀剣装具・木製農具・動植物の遺物などが出土した[23]。とくに果実の核や種子は約一万個を数えるが、中でもスモモ…八一四個、モモ…五六四一個の出土には驚かされる。

モモの出土で近年耳目を集めたのが、邪馬台国の有力な比定地である、奈良県桜井市の纒向遺跡である。三世紀中ごろに何らかの祭祀が行なわれ、それに用いた品々を投棄したと推定される土坑から、小型土器・ミニチュア土器・各種木製品・竹籠・ガラスの粟玉などとともに、多量の種や実も検出された。とくに多数であったのが、モモ…二七六五個、スモモ…五二個、ヒョウタン…二一三個、アサ…五三五粒などであった[24]。

時代差はあるが、纒向遺跡で執り行なわれたモモなどを用いた祭祀が、布留遺跡を残した集団に継承されたとみなすことも可能である。木工・玉作・鉄器生産などの工房を付属させ、多くの馬を毎年犠牲に供し続けた布留遺跡は、その規模と内容から物部氏や春日和珥氏系物部首氏など、一氏族の営為の跡とは考えらない。これは、履中の逃避だけでなく、市辺押磐皇子の石上市辺宮・安康天皇の石上穴穂宮・仁賢天皇の石上広高宮、雄略天皇十四年四月の呉国使者への饗宴など、王権や王宮との関連をも想定するべきであろう。

この布留遺跡と石上神宮禁足地での祭祀の関係であるが、象徴的な石上溝・百年間に四百匹の馬の供犠・五六四一個の桃核の出土などから、布留遺跡での祭祀は王権あげての営為であるのに対して、石上神宮は王家が主催した祭祀氏族による秘儀的祭祀ではなかったかと推察される。ただ、布留遺跡の全体像が未だ明瞭になっていないこともあり、今後も注視していく必要がある。

註

（1）平林章仁『天皇はいつから天皇になったか?』祥伝社、二〇一五年。同『「日の御子」の古代史』塙書房、二〇一五年。
（2）加藤謙吉『蘇我氏と大和王権』吉川弘文館、一九八三年。
（3）松前健「石上神宮の祭神とその祭祀伝承の変遷」『国立歴史民俗博物館研究報告』七、一九八五年。
（4）平林章仁『蘇我氏と馬飼集団の謎』祥伝社、二〇一七年。
（5）三品彰英『日本書紀朝鮮関係記事考證』上巻、天山舍、二〇〇二年。
（6）『三国史記』百済本紀。『晋書』帝紀第九簡文帝。『冊府元亀』九六三「外臣部・冊封」。
（7）三品彰英『日本書紀朝鮮関係記事考證』上巻、一九二頁以下、註（5）。
（8）山尾幸久「石上神宮七支刀銘の百済王と倭王」『古代の日朝関係』塙書房、一九八九年。
濱田耕策「「七支刀」銘文の判読と古代東アジアの歴史像」『古代朝鮮資料研究』吉川弘文館、二〇一三年。
深津行徳「金石文の語るもの」荒野泰典・石井正敏・村井章介編『東アジア世界の成立』日本の対外関係1、吉川弘文館、二〇一〇年。
（9）平林章仁、註（1）。
（10）将来物については同条分註「一云」、および同紀八十八年七月戊午条、応神天皇記の天之日矛説話の間で異同がある。
(11) 井上秀雄他訳注『東アジア民族史』1、平凡社東洋文庫、一九七四年。
(12) 金田久璋「祖霊信仰」『講座日本の民俗学』第七巻、神と霊魂の民俗、雄山閣、一九九七年。
(13) 平林章仁「兄妹相姦のおそれ」塚口義信博士古稀記念会編『日本古代学論叢』和泉書院、二〇一六年。
(14) 平林章仁『謎の古代豪族葛城氏』祥伝社、二〇一三年。
(15) 平林章仁『七世紀の古代史』白水社、二〇〇二年。
(16) 「石上神剣発掘ノ件」上田正昭・佐伯秀夫校注『大神・石上』神道大系編纂会、一九八九年。
(17) 官幣大社石上神宮編『石上神宮寳物誌』吉川弘文館、一九八〇年、初版は一九二九年。
藤井稔「石上神宮の禁足地に関する一考察―菅政友による石上神宮の禁足地発掘に関する未公開文書などから―」金関恕先生の古稀をお祝いする会編『宗教と考古学』勉誠社、一九九七年。
(18) 藤井稔、註(17)。
(19) 置田雅昭「禁足地の成立」和田萃編『大神と石上―神体山と禁足地―』筑摩書房、一九八八年。
(20) 小出義治『土師器と祭祀』一七八頁以下、雄山閣、一九九〇年。
(21) 天理教発掘調査団『布留遺跡杣之内木堂方地区発掘調査概要』一九八一年。
置田雅昭「布留川のまつり」『大和の国と天理の歴史』天理大学学報別冊一、天理大学学術研究会、一九八五年。同「禁足地の成立」、註(19)。

天理大学附属天理参考館編『大布留遺跡展―物部氏の拠点集落を掘る―』天理大学出版部、二〇一二年。
(22) 平林章仁『神々と肉食の古代史』吉川弘文館、二〇〇七年。
(23) 天理大学附属天理参考館分室編『考古学調査研究中間報告』四、出土果実および種子の同定一、埋蔵文化財天理教調査団、一九八二年。

（24）桜井市立埋蔵文化財センター『纒向遺跡第168次調査（辻地区）SK-3001出土遺物の自然科学的分析結果について』二〇一一年。
中村俊夫「纒向遺跡出土のモモの核のABS^{14}C年代測定」、近藤玲「纒向遺跡出土の桃核ほかと土器付着炭化物の炭素14年代法による年代測定について」『纒向学研究』六、二〇一八年。

第八章　石上神宮の祭祀とヤマト王権の変質

石上神宮の神宝の管治＝祭祀の起源

石上神宮の古代史上の重要性については右述でほぼ明らかであるが、祭祀・神宝の管治の起源については、論述が複雑化することを避けて、あえて触れないで来た。次に引く垂仁天皇紀三十九年十月条ⓐ・同「一に云はく」ⓑと同紀八十七年二月辛卯条ⓒは、その起源を語るものであるが、内容の違いから祭祀を担った氏族をめぐり見解の対立がある。これは、王権が石上神宮を祭ることの本質とも関わることから、具体的に見ていこう。

ⓐ三十九年冬十月に、五十瓊敷命、茅渟の菟砥川上宮に居しまして、剣一千口を作る。因りて其の剣を名けて、川上部と謂ふ。亦の名は裸伴〈裸伴、此をば阿箇播娜我等母と云ふ〉と曰ふ。石上神宮に蔵む。是の後に、五十瓊敷命に命せて、石上神宮の神宝を主らしむ。

ⓑ〈一に云はく、五十瓊敷皇子、茅渟の菟砥の河上に居します。鍛名は河上を喚して、大刀一千口を作らしむ。是の時に、楯部・倭文部・神弓削部・神矢作部・大穴磯部・泊橿部・玉作部・神刑部・日置

部・大刀佩部、并せて十箇の品部もて、五十瓊敷皇子に賜ふ。其の一千口の大刀をば、忍坂邑に蔵む。然して後に、忍坂より移して、石上神宮に蔵む。是の時に、神、乞して言はく、「春日臣の族、名は市河をして治めしめよ」とのたまふ。因りて市河に命せて治めしむ。是、今の物部首が始祖なり。〉

ⓒ八十七年春二月丁亥朔辛卯に、五十瓊敷命、妹大中姫に謂りて曰はく、「我は老いたり。神宝を掌ること能はず。今より以後は、必ず汝主れ」といふ。大中姫命辞びて曰さく、「吾は手弱女人なり。何ぞ能く天神庫に登らむ」とまうす。〈神庫、此をば保玖羅と云ふ〉五十瓊敷命の曰はく、「神庫高しと雖も、我能く神庫の為に梯を造てむ。豈庫に登るに煩はむや」といふ。故、諺に曰はく、「天の神庫も樹梯の随に」といふは、此其の縁なり。然して遂に大中姫命、物部十千根大連に授けて治めしむ。故、物部連等、今に至るまでに、石上の神宝を治むるは、是其の縁なり。

ⓐ【垂仁天皇の皇子の五十瓊敷命が、茅渟の菟砥（大阪府阪南市の自然田・鳥取の辺り）川上宮で剣一千口を作って石上神宮に納め、天皇は五十瓊敷命にその神宝を管治させた。】

ⓑ【五十瓊敷命が河上に大刀一千口を作らせたが、この時に天皇は十箇の品部を五十瓊敷命へ賜与した。大刀一千口は、忍坂邑（奈良県桜井市忍阪）を経由して石上神宮に収めた。その管治は、神託により物部首氏の始祖の春日臣族市河に命じられた。】

ⓒ【年老いた五十瓊敷命は妹の大中姫命に石上神宮の神宝を収めた天神庫管治の仕事を譲ろうとしたが、彼女は女性には無理だと断わり、その職務を物部十千根大連に授けた。物部氏が今に至るまで石上の神

宝を管理するのは、この縁による。】

この⒜・⒞は、内容やその間に本文記事がないことなどから、本来は石上神宮の天神庫の神宝管治の起源を語る、一連の所伝であったと見てよい。⒝の「一に云はく」はその異伝であり、十箇の品部・忍坂邑を経由・物部首氏の始祖の春日臣族市河による管治などの点に、特徴がある。

ちなみに、垂仁天皇記は、次のように簡単な内容の記事である。

次に印色入日子命は、……又鳥取（和泉国日根郡鳥取）の河上宮に坐して、横刀壹仟口を作らしめ、是れを石上神宮に納め奉り、即ち其の宮に坐して、河上部を定めたまひき。

五十瓊敷命と妹の大中姫のことは確かめ難いが、石上神宮の神宝は本来、王家に帰属する宝器であり王族が管治に従ったという主張であろうが、これ以上の追究は困難である。

ここでの課題は、そのあと石上神宮の祭祀・神宝の管治に従ったのは、⒞にいう物部氏か、それとも⒝の伝える春日和珥氏系物部首氏であったか、ということである。次は、従前から石上神宮は物部氏の氏神を祭る神社とする見方が根強く存在するが、[1]右史料からそのことが読み取れるか否かということである。

前者は本章の主題でもあるが、少し手続きが必要なことから、後者から検討しよう。

まず、右の垂仁天皇紀⒜・⒞に、当初は五十瓊敷命と大中姫命が石上神宮の神宝管治に従事したとあることからは、王家に帰属する神宝を王族が管治するのが本来であったとする意識が窺われる。そのことの事実関係は確かめられないけれども、石上神宮が物部氏の氏神の社であったなら、このような所伝は成立しないであろう。

また、右の垂仁天皇紀ⓑ「一に云はく」は、春日和珥氏系の物部首氏が石上神宮の祭祀に従ったと伝えるが、石上神宮が物部氏の氏神社ならば、こうしたことも有り得ない。

次に、物部氏の祖神は饒速日命、始祖が可美真手命（宇摩志麻遅命）と伝えられることに異同はないが、石上神宮の主祭神がフツノミタマであることも確かであり、この点からも石上神宮を物部氏の氏神社とは出来ない。

さらに、先述した神宮の呼称や、後述する天神庫に収蔵された神宝の性格などからは、石上神宮の国家的性格は否定できない。石上神宮の祭祀はこの神宝が対象であったと考えられるが、こうした性格から物部氏の氏神を祭る神社でないだけでなく、物部氏が在地集団の所持していた祭祀権を奪取して祭ったものでもない。[2]

右の垂仁天皇紀をはじめ、後述する天武天皇紀三年（六七四）八月庚辰条（神宝返却）や『日本後紀』延暦二十三年（八〇四）二月庚戌条（神宝移動）などから、石上神宮には大量の武器類が神宝として収蔵されていたことが知られる。これは石上神宮が王権の武器庫であったことを示すものであり、ゆえに軍事的氏族である物部氏が管理、祭祀したのであるともされた。

しかし、ここに収蔵される厖大な武器類が壬申の乱など実戦に出庫されたという記録はなく、武器類が収蔵されていたことをもって、単純に武器庫であったとは言えない。王権の武器庫なら名称は「石上兵庫」とするべきであり、特別に「神宮」や「天神庫」と称することはない。そもそも、神社を実戦のための武器庫とするようなことはあり得ない。また、武器庫であったなら、そこに収蔵された武器類を旧主に返却することもない。この点からも、石上神宮を物部氏の氏神社であると解することは出来ない。

石上神宮は物部氏の氏神社か

このように、石上神宮が物部氏の氏神社であったとは言えないと考えられるが、それを否定する可能性のある史料が、一点だが存在する。それは『先代旧事本紀』天孫本紀の左の所伝であり、それについて考察が必要である。

崇神天皇が、先代の開化天皇の時に大臣となった伊香色雄命に、「神物を班たんが為に、天社・国社を定む」ことを命じたことに続いて、次のことを記している。

> 物部八十手が作る所の祭神の物を以て、八十万群神を祭るの時、布都大神社を大倭国山辺郡石上邑に遷し建つ。則ち、天祖、饒速日尊に授け、天自り受け来りし、天璽瑞宝を、同く共に蔵め斎ふ。号けて石上大神と曰ふ。以て国家の為に、亦氏神と為て、崇め祠りて、鎮と為す。則ち皇后・大臣、神宮を斎き奉る。

【崇神天皇は神物（幣帛）を班布するために神社の仕組みを整えるよう、伊香色雄命に命じた。それで、物部氏系の多くの工人（物部八十手）が製作した幣帛を用いて、諸々の神を祭った。その際、布都大神社（石上神宮）を大倭国山辺郡石上邑に遷し建てた。その時に、饒速日尊が天祖から授けられて持ち降った天璽瑞宝も同様に収納して祀り、石上大神と名づけた。これを国家のために、また氏神として崇敬して鎮となし、皇后と大臣伊香色雄命が神宮を奉斎した。】

所伝の前半は、崇神天皇紀七年八月己酉条末尾から同十一月己卯条に概ね照応するが、後半は『先代旧事本紀』独自の内容である。

ここに見える皇后とは、崇神天皇ではなく開化天皇の皇后・伊香色謎命（いかがしこめのみこと）（伊香色雄命の姉、崇神天皇の母）であろう。(3)「布都大神社を大倭国山辺郡石上邑に遷し建つ」とあるが、同天孫本紀に「宇摩志麻治命が神武朝に布都主剣の大神を殿内に奉斎した」とあるから、神武朝以来王宮内で祭られていたのを崇神朝に遷したのが石上神宮の始まりである、というのであろう。

王宮内から王宮の外へという祭祀場所の移動は、『紀』における天照大神・伊勢神宮の創祀伝承と同型あるが、王宮内での祭祀という点に布都大神（韴霊）の性格を示している。それはともかく、ここで重要なことは、物部氏が氏神として祭ったのは布都大神ではなく、その遷座地で「同く共に蔵め斎」った饒速日尊将来という「天璽瑞宝」＝石上大神であることは、文脈から明白である。

ここの文意は、物部氏が王権における職務として「布都大神」を祭ると同時に、そこに共に収蔵されている物部氏伝来の聖器「天璽瑞宝」を氏神として祀ったという主張であり、石上神宮そのものが物部氏の氏神社であったと述べているのではない。物部氏伝来の聖器「天璽瑞宝」が石上神宮に収蔵されていたのは、「鎮と為す」とあるように物部氏が石上神宮の祭祀職を務める上で不可欠の重器であったからであるが、詳しくは後述する。

なお、垂仁天皇紀では大中姫命、ここでは皇后が石上神宮の祭祀に従ったと伝えるが、これらは後の物部氏出身女性の事績の先駆として位置づけられていると看做すことも出来よう。

石上神宮と春日和珥氏系の物部首氏

そこで前者の課題である、ⓑの垂仁天皇紀三十九年十月「一に云はく」条とⓒの八十七年二月辛卯条から、石上神宮の祭祀を担った集団について考えよう。ⓒは物部氏による石上神宮の神宝管治の由来を説いて終わることから、物部氏系の所伝であることは明らかである。またⓑは「神の要請により春日臣族の市河に管治させたが、これが今の物部首氏の始祖である」と語ることから、春日和珥氏系物部首氏の所伝に基づいていることも異論はない。

ちなみに、物部首氏は、天武天皇十二年（六八三）九月丁未に物部連、天武天皇十三年十二月己卯に布留宿禰と改姓する。また物部氏は、天武天皇十三年十一月戊申朔に姓が朝臣になり、朱鳥元年（六八六）九月乙丑以前に氏名を石上に改めて石上朝臣となった。

両氏ともに石上神宮の祭祀に従事していたことは間違いなく、ここで取り組むべきは、そのことにおける物部氏と物部首氏の先後、あるいは職務の上下など、具体的な関係の解明である。これに関する従前の説は大きく二つに分かれ、その一つはⓑの所伝を重視して、本来は春日和珥氏系の集団が石上神宮の祭祀を担っていたとする立場である。たとえば、津田左右吉氏は次のように説く(4)。

物部首（布留宿禰）は、石上の地に土着した古い豪族で、石上神宮との関係も古くからのことであったに違いない。石上神宮の神宝が武神とされていたため、物部連が自家の管理に収めて以降に、物部首が物部連に服従して物部を称するようになった。

この立場には、石上神宮の祭祀が物部首氏から物部氏に移った時期などについて、物部氏関連の所伝が増える雄略朝とする説や[5]、和銅元年（七〇八）三月に左大臣になる石上朝臣麻呂が台頭する天武・持統朝以降で、ⓒの所伝もその時期の作文とみる説[6]など、論者により若干の差異も存在する。

しかし、右の諸説には疑問もある。たとえば、物部（石上朝臣）氏が、どうして雄略朝から継体朝、あるいは天武・持統朝以降に、石上神宮の祭祀に深く関わるようになったのか、理由が判然としない。物部首氏にしても、雄略朝あるいは継体朝まで、石上神宮の祭祀を担っていたことを示す史料は存在しない。

後述する天武天皇紀三年八月庚辰条は、石上神宮の神宝を旧主の諸豪族へ返還するよう命じているが、このことは石上神宮の神宝とその祭祀の重要性が、従前よりも低下したことを意味している。それはまた、服属した諸豪族から献納された神宝を保有することにより、呪術宗教的意味において天皇の列島支配が完結するという旧来の支配観が、新たな成文法による支配、成文法に基づく国家の形成に方針が転換されたことを示している。諸豪族の聖器を石上神宮に所蔵すること、すなわち呪物による支配が廃止され、その祭祀の意義が減少する時期に、物部（石上朝臣）氏がそれに深く関わることに、どのような神祇祭祀的、かつ歴史的意味が存在したのであろうか。

また、ⓒの所伝について、石上朝臣麻呂がどのような理由でそうした所伝を作文しなければならなかったのか明らかでない。一つの氏にのみに都合のよい所伝が編纂期に新しく創作されて、『紀』の記事として採録されることが可能であったか、疑問が大きい。そうした場合に、他の氏から反論や反発が出なかったのだろうか。そうしたことが可能ならば、他の有力氏族らも自氏に有利な所伝を次々と創作して、その採録を求めたのではなかろうか。結果、『紀』は諸々の氏族により都合よく創作された記事の満載で終わったに違いない。

要するに、石上神宮の祭祀に従事したのが物部氏と物部首氏のどちらが本来であったかについて、垂仁天皇紀の所伝からは俄かに決し難いということである。この問題については、後に視点を変えて、蘇我氏と石上神宮の関係から課題解明を試みるが、その前に石上神宮の内実と変遷について、あと少し触れておこう。

神宝の性格からみた石上神宮

石上神宮には、百済国王とその世子から贈与された七支刀や類例の現存しない鉄盾をはじめ、次に掲げる主な収納関連記事から明瞭なように、多くの神宝が収納されていた。石上神宮の祭祀とは、天神庫に収納されたこれらの神宝を祭ることであったが、先に引いた史料と一部重複するが、関連所伝からは神宝が負う歴史と石上神宮に収納された理由を、読み取ることが出来る。

①**佐士布都神**（またの名は甕布都神・布都御魂）**【熊野で悪気に当たり活力を喪失した神武の一行を救った刀】**神武天皇記分註「此の刀は、石上神宮に坐す」。

②**蛇之麁正**【素戔嗚尊が八岐大蛇を切った剣】神代紀第八段一書第二「此は今、石上に在す」。但し、同一書第三には「今吉備の神部の許に在り」とあることから、大和の石上神宮ではなく、備前国赤坂郡の式内社、石上布都之魂神社（岡山県赤磐市石上）と見られる。

③**剣一千口**【川上部・裸伴ともいう。五十瓊敷命が茅渟の菟砥川上宮で作らせた】垂仁天皇紀三十九年十月条「石上神宮に蔵む」。同一云条にも「其の一千口の大刀をば、忍坂邑に蔵む。然して後に、忍坂より移して、石上神宮に蔵む」。

④**八尺瓊勾玉**【丹波国桑田村（京都府亀岡市）の甕襲の犬が山獣の牟士那を咋い殺して得た】垂仁天皇紀八十七年二月辛卯条「是の玉は、今石上神宮に有り」。

⑤**羽太玉・足高玉・鵜鹿鹿赤石玉・日鏡・熊神籬・刀子**【天日槍将来の神宝の献上を命令】垂仁天皇紀八十八年七月戊午条「皆神府に蔵めたまふ」（のち刀子のみ淡路島に移動）。『釈日本紀』巻第十所引「天書第六曰」に「石上神宮に蔵めしむ」。

⑥**諸家の宝物**【子孫に返還】天武天皇紀三年八月庚辰条「忍壁皇子を石上神宮に遣して、膏油を以て神宝を瑩かしむ。即日に、勅して曰はく、『元来諸家の、神府に貯める宝物、今皆其の子孫に還せ』とのたまふ」。

⑦**天皇が納めた器仗・神宝**【石上神宮神宝の移動】『日本後紀』延暦二十三年二月庚戌条「大和国の石上社の器仗を山城国葛野郡に運収す」、同延暦二十四年二月庚戌条「昔来、天皇の其の神宮に御して、便に宿収する所なり」・「歴代の御宇天皇、慇懃の志を以て送納する所の神宝な

り」・「石上神社に兵仗を返納せしむ」」。

⑧**神宝書とカギ**【神祇官が管理】持統天皇紀六年九月丙午条「神祇官、奏して神宝書四巻・鑰九箇・木印一箇を上る」。『延喜式』臨時祭条「石上社の門の鑰一勾・匙二口は、官庫に納めよ」。「正殿幷びに伴・佐伯の二殿の匙各一口は、同じく庫に納めて輙く開くことを得ず」。

いま右史料のすべてに亘って細かく論及する暇はないが、目下の課題に即して少し述べておこう。④の八尺瓊勾玉や⑤の天日槍将来の神宝などから、石上神宮には武器だけが収蔵されていたのではないことが知られる。この点からも、石上神宮が王権の武器庫であったとは言えず、今日まで伝えられる国宝の七支刀や鉄盾も実用品ではなく、外交記念あるいは儀仗用の宝器である。

⑥の天武天皇紀三年（六七四）八月庚辰条は、壬申の乱に勝利した天武天皇が逸早く行なった神祇関係施策として、同年十月乙酉条の大来皇女の伊勢斎宮としての派遣とともに注目されるが、問題は忍壁皇子に石上神宮の神宝を膏油（猪など動物性の脂／『延喜式』兵庫寮、同主殿寮）で磨かせたうえ、それらを元の所有者に返還させたことである。このことから、石上神宮の神宝は本来、それらを保有していた各地域の豪族の権威を保証し、地位を象徴すると観念された聖器・リゲイリア（regalia）の類であったことが理解される。[7] ヤマト王権・天皇は、それを献納させることによって、武力だけでなく、呪術宗教的にも地域支配が完結すると考えたのである。天皇はそれを保有する限りにおいて、献納した豪族らの活殺は自在であると観念された。だからこそ、膏油で磨いて丁重に手入れがなされてきたのである。

⑦の神宝の移動騒動と、⑧の神祇官による石上神宮のカギの管理からは、神宝は歴代の天皇が自ら石上神宮に収めてきた霊的威力に優れた重宝であり、ゆえにカギは神祇官が管理し丁重に扱われて来たことが知られる。⑦と⑧についてはなお後述するが、ここに到れば石上神宮が物部氏の氏神社でないことは、一層明白であろう。

王権による神宝の検校と武器の賜与

ⓐ王権による神宝検校の意味

石上神宮の天神庫には、各地の豪族が服属の証に献納した宝器が収蔵され、物部氏がその祭祀に従っていたのである。左に引く王権による神宝の検校は、右の史料⑤のように、強制的に神宝を徴収する場合が存在したことを示している。服属の強制であるが、その神宝検校伝承に物部氏やその同族が登場することは、神宝の徴収とその後の祭祀が、一連の営為であったことを思わせる。

①崇神天皇紀六十年七月己酉条

出雲氏の祖神、武日照命（たけひなてるのみこと）が天から将来した神宝は出雲大神宮に蔵されていたが、天皇が「見たい」と言ったので、物部氏の同族である矢田部造（やたべのみやつこ）の祖の武諸隅（たけもろすみ）を派遣して献らせた。神宝を掌（つかさど）っていた出雲氏の祖である出雲振根（ふるね）が留守の間に、弟の飯入根（いいいりね）が勝手に朝廷に献上したので、兄は弟を騙（だま）して殺害した。そこで朝廷は、孝霊天皇の子の吉備津彦（きびつひこ）と阿倍（あへ）氏らの祖の武渟河別（たけぬなかわわけ）を派遣して、出雲振根を殺害した。それを恐れた出雲氏らは、暫くの間、大神を祭らなかった。

②垂仁天皇紀二十六年八月庚辰条

出雲国の神宝を検校させたが、明確に報告する者がいなかったので、物部十千根大連を派遣して出雲の神宝を検校させ、それを掌らせた。

②は①の後日譚、もしくは一つの出来事についての異伝であったと思われる。ここからは、王権による出雲氏からの神宝の収奪が、地域社会を大きく混乱させる行為であった様子が読み取れよう。

ヤマト王権が服属の証に豪族らから伝来の宝器を献上させることは、彼らの地位と地域社会の大きな変動でもあった。但しこれが、上から下、中央から地方への一方通行的な力の動きのみに終わったならば、豪族や地域社会の不満は増大するばかりであり、王権の支配体制が安定的に継続することも困難である。体制が安定して継続するためには、王権への反発心を緩和させる働きかけ、すなわち王権から豪族らへの見返りが不可欠であった。しかもそれが、王権内で一定の地位に就いたことの証を、地域社会で目に見える形に示す内容であれば、より効果が大きかったに違いない。

ⓑ王権成員による前方後円墳の築造

ヤマト王権の支配体制は、上・下、中央・地方の、互恵的関係の強いものであったと考えられる。ヤマト王権に限らず、中央の政治権力や武力が相対的に弱体である場合や、王権に呪術宗教的側面の色濃い場合などは、特にこうした傾向が強かったと思われる。ヤマト王権における、地域・豪族との互恵的関係の具体相は、前方後円墳の築造や、王権からの武器の賜与に見て取ることが出来る。

前方後円墳が墓としての機能をこえて、ヤマト王権成立およびその政治的関係の指標であったことは共通の理解であるが、それはこの墳形はヤマト王権に独特のものであり、誰もが自由に築くことが出来たわけではないことを意味している。その築造には、王権から強力な規制が働いていたことは確かであろうが、問題は、その規制がいかなる目的によるものか、政治的あるいは宗教的な意図などの有無である。規模の大小にかかわらずこの墳形が見られることは、単に被葬者の政治的権力や経済力のみで律しきれないものがある。

規模こそ違え、天皇と同じ墳形の古墳を築造するところに意味があったと見なくてはならない。天皇陵と同じ墳形であることの意味は、天皇を中心とする王権を構成する成員であったことの表象にあると考えられる。その点において、基本的にそれは生前に計画、築造される、寿墓であった可能性が高い。

これらのことは、前方後円墳の消滅からも推察できる。これは、墳墓・墳形でもって王権の成員であることを表象する意味が消滅したことを意味する。同時に、王権の構成や紐帯が質的に変化したことも示しているが、その実態は未だ解明されていない。一般には王権ではそれに代わる表象が登場した、すなわち仏教の受容、寺院の建立がその位置を占めるようになったと看做すむきもあろうが、それは以下の理由から当たらない。

㋐天皇陵における前方後円墳築造の最後は、欽明天皇陵であることは間違いない。欽明天皇の死去が五七一年であることも動かない。百済からの仏教公伝は欽明天皇十三年（五五二）であるから、前方後円墳から仏教・寺院へという、王権成員の表象の変遷を想定することは容易である。

㋑しかし、天皇が仏教信仰を受容し、その寺院を建立するのは、欽明天皇の曾孫である舒明天皇の百済大寺であり、六三九年（舒明天皇紀十一年七月条）[8]に建立が始まったことも信じてよい。

㋒欽明天皇の死去から、百済大寺の創建まで、六十八年の開きがある。欽明天皇のあとをうけた敏達天皇は五八五年に亡くなり、崇峻天皇四年（五九一）四月に母の石姫皇女（欽明天皇の大后、宣化天皇の娘）の磯長陵（河内国石川郡／大阪府南河内郡太子町の太子西山古墳に比定／前方後円墳、墳丘長九三メートル）に合葬され、前方後円墳の築造および寺院とも無縁である。前方後円墳の王陵築造は、欽明天皇の代までである。

㋓わが国最初の本格的な伽藍である飛鳥寺（法興寺）の創建は、五八八年（崇峻天皇紀元年是歳条）であるから、欽明天皇の死去から十七年の後である。

㋔推古天皇紀三十二年（六二四）九月条に「是の時に当りて、寺四十六所…有り」とあるように、氏族が前方後円墳の数ほどに寺院を建立していたわけではなく、前方後円墳から寺院へと氏族の権威を示す象徴的構築物が入れ替わったと解することは妥当ではない。

ⓒ王権から豪族への武器の賜与

ヤマト王権の成員になった豪族らは、伝来の聖器を献上するだけでなく、王権からも武器などが賜与された。諸豪族にとって、下賜された器物は王権との関係を地域社会に示威する宝の品であった。

すなわち、武器を介した王権と豪族の関係は、王権が豪族の宝器である武器を徴収する場合と、服属した証に王権から豪族に賜与する場合の、二方向があった。

成務天皇紀五年九月条には、次のようにある。

諸国に令して、国郡に造長を立て、県邑に稲置を置つ。並に盾矛を賜ひて表とす。

ヤマトタケルの兄弟という成務天皇の時に、国・郡・県・邑の地域区画が施行され、造長や稲置などの官人的な職が定められたとは考えられない。成務天皇記に「大国小国の国造、国国の境、大県小県の県主を定めた」とあり、右の所伝に対応するが、国造の任命やその管轄領域の確定が進められるのは、六世紀前半以降のことである。県主や稲置の任命は、それより古い可能性はあるが、成務朝まで遡るという確証はない。王権による武器の下賜は、彼の政治的地位の公認でもあり、地域社会においては権威の象徴として機能した。継体天皇紀二十一年（五二七）八月辛卯朔条に、筑紫君磐井の乱の鎮圧に大将軍として派遣される物部大連麁鹿火が、筑紫より西の軍事・行政権を委ねられて天皇より授けられた斧鉞は、その権限を象徴している。

宮廷における御膳調進を職掌としてきた高橋氏（膳氏）が、延暦八年（七八九）に朝廷に提出した『高橋氏文』逸文（『本朝月令』所引）によれば、「景行天皇が、膳氏の遠祖の磐鹿六獦命に末長く膳職の長として奉仕するよう命じられた際に、若湯坐連の始祖の物部意富売布連が帯していた大刀を与えられた」とあるのも参考になる。

成務天皇紀・記の所伝は時代的な点で信頼性に欠け、磐鹿六獦命の物語も神話的始祖伝承であるが、ある時期に、王権の成員になった豪族が官人的な職に任命される際、盾矛・刀剣などが賜与されたことまで、否定することは出来ないであろう。(9) また、『高橋氏文』逸文では、大刀の下賜に物部氏が関与したとあるのも示唆的である。

少し時代は降るが、天智天皇紀三年（六六四）二月丁亥条には、大化五年（六四九）の冠位十九階を二十六階へ改定することを命じたことに続いて、次のことが記されている。

其の大氏（おほきうぢ）の氏上（このかみ）には大刀（たち）を賜ふ。小氏（ちひさきうぢ）の氏上には小刀（かたな）を賜ふ。其の伴造等の氏上には干楯（たて）・弓矢を賜ふ。

前年の白村江（はくすきのえ）での大敗による王権体制再建策の一つとして、成員である氏族の所属階層の確定と、それに応じた武器の賜与を伝えたものである。支配体制の引き締め策でもあろうが、氏族の階層により下賜される武器の種類に差があったが、それは以前の前方後円墳の規模に照応するのであろう。

ⓓ王権から下賜された刀剣の実例

ヤマト王権は、地域支配政策の一環として、各地の豪族と政治的関係を結ぶ度に、あるいはそれを更新する毎に、刀剣など武器を賜与してきたと考えられる。豪族首長にとって、それは王権との関係を示威する宝器、地域社会における権威の象徴であったが、天皇が交替あるいは豪族首長が死亡すればその効力は喪失し、首長の墳墓に副葬された。つまり、その関係は一代限りであった。

千葉県市原市に在る稲荷台古墳群の稲荷台一号墳は、墳径二七・五メートルで周溝をもつ、五世紀中葉から後半頃の円墳である。墳丘中央部には、木棺直葬の埋葬部が二基あり、鉄製武具や刀剣、鉄鏃、砥石などが副葬されていた。その中央主体部から四分割の状態で検出された鉄剣に施された、次の銀象嵌銘文に注目される。[10]

【表】王賜□□敬（安か）□

【裏】　此廷□□□□

この銘文の内包する問題点は少なくないが、調査報告で指摘された諸点のうち、ここでの論点に関わり注目される事柄を列記しよう。[11]

イ本銘文の主旨は、王が鉄剣を授けたこと、下賜にある。

ロこれは、王の「下賜刀剣」であることを示す、わが国で作成された初めての刀剣銘文である。

ハ王の固有名詞がないが、五世紀中葉に「王」と表記される人物は、畿内の大王をおいて他にない。

ニ年号・干支を欠くことは、本鉄剣がある出来事を記念し、あるいは特別に個人の顕彰を目的とするものではないことを示唆している。下賜対象者を特定していないことは、同文の銘文入りの鉄剣を複数下賜するためであったと推測される。

ホこの被葬者は、武人として畿内王権（ヤマト王権）に奉仕し、その証に鉄剣を下賜された。稲荷台一号墳から「王賜」銀象嵌銘鉄剣が出土したことにより、五世紀代にヤマト王権から各地の豪族に刀剣が下賜されていたことが確かとなった。ただし、これはヤマト王権からの強権的、一方的な働き掛けによるものではなく、武人として王権に奉仕することの代償として「王賜」銀象嵌銘鉄剣[12]

の下賜という、互恵的な動きと捉えるべきである。

また、稲荷台一号墳の被葬者には、前方後円墳の築造が認められなかったことは、王権内での彼の地位を示している。なお、稲荷台一号墳出土「王賜」銘鉄剣と同じものが複数製作された可能性が指摘されているが、垂仁天皇紀三十九年十月条の五十瓊敷命が茅渟の菟砥川上宮で作らせて石上神宮に収められたという剣一千口について、実際の数はともかくそれらが実戦用でなかったとすれば、本来の用途について考える上で参考になろう。

石上神宮の建物と鍵が意味するもの

さて、その後の石上神宮の天神庫の状況は明瞭ではないが、先の史料⑧（二三四頁）の『延喜式』臨時祭条から、平安時代には門が構えられ、正殿（せいでん）・伴殿（ともでん）・佐伯殿（さえきでん）と称された建物の存在したことが知られる。さらに、それらには普段は鍵がかけられていたが、このことからも石上神宮の性格を知ることが出来る。そこで、関連史料の全文を掲げよう。

凡（おおよ）そ石上社の門の鑰（かぎ）一勾（こう）・匙（からかぎ）二口（く）は、官庫（かんのくら）に納めよ。祭に臨（のぞ）み、前（さき）だちて官人・神部（かんべ）・卜部（うらべ）各一人を遣（つか）わして、門を開き掃除して祭に供えよ。自余（じょ）の正殿幷びに伴・佐伯の二殿の匙各一口は、同じく庫に納めて輙（たやす）く開くことを得ず。

朝廷の諸司の蔵庫のカギ（鑰・匙）は原則、天皇の国事行為および後宮の事務を掌る中務省（なかつかさ）の典鑰（かぎのつかさ）（典鎰）が保管・管理し、中務省の監物（けんもつ）を介して使用することになっていた（『延喜式』中務省監物および典鑰条）。石上神宮の門と殿舎のカギは、それとは別に「官庫」、すなわち神祇官のクラに保管する特別な規定であった。ちなみに、同様な規定は、春日（大和国添上郡の名神大社の春日祭神四座／奈良市春日野町の春日大社）・広瀬（大和国広瀬郡の名神大社の広瀬坐和加宇加乃売命神社／奈良県北葛城郡河合町川合）・龍田（大和国平群郡の名神大社の龍田坐天御柱国御柱神社／奈良県生駒郡三郷町立野）各社の庫においても見られる。広瀬坐和加宇加乃売命神社は耕作に必要な水の潤沢を願う大忌祭、龍田坐天御柱国御柱神社は風害の防除を祈る風神祭を天武天皇四年（六七五）以来、四月と七月に執り行なう王権に特別な神社であり、春日大社の祭祀も藤原氏の氏神をこえて官祭とされた。[13] 天武天皇紀十年（六八一）正月壬申（二日）条には、諸神祇に幣帛を頒布し、同己丑（一九日）条では畿内及び諸国に天社地社の神宮の修理（新造）を命じているのも、令制的神祇体制の整備であろう。

石上神宮の氏族を超えた性格はこれからも知られるが、その門・正殿・伴殿・佐伯殿のカギは神祇官が庫に保管し、祭祀の際にのみ、神祇官の役人と神部（祭祀の実務に従事）・卜部（祭祀の際の卜占に従事）各一人を派遣、門のカギ（三箇）をあけて境内を掃除し、祭祀に備えた。さらに、正殿・伴殿・佐伯殿のカギは、容易に開いてはいけないという厳しい規定であった。

石上神宮の国家的性格は明瞭であるが、さらに有力な軍事的氏族の大伴氏（八二三年以降は伴氏）と佐伯氏の氏名を冠した伴・佐伯二殿の存在も、そのことを補強する。ただし、この『延喜式』臨時祭条に見える石上神宮の門・正殿・伴殿・佐伯殿などの建造物の存在、およびそのカギの規定などは、後述する延暦二十三年（八〇四）から翌年にかけての神宝の移動騒動後の状況であり、とくに伴殿・

佐伯殿はその際の新造である可能性が高く、すべてをその時以前に遡らせることは出来ないと考えられる。それでもなお、石上神宮の在地性が強くなるこの時期において、門・正殿・伴殿・佐伯殿の開閉と収蔵物が引き続き神祇官の厳重な管理下にあり、神主と雖も容易く開封出来るものではなかったことは、石上神宮の重要性を語るに十分である。

古代王権の変質

石上神宮に収蔵される神宝は、諸地域の豪族から服属の証に王権・天皇に献納されたものであり、本来は地域における彼らの権威を象徴する、霊威の満ちた聖器であった。天皇がそれらを所有している限り、諸豪族を呪術宗教的観点から永続的に支配することが可能であると信じられたのである。ゆえにそれは、丁寧に祭らなければならなかったのであり、王権の執政官である物部氏がその祭祀を専掌したのである。

しかし、壬申の乱を実力で勝ち抜いた天武天皇には、かつて自らの神宝を献納した諸豪族間との、力の差は歴然であった。さらに、律令（後の飛鳥浄御原令）の編纂が開始され、成文法に基づいた国家形成が目指されると、慣習法下の呪術宗教的な統治理念に基づき、諸豪族の聖器を保有することで領域支配が貫徹することの意味が希薄となり、その呪宝が旧主に返却されたのである（二三三頁史料⑥）。

このことは、諸豪族が服属の証に差し出した神宝を保有することで、王権領域内の統一と支配が完結すると観念された時代が幕を閉じたことを明示している。成文法に基づく支配の実現を目指した天武天皇政権は、呪術宗教的段階を脱したと位置づけられる。この時期に天孫降臨の神話を創作して、王位継承の正当性を補強したという通説が、時代にそぐわないものであること明瞭であろう。

石上神宮の神宝が旧主の豪族へ返還が命じられる天武天皇三年には、天皇の領域統治を呪術宗教的に保証すると観念された石上神宮の神宝祭祀に代わる、王権の新たな神祇祭祀（祈年祭・大忌祭・風神祭など）が準備されつつあったのである。ひるがえって言えば、壬申の乱以前の王権や天皇は、呪術宗教的要素の色濃い存在であったということである。こうした王権の変質は、石上神宮自身にも大きな影響を及ぼしたに違いないが、それは後に触れよう。

ちなみに、膏でその神宝を磨き返還することの責任者が忍壁（忍坂部）皇子であったことは、垂仁天皇紀三十九年十月一云条の十箇品部のなかに「神刑部」があり、製作した大刀一千口が忍坂邑に収蔵された後、石上神宮に移されていることなどと無関係ではなかろう。石上神宮の神宝に向き合う人物として、忍坂に縁りの人物がふさわしいとする伝統的観念が影響したのではないかとも憶測される。

また、先の史料⑧の、持統天皇紀六年九月条の具体的内容は詳らかでないが、石上神宮の神宝や天神庫の管理に関わることではないかと推察される。これを、史料⑥天武天皇紀三年八月庚辰条の諸家神宝の子孫への返却と合わせて考えるならば、神宝の旧所有者に関する記録が存在したことは確かであり、「神宝書四巻」はその記録ではなかったかと考えられる。とするならば、史料⑧の「鑰九箇・木印一箇」も石上神宮のものであった可能性が高い。それらが神祇官から天皇に差し出されたということは、石上神宮のクラが天皇の命令によって開閉される、勅封のクラになったことを意味する。

収蔵された神宝は石上神宮の本質であったが、かつて諸豪族が献納した聖器を返却した後に、その管理がより厳しくなったということであり、それは旧主が不明になるなどで返却しきれなかった器仗が、なお大量に収蔵されていたからであろう。あるいは、返却の際に一部の器仗が不法に持ち出されることがあり、それを防ぐためであったとも考えられるが、その後『延喜式』編纂までの間に神祇官の管理に戻されたとみられる。そのことと、神宝移動騒動の関連はなかったのであろうか。

石上神宮の神宝移動騒動

石上神宮がヤマト王権と天皇にとって特別なものであり、『日本後紀』延暦二十四年（八〇五）二月庚戌条の要点を引いた先の史料⑦（二三三頁）からも理解される。これは、ちょうど一年前の延暦二十三年二月庚戌に「大和国の石上社の器仗を山城国葛野郡に運収」したことの後日譚であるが、石上神宮の本質を考察する上で不可欠の史料であるから、やや長いが主要部分を引用する。

> 造石上神宮使正五位下石川朝臣吉備人等、功程を支度して、単功一十五万七千余人を申上し、太政官奏す。勅して曰わく、「此の神宮の他社に異る所以は何ぞ」と。或る臣奏して云う、「多く兵仗を収むる故なり」と。勅すらく、「何の因縁有りてか、収むる所の兵器ある」と。答え奉りて云う、「昔来、天皇の其の神宮に御して、便に宿収する所なり。都を去ること差や遠くして、非常を慎む可し。伏して請うらくは、卜食して運び遷さんことを」と。是の時、文章生従八位上布留宿禰高庭、即ち解を脩して官に申して云う、「神戸百姓等の款を得るに称わ

く、『比来、大神頻りに鳴鏑を放ち、村邑咸く怪む。何の祥なるかを知らず』者。未だ幾時を経ずして、神宝を運び遷す。望み請うらくは、此の状を奏聞して、停止に従うを蒙らんことを」と。官即ち執奏す。報宣を被るに称わく、「卜筮吉に合う。妨言す可からず」と。所司咸く来たりて、神宝を監運し、山城国葛野郡に収め訖りぬ。故無くして倉仆れ、更に兵庫に収む。既にして聖体不予なり。典闈建部千継、春日祭使に充てらる。平城の松井坊に新神有りて、女巫に託すと聞く。便ち過りて請問するに、女巫云う、「今問う所は、是凡人の事にあらず。宜しく其の主を聞くべし。然らざれば、問う所を告げず」と。仍りて聖体不予の状を述ぶ。即ち託語して云う、「歴代の御宇天皇、慇懃の志を以て送納する所の神宝なり。今吾が庭を践穢して、運び収むること当らず。所以に天下の諸神に唱え、諱を勒して天帝に贈るのみ」と。登時京に入りて密奏す。即ち神祇官幷びに所司等に詔して、二幄を神宮に立て、御飯を銀笥に盛りて、御衣一襲を副え、並びに神輿に納む。典闈千継を差して使に充て、彼の女巫を召して、御魂を鎮めしむ。女巫通宵忿怒し、託語すること前の如し。遅明にして乃ち和解す。勅有りて、御年の数に准じて、宿徳の僧六十九人を屈して、石上神社に読経せしむ。詔して曰はく、「天皇が御命に坐せ、石上の大神に申し給わく、大神の宮に収め有りし器仗を、京都遠く成りぬるに依りて、近処に治めしめんと為てなも、去年此に運び収め有る。然るに比来之間、御体常の如く御坐さず有るに、大御夢に覚し坐すに依りて、大神の願い坐しし任に、本の社に返し収めてし。驚くこと無く、咎むること無く、平けく安けく御坐す可しとなも念し食す。…中略… 辞別きて申し給はく、神ながらも皇御孫の御命を、堅磐に常磐に、護り奉り幸え奉り給えと、称辞定め奉らくと申す」と。典薬頭従五位上中臣朝臣道成等を遣して石上神社に兵仗を返納せしむ。

記事は、一旦は平安京に近い山背国葛野郡内に運収された石上神宮の器仗が、再び元の大和国山辺郡の地に戻されたことの事情を述べたものである。しかし、それだけでなく、器仗が石上神宮に収蔵された歴史的状況をはじめ、その変遷や祭祀を担った氏族などのついても知ることが出来る、貴重な史料である。紙幅の都合もあるから、現代語訳および全体についての論及は控えるが、注目するべき要点を列記しよう。

①石上神宮に収蔵する器仗・神宝は、歴代の天皇が慇懃の志をもって収めて来たものである。

②平安京に遷都した桓武天皇は、石上神宮と宮都が離れて天皇との関係が疎遠になるという進言を入れ、造石上神宮使正五位下石川朝臣吉備人を責任者として、器仗・神宝を山城国葛野郡に運ばせて倉に収納した。

③その際に、文章生従八位上布留宿禰高庭が、「大神（布都御魂）がしきりに鳴鏑（鏑矢）を放つという神異が発生し、村々では不安が広がっている」という神戸[14]らからの文書（款）が届いていると太政官に文書（解）を提出し、神宝移動の停止を求めた。しかし天皇は、占いの結果も吉と出ているので妨害してはならないと命じて、葛野郡に運ばせた。

④ところが、その倉が倒壊し、重ねて桓武天皇が不予になった。宮城門のカギの保管・出納を扱う、後宮の闈司の次官である典闈の建部千継が、春日祭使として赴いた際、平城京松井坊の女巫に新

神が憑依し、天皇不予は「歴代の御宇天皇、慇懃の志を以て送納する所の神宝」を移動させたことによる石上神宮の大神の祟りである、と託宣した。

⑤そこで、神宮に祭場を設えて供物を盛り、建部千継を派遣して女巫を呼んで夜通しで布都御魂の怒りを鎮めさせたところ、明け方になって漸く穏やかになった。その後、徳のある僧侶六十九人の読経などを経て、器仗・神宝を大和国の石上神宮に戻させたが、その際に天皇は石上大神へ、「驚くこと無く、咎むること無く、平けく安けく御坐す可しとなも念し食す。…中略…辞別きて申し給はく、神ながらも皇御孫の御命を、堅磐に常磐に、護り奉り幸え奉り給えと、称辞定め奉らくと申す」と、お詫びとお願を詔した。

まず、国家経費を用いて石上神宮の神宝を運ばせ、それを納めるクラや石上神宮の修築を行なっていることは、石上神宮とその神宝の性格を示して余りある。決して一氏族だけの、私的なものではなかったことは明白である。桓武天皇が石上神宮の器仗・神宝を山城国葛野郡に遷す理由として述べた、「非常を慎む可し」について、「不測の事態に備えるため（器仗は実戦用の武器）」と解するむきもあろう。(15)しかし、宮都が大和から離れて二十年も経過してから、実戦用の武器を新たな宮都近くに移動するというのも、大いに不審である。実戦用の武器ならば、宮都の移動とともに既に行なわれていなければ意味がない。これは、石上神宮の器仗が実戦用の武器でなかったことを示すものであり、その意味は、「都を去ること」で天皇と石上神宮の関係が「差や遠く」なり、「非常」＝これまでとは異なる状況になったことを、「慎む可し」＝畏れるべきであると、解される。すなわち、天皇と石上神宮の関係が疎遠になることを畏れる、ということである。

このことから、石上神宮の神宝は常に天皇とともにあらねばならない、という石上神宮の本質にかかわる観念を読み取ることが出来る。

次に神宝が元に戻された問題であるが、布留宿禰高庭が石上神宮の神戸[16]らの先頭に立って石上神宮の器仗・神宝の山城国葛野郡への運収に反対してきたが、占いの結果も吉と出ているとして強行されたのである。

ところが、神宝を収めた葛野郡の倉が理由なく倒れたので兵庫に遷し、重ねて桓武天皇が病気に罹るなどの異変が生起した。典闈の建部千継が春日祭使として赴いた際に、平城京の松井坊の新神が女巫に依り付いて、神宝を移動させたことに対する石上大神・布都御魂の怒り、祟りであるとの託宣した、という話を持ち出して布留宿禰高庭側が巻き返したということである。布留宿禰高庭を中心にして、典闈の建部千継・平城京の女巫・石上神宮の神戸らが協力している状況が読み取れるが、問題は布留宿禰高庭がそこまでして神宝の移動に強く反対した理由である。

そもそも、布留宿禰の旧姓は物部首であり、物部氏ともども石上神宮の祭祀に従事してきた氏である。その具体的な状況は次章で述べるが、この時期には、すでに物部氏（石上朝臣氏）が石上神宮の祭祀から遠ざかっていたことは、この騒動に一切登場しないことからも窺われよう。それを担っていたのは布留宿禰（物部首）氏と目されるが、石上神宮から神宝が運び移されてしまえば、その存立意義が喪失してしまうことを彼らは十分に理解していたのである。これを山城国への遷都に対する大和国の人々の不満が原因と解するむきもあるが、[17] 宮都が大和国を離れて二十年も経過しているから、それは考えられない。

布留宿禰氏が、様々な手段を講じて神宝の山城国葛野郡への運収に反対したのは、それが石上神宮を衰退させるだけでなく、彼らの地域基盤の崩壊、権威基盤の喪失につながると、恐れたからであろう。最終的に神宝は大和の石上神宮に返納されるが、これにより石上神宮と天皇の伝統的な結び付きが希薄になるとともに、大和国山辺郡の地域社会に基盤を置く神社に変貌していった。

この石上神宮の神宝移動には、延べ十五万七千余人の労働者が計上されている。これを葛野郡に新たな石上神宮を築造する、[18] あるいは大和の石上神宮造替のためのものと見るむきもあるが、[19] それのみでは多過ぎると思われる。やはり、大和国山辺郡と山城国葛野郡の神宝の往還と、葛野郡と石上神宮のクラの修造に充てられる、全労働者数を含んでいると見るべきであろう。

いずれにしても、遷都にともなう神宝移動騒動は、時の石上神宮と祭祀を担っていた集団に大きな衝撃を与えたことは確かである。また、石上神宮は、これにより王権・天皇との関係の疎遠化が進行したのに反して、在地に根差した神社としての性格はより濃くなったと思われる。しかしながら、これから一世紀余りのちの『延喜式』においても、なお門や社殿のカギが神祇官の管理下にあったことは、石上神宮の特別な性格を示して余りあろう。

註

（1）『国史大辞典』第一巻、六〇〇頁、吉川弘文館、一九七九年。
置田雅昭「禁足地の成立」『大神と石上』筑摩書房、一九八八年。

吉井敏幸「石上神宮と布留郷」『山辺の歴史と文化』奈良新聞社、二〇〇六年。

黒板伸夫・森田悌編『訳注日本史料日本後紀』補注一一七八頁、集英社、二〇〇三年など。

但し、岡田精司『神社の古代史』大阪書籍、一九八五年、は、氏神社ではないとする。

（2）弓場紀知「三輪と石上の祭祀遺跡」『古代を考える　山辺の道』吉川弘文館、一九九九年。

（3）横田健一「物部氏祖先伝承の一考察」『日本古代神話と氏族伝承』塙書房、一九八二年。

（4）津田左右吉『日本上代史の研究』一三九頁以下、岩波書店、一九四七年。

（5）横田健一、註（3）。

（6）篠川賢『物部氏の研究』雄山閣、二〇〇九年。

（7）野田嶺志「物部氏に関する基礎的考察」『史林』五一－二、一九六八年。
松前健「石上神宮の祭神とその祭祀伝承の変遷」『国立歴史民俗博物館研究報告』七、一九八五年。

同『大和国家と神話伝承』雄山閣、一九八六年。

亀井輝一郎「祭祀服属儀礼と物部連」直木孝次郎先生古稀記念会編『古代史論集』上、塙書房、一九八八年。

土橋寛『日本語に探る古代信仰―フェティシズムから神道まで―』中央公論社、一九九〇年。

松倉文比古「石上社の神宝管治と物部連・物部首氏」『『日本書紀』の天皇像と神祇伝承』雄山閣、二〇〇九年。

篠川賢、註（6）。

（8）百済大寺を奈良県桜井市の吉備池廃寺にあてる説が強いが、その妥当性は低い。

平林章仁『七世紀の古代史』白水社、二〇〇〇年。

奈良文化財研究所『吉備池廃寺発掘調査報告―百済大寺の調査』二〇〇三年。

（9）石母田正氏は、成務天皇紀の所伝は五世紀末から六世紀段階の国造制の成立に伴うもの、天智天皇紀の記事はその遺制で、祭祀儀礼的な服属と貢納の形式がともなったことを示しているとする。ただし、国造制の成立は五世紀には遡らないと考えられる。
石母田正『日本の古代国家』三六四頁、岩波書店、一九七一年。

（10）市原市教育委員会・財団法人市原市文化財センター『「王賜」鉄剣銘概報　千葉県市原市稲荷台1号墳出土』吉川弘文館、一九八八年。
前之園亮一『「王賜」銘鉄剣と五世紀の日本』岩田書院、二〇一三年。

（11）平川南「銘文の解読と意義」、註（10）。

（12）倭国王からの刀剣の下賜を、全国的な政治的統属関係の形成と看做す考えも存在する。
川口勝康「瑞刃刀と大王号の成立」井上光貞博士還暦記念会編『古代史論叢』上、吉川弘文館、一九七八年。同「大王の出現」『日本の社会史』3、岩波書店、一九八七年。同「刀剣の賜与とその銘文」『岩波講座日本通史』2、岩波書店、一九九三年。

しかし本文でも述べたように、それは互恵的な動きの一端であり、それが統治権をヤマト王権に収斂させた原動力であったと考えられる。なお川口氏説には佐藤長門氏の異論があり、ここでは深入りしないが、基本的にはその川口氏説批判に妥当性があると考えられる。

佐藤長門「有銘刀剣の下賜・顕彰」『文字と古代日本』1、吉川弘文館、二〇〇四年。

（13）上田正昭編『春日明神』筑摩書房、一九八七年。

（14）『新抄格勅符抄』によれば、大同元年（八〇六）の石上神宮の神封は大和二十戸・備後十戸・信乃五十戸、合計八十戸とあるが、この場合は大和の神戸らであろう。

(15)黒板伸夫・森田悌編『訳注日本史料日本後紀』補注一一七九頁、註(1)。森田悌『日本後紀』上、三四五頁、講談社、二〇〇六年。

(16)神社の経済的基盤であり、下級神職も務めた。

(17)熊谷保孝「桓武天皇朝の神祇」『律令国家と神祇』第一書房、一九八二年。なお、この神宝移動騒動を契機に『先代旧事本紀』が編纂されたと説くむきもある。工藤浩『氏族伝承と律令祭儀の研究』新典社、二〇〇七年。しかし、右は物部連(石上朝臣)氏と春日和珥氏系物部首(布留宿禰)氏を一纏めに解するなど、古代氏族の実態を無視した説であり、到底従えない。そもそも神宝移動騒動には物部連(石上朝臣)氏は登場せず、『先代旧事本紀』には春日和珥氏系物部首(布留宿禰)氏が登場しないことを、如何に説明するのか。

(18)藤井稔「石上神宮から石上神社へ」祭祀史料研究会編『祭祀研究と日本文化』塙書房、二〇一六年。

(19)笹川尚紀「石上神宮をめぐる諸問題」『日本書紀成立史攷』塙書房、二〇一六年。

第九章　石上神宮の祭祀と物部氏と蘇我氏

蘇我馬子の物部氏出身の妻と石上神宮

石上神宮の本質と変遷の概要が明らかになったので、さきの課題に立ち戻り、石上神宮の祭祀における物部氏と物部首氏の関係の解明を進めることにする。

石上神宮は、その内実と王権における重要性において、天武朝と桓武朝に大きな画期の存在したことが、これまでの考察によって明らかとなった。それと同じく、物部守屋大連の滅亡（五八七年）から乙巳の変（六四五年）の間においても、その祭祀を担った氏・人物について大きな変化のあったことが、関連史料から読み取ることが出来る。

それはまず、次に引く皇極天皇紀二年（六四三）十月壬子条である。

蘇我大臣蝦夷、病に縁りて朝らず。私に紫冠を子入鹿に授けて、大臣の位に擬ふ。復其の弟を呼びて、物部大臣と曰ふ。大臣の祖母は、物部弓削大連の妹なり。故母が財に因りて、威を世に取れり。

【蘇我大臣蝦夷は病気を理由に、朝廷に出仕しなかった。私的に大臣の冠である紫冠を子の入鹿に授けて、大臣に擬えた。また、入鹿の弟を物部大臣と称した。それは物部大臣の祖母（蘇我馬子の妻、蝦夷の母）が、物部弓削守屋大連の妹であることによる。彼らは、母系の財力により、世間に勢威を示したのである。】

乙巳の変の直前に配置されたこの記事は、一般には冠位の授与・大臣の任命という天皇大権を侵犯した擅断な振る舞いとされ、蘇我氏本宗が滅ぼされることの説明と位置づけられてきた。反対に、そうした内容が事実の伝えとは考え難いとして疑問視する立場もあるが、[1] ここでの問題はここに見える「物部大臣」の歴史的評価であり、先ず内容の真偽から見て行こう。

まず、蘇我馬子が物部守屋の妹を妻としていたことは、蘇我馬子が物部守屋を易々と滅ぼしたことに関わり、崇峻天皇即位前紀が次のように伝えていることから、事実と見てよい。

時の人、相謂りて曰はく、「蘇我大臣の妻は、是物部守屋大連の妹なり。大臣、妄に妻の計を用ゐて、大連を殺せり」といふ。

【「蘇我馬子は、妻である物部守屋大連の妹の計略を採用して守屋を滅ぼした」と人々は語りあった。】

妻の計略云々は確かめようがないが、蘇我馬子が物部守屋の妹を妻とし、蝦夷をもうけたことは間違いない。それはまた、奈良時代末から平安時代初め頃に紀氏の氏族誌として纏められた『紀氏家牒』[2]逸文の、次に引用する一文からも、傍証される。

馬子宿祢の男、蝦夷宿祢が家、葛城県豊浦里にあり。故に名づけて豊浦大臣と曰ふ。亦、家に兵器を多く貯へ、俗に武蔵大臣と云ふ。母は物部守屋大連〈亦、弓削大連と曰ふ〉の妹、名を太媛と云ふ。守屋大連の家亡びて後、太媛、石上神宮の斎神の頭と為る。是に於て、蝦夷大臣、物部族神主家等を以て僕と為し、物部首と謂ひ、亦神主首と云ふ。

【蘇我蝦夷の家は葛城県豊浦里にあったので、豊浦大臣と称した。家に兵器を多く貯えていたので、俗に武蔵大臣とも称された。母は物部守屋大連の妹で名を太媛と言い、守屋大連家が滅んで後に、太媛は石上神宮の斎神の頭についた。それで、蝦夷大臣は物部族の神主家等を僕（従者）となし、物部首、また神主首と称した。】

ただし、蘇我蝦夷のまたの名を「武蔵大臣」と伝えることに、若干の問題がある。それは、次のように、蝦夷とは別にあと一人蘇我氏でムサシ（ムザシ）の別名を有する人物が存在することである。

・皇極天皇紀三年正月乙亥朔条分註：蘇我倉山田石川麻呂の族の「身狭臣」。
・孝徳天皇紀大化五年（六四九）三月戊辰条：「蘇我臣日向〈日向、字は身刺〉」。
・聖徳太子の伝記『上宮聖徳法王帝説』裏書：「曾我日向子臣、字無耶志臣」。
・藤原鎌足・武智麻呂の伝記『藤氏家伝』鎌足伝：中大兄皇子が蘇我倉山田石川麻呂の娘に求婚する行に、「其の弟武蔵、女を挑へて将て去りき」。

すなわち、蘇我氏でムサシの別名を有する周知の人物は、大化の右大臣蘇我倉山田石川麻呂の弟の日向＝身刺（身狭臣／無耶志臣／武蔵）である。『紀氏家牒』逸文にいう「武蔵大臣」が蘇我蝦夷ならば、蘇我日向との混同など、信憑性が問われることになる。要するに、ムサシなる字（別名）の人物は蘇我氏では一人だけで『紀氏家牒』逸文には混乱があるのか、それとも両者ともにムサシの字を用いていたのか、ということである。

蝦夷を武蔵大臣と記す例が他にないことからすれば、『紀氏家牒』逸文は蘇我日向と蝦夷を混同したとも受け取られるが、葛城県豊浦里の蝦夷の家に関わり、十六世紀には葛城に豊浦の地名（葛上郡高宮郷豊浦／奈良県御所市伏見）が存在し、それが鎌倉時代まで遡ることからすれば、(3)『紀氏家牒』逸文の所伝が強ち間違いとも言えない。おそらく、蘇我馬子の子の雄当(おまさ)から孫の倉山田石川麻呂に「クラ」の名辞が継承されたのと同様に、蘇我蝦夷の字の「ムサシ」を甥の日向が継承することも想定可能であろう。そうならば、『紀氏家牒』逸文の所伝も、矛盾なく理解できる。

要するに、物部守屋の妹の太媛が蘇我馬子の妻となったことは事実と見られるが、次なる課題は、太媛と馬子の間の孫である「物部大臣」の歴史的評価と、守屋大連が滅んだ後に太媛が「石上神宮の斎神の頭」になると同時に物部首氏が成立したことの、事実関係の見極めと歴史的位置づけである。

『先代旧事本紀』の伝える石上神宮の祭祀

石上神宮の祭祀について考察するには、『先代旧事本紀』の所伝にも目を通しておく必要がある。『先代旧事本紀』の史料の性格と問題点については最初に記したが、その「天孫本紀」には、物部氏が石上神宮の祭祀に従事した記事が多く載せられている。それは物部氏のある人物が「奉斎神宮（大神）」という類型化された記事であるが、多くは事実関係を確かめることは出来ない。したがって、そのすべてを引用することはあまり意味がなく、煩瑣でもあるので、関連記事全体の特色と傾向を抽出、列記して、物部氏による石上神宮の祭祀についての主張を明らかにし、その関連を探ってみよう。

①『先代旧事本紀』中の物部氏による「奉斎神宮（大神）」は、神武朝の宇摩志麻治命から天武朝の物部雄君連公まで、全部で四十一例を数える。

②四十一例中の二例は、女性である。これはきわめて特別な事例であるから、のちに関連記事を引用し、詳しく述べよう。

③九例目（任命順）である開化朝の大綜杵命までは「奉斎大神」とあり、十例目の伊香色雄命が、崇神天皇の詔により「建布都大神社を大倭国山辺郡石上邑に遷」したとある以降は、すべて「奉斎神宮」と記される。

④十一例目の垂仁朝の大新河命から、「奉斎神宮」の前に大連に任命される「為大連奉斎神宮」という表記になるが、この型の記事は全部で二十五例あり、最も多い。この記事の最後は、四十例目である天智朝の物部多都彦連公である。

⑤「為大連」と「奉斎神宮」は対応関係にあるが、「奉斎大神」の場合に大連任命は皆無である。その場合の前提は、食国の政を申す大夫（三例）・侍臣（一例）・大臣（四例）・宿禰（二例）などへの任命である。

ただし、垂仁朝の大新河命以降でも、十四例目の成務朝の物部膽咋は宿禰、十八例目の仁徳朝の物部大別連公は侍臣へ任命など、例外もある。

⑥三十九例目の孝徳朝の物部馬古連公が「大華上氏印大刀」を授かり食封千烟を賜わったこと、四十一例目の天武朝の物部雄君連公は「氏上内大紫冠位」を授かったことを、「奉斎神宮」の前提とする。

⑦天武朝の物部雄君連公が「奉斎神宮」記事の最後であり、次の物部連公麻侶については天武天皇十三年（六八四）の八色の姓による改姓で「物部朝臣」、さらに天武朝に「石上朝臣」に改められたと記すのみで、石上神宮の祭祀との関連は何も伝えない。『紀』でも、天武天皇十年十二月癸巳までは「物部連麻呂」、朱鳥元年（六八六）九月乙丑から「石上朝臣」とあり、整合する。

○

以上の記載内容に、若干の私見を述べよう。

・①からは、石上神宮の祭祀を担ってきたのは物部氏である、という強い主張が窺われる。③の崇神朝における石上神宮の遷祀は定かでないが、それ以前を「奉斎大神」と記すのは当然である。

・④及び⑤からは、石上神宮の祭祀職は、大連任命と対応しているという歴史意識を読み取ることが出来る。『先代旧事本紀』の大連任命記事が、石上神宮の遷祀以降に現われるのは、それに応じたことである。

・⑦は、物部氏が「物部」の氏名を「石上」に改めたことと、石上神宮の祭祀に従事しなくなったことが、相関することを示唆している。すなわち、物部氏が「物部」の氏名を改めたことは、石上神宮の祭祀から離れたことと、一体的な動きであったと推考される。

石上神宮の女性の神官

太媛が「石上神宮の斎神の頭」に任じられたという問題については、右に触れた『先代旧事本紀』「天孫本紀」の、物部氏の女性による「奉斎神宮」という二つの所伝が参考になる。それは、十四世孫の物部大市御狩連公条（イ）と十五世孫の物部大人連公条（ロ）に、次のように記されている。

[イ]弟物部守屋大連公、弓削大連と曰ふ。
　此連公は、池辺双槻宮御宇天皇の御世に、大連になり神宮を斎ひ奉る。……（中略）……

妹物部連公布都姫夫人、字は御井夫人、亦は石上夫人と云ふ。

　此夫人、倉梯宮御宇天皇の御世に、立ちて夫人となり、亦朝政に参て神宮を斎ひ奉る。

弟物部石上贄古連公。

　此連公は、異母妹御井夫人を妻として四児を生めり。小治田豊浦宮御宇天皇の御世に、大連になり神宮を斎ひ奉る。
[ロ]妹物部鎌姫大刀自連公。
　此連公は、小治田豊浦宮御宇天皇の御世に、参政して神宮を斎ひ奉る。宗我嶋大臣の妻となり、豊浦大臣を生む。名づけて入鹿連公と曰ふ。

[イ]【物部守屋が池辺双槻宮御宇天皇（用明天皇）の御世に大連になり石上神宮を奉斎した。守屋の妹の物部連公布都姫（御井夫人／石上夫人）は倉梯宮御宇天皇（崇峻天皇）の夫人になり、朝政に参与して石上

神宮を奉斎した。さらに、守屋の弟の物部石上贄古連は、（崇峻天皇が殺害された後か）御井夫人（布都姫）を妻として四児をもうけ、小治田豊浦宮御宇天皇（推古天皇）の御世に大連となり石上神宮を奉斎した。】

ロ【物部鎌姫大刀自連公（物部石上贄古連の娘／母は御井夫人か）が、推古朝に朝政に参与して石上神宮を奉斎し、宗我嶋大臣（蘇我馬子）の妻となって豊浦大臣を生み入鹿連公と名付けた。】

ここでも史料の信憑性に関わる記述が見られるが、それは順次触れるとして、まずは「奉斎神宮」したという物部氏の二人の女性である。イに見える物部守屋の妹の物部連公布都姫（三十五例目）は、さきの『紀氏家牒』逸文にいう太媛と同一人物と見られるが、ここで彼女は蘇我馬子の妻ではなく、崇峻天皇の夫人になったとある。天皇のキサキとその役所について定めた後宮職員令によれば、「夫人」は皇后・妃につぐ地位にあるキサキの称である。物部氏出身の女性の入内は珍しいが、安閑天皇紀元年（五三四）三月戊子条には、物部木蓮子大連の娘宅媛の入内を伝えるように、皆無ではない。

ロでは、さらに『紀』や『紀氏家牒』逸文との不整合、矛盾点が見られ、そのままでは信じ難い点がある。例えば、崇峻天皇が殺害されて後に誕生したと見られる物部鎌姫大刀自連（三十七例目）(4)が、宗我嶋大臣（蘇我馬子）の妻となって蝦夷を産むのは、世代的に少し無理が感じられる。また、宗我嶋大臣の子の豊浦大臣（蝦夷）の名を入鹿と記すのも、誤謬であろう。物部氏の女性が用明天皇や崇峻天皇のキサキになったというのも、『記』・『紀』には見られない孤立した所伝である。これらの点を差し引いても、『先代旧事本紀』に物部氏の女性が石上神宮を奉斎したとあることは、皇極天皇紀二年十月壬子条の「物部大臣」および『紀氏家牒』逸文に「太媛、石上神宮の斎神の頭と為る」とある所伝の理解と関わり、見過ごしにできない大きな問題を含んでいる。

とくに『先代旧事本紀』は、彼女たちについて「参朝政奉斎神宮」・「為参政奉斎神宮」と、朝政への参与を前提とした記述をしている。これは、男性についての「為大連奉斎神宮」という、大連への任命を前提とした記述と対照的である。このことは、『先代旧事本紀』の筆録者、ないしは物部氏において、それぞれ男・女が石上神宮の祭祀を担う場合の前提条件が強く意識されていたことを示しており、彼女らも蘇我馬子の妻あるいは天皇のキサキであったことを以て、無条件に「奉斎神宮」と記されているわけではないことを物語る。

要するに、天皇への入内も含めて確定し難い部分もあるが、『先代旧事本紀』が物部守屋の近親女性が天皇のキサキや馬子の妻となり、かつ物部守屋の滅亡後に彼女らが石上神宮の祭祀に従事したと伝えていることは、軽視できない。

女性神官から物部大臣へ

ここでの課題は、蘇我馬子の妻となった物部守屋の妹太媛が「石上神宮斎神之頭」についた、あるいは物部守屋の妹布都姫や、彼の弟物部石上贄古連の娘の鎌姫大刀自らが、「奉斎神宮」したと伝えられることの歴史的な評価である。

まず問題は、彼女らが石上神宮の祭祀に従事したのは物部氏としての立場によるか、それとも天皇のキサキあるいは蘇我馬子大臣の妻としての立場においてか、ということである。もちろん、それは彼女らの独断ではなく、そのことを指示したであろう人物の存在も想定される。その際に留意すべきは、太媛が「石上神宮斎神之頭」についたのは「守屋大連家亡之後」、布都姫の「参朝政奉斎神宮」は崇峻朝もしくは崇峻天皇が殺害されて後、鎌姫大刀自の「参政奉斎神宮」は推古朝と伝えられることである。

すなわち、そのいずれもが物部守屋大連の滅亡後、蘇我馬子の大臣在任時ということでは共通している。蘇我馬子は「大臣、妄に妻の計を用るて」物部守屋に勝利したと伝えられることから、二者択一的な解釈は控えるべきであろう。そこには、彼女たちが物部氏の出身であるということとともに、蘇我馬子大臣の意向が、大きく作用していたのではないかと推考される。

大連就任者が石上神宮の祭祀を担うのが常であった物部氏において、女性の石上神宮奉斎は異常事態と言える。守屋大連が滅ぼされて後、物部氏本宗が逼塞を余儀なくされていた期間、石上神宮の奉斎に関わる物部氏の発言力が王権内で低下したことは否めない。その際、馬子大臣の意を受けて、物部氏出身で王家や蘇我氏に縁りの女性が、石上神宮の祭祀を担っていたものと推察される。これは石上神宮の祭祀では異常なことであり、そのことが『紀氏家牒』逸文や『先代旧事本紀』に、右のような断片的所伝として残されたのであろう。その際、垂仁天皇紀八十七年十月条の、大中姫命（おおなかつひめ）による石上神宮の天神庫に収める神宝管治の伝承が、先駆と意識されたとも考えられる。

次に皇極天皇紀二年十月壬子条の、「物部大臣」の問題である。『先代旧事本紀』が物部氏の石上神宮奉斎者を全て記載しているという保証はないが、推古朝のあと舒明・皇極朝には関連記事が中断し、孝徳朝から再び現われる。大連任命・石上神宮奉斎記事が見えないこの舒明・皇極朝には、実際に物部氏からその任命が途絶えていた可能性が大きいと考えられる。

ところで、物部氏の女性を母とする蘇我蝦夷が大臣であったのは、この舒明・皇極朝である。さらに、さきに引いた皇極天皇紀二年十月壬子条には、「私に紫冠を子入鹿に授けて、大臣の位に擬ふ。復其の弟を呼びて、物部大臣と曰ふ」と、問題の記事が存在する。名と実を一体的に捉えていた古代には、入鹿の弟を「物部大臣」と称したことにも、実が存在したのではないか。

すなわち、舒明・皇極朝に石上神宮の祭祀を担っていたのは、入鹿の弟の蘇我「物部大臣」ではなかったか。彼の、「物部」の名と王権における職掌（石上神宮の祭祀）は、女系で祖母から継承したものと考えられる。『紀』が然り気なく「物部大臣」の名辞を記していることの背景には、こうした実が存在したのである。

ちなみに、『大和志料』[5]に引く『石上振神宮略抄』「神主布留宿禰系譜」に、「弓削大連滅亡之後ニ太媛祭首ニ補ス、蝦夷大臣ノ次男敏傍宿禰ヲ物部大臣ト号シ」たとあり、「物部大臣」をこの「敏傍宿禰」にあてることも出来る。ただ、「敏傍」の名は後世的なことから「畝傍宿禰」の誤写ではないかと見られ[6]、私見の傍証になるが、史料の評価が定まっていないので紹介にとどめよう。

いずれにしても、この場合の「物部大臣」の物部が形式的なものではなく、実をともなうものであったことは、次述する物部首氏の例からも明白である。『紀氏家牒』逸文に「是に於て、蝦夷大臣、物部族神主家等を以て僕と為し、物部首と謂ひ、亦神主首と云ふ」とあるのは、正にこの時のことであったと考えられる。

石上神宮と蘇我氏と物部首氏の成立

舒明朝から皇極朝にかけて、蘇我蝦夷大臣と子の入鹿、物部大臣らが石上神宮の祭祀に参与し、特に物部大臣が中心になり、祭祀の実務担当者の任免・組織の改編が断行されたものと推考される。

皇極天皇紀四年六月戊申条で、蘇我入鹿が殺害されたことに驚いた皇極天皇の問いに、中大兄皇子が「鞍作(くらつくり)、天宗(きみたち)を尽(つく)し滅(ほろぼ)して、日位(ひつぎのくらゐ)を傾(かたぶ)けむとす。豈天孫(あにあめみま)を以て鞍作に代(か)へむや」と答えたという。一般には、これを文面通り、入鹿(鞍作)が天皇の位をうかがっていたと解するむきもあろう。しかし、時すでに王統の血脈は固定化して久しく、蘇我氏にその権利がなかったことは明白であって、こうした解釈は妥当でない。

石上神宮とその神宝は、天皇による列島支配を呪術宗教的に保証するものであり、その祭祀権が天皇に帰属するものであったことは、縷々述べてきたところである。中大兄皇子の非難はおそらく、蘇我氏による天皇大権の侵犯を指していると推察されるが、そこに石上神宮の祭祀権の干犯も含まれていたのであろう。こうした石上神宮の祭祀をめぐる動きから、それを担った本来の集団の問題についても、少し光が射して来たと思われる。

次に引く『新撰姓氏録』大和国皇別の布留宿禰(ふるのすくね)(旧姓物部首)条からは、さらに問題の焦点を絞ることが出来る。

布留宿禰

柿本朝臣と同じき祖。天足彦国押人命の七世孫、米餅搗大使主命の後なり。男、木事命の男、市川臣、大鷦鷯天皇の御世、倭に達でまして、布都努斯神社を石上の御布瑠村の高庭の地に賀ひまつりて、市川臣を以て神主と為たまふ。四世孫、額田臣、武蔵臣なり。斉明天皇の御世、宗我蝦夷大臣、武蔵臣を物部首、并びに神主首と号づけり。茲に因りて臣の姓を失ひて、物部首と為れり。男、正五位上日向、天武天皇の御世、社の地の名に依りて、布瑠宿禰の姓に改む。日向の三世孫は、邑智等なり。

右の史料については、すでに佐伯有清氏により、以下に列記する問題点が指摘されている(7)。

・「市川臣を以て神主と為たまふ」と「四世孫、額田臣」の間に、世系にかかわる祖先名が記されていたのが、抄録の際に失われたとみられる。

・「斉明天皇の御世」というのは、原文にあった国風諡号の「天豊財重日足姫天皇」を重祚した斉明天皇と誤解したもので、皇極天皇の時とみなすべきである。

・「茲に因りて臣の姓を失ひて」とあるが、市川臣らの臣は姓ではなく、個人名に付した尊称であり、後世に貶姓（姓を低くする）されたように思われた、もしくはそれが姓でないことを知っていながら強いて高い姓を得るために、貶姓されたと主張したものとみられる。

なお、ここでも石上神宮を遷し祀ったと伝えていることに留意されるが、佐伯氏は右の布都努斯神社を備前国赤坂郡の式内社、石上布都之魂神社（岡山県赤磐市石上）とする。(8) その事実関係は定かでないが、いずれも石上神宮は他所から遷祀したものであると伝えていることは、偶然とは思われない。

さて、佐伯氏の指摘に留意して、『新撰姓氏録』の所伝を目下の課題に引きつけて解すれば、次のように考えられる。

①天足彦国押人命と米餅搗大使主命は、春日和珥（和邇／丸邇）氏系諸氏の祖と伝えられるが、木叓命は反正天皇記に丸邇之許碁登臣（わにのこごとのおみ）、反正天皇紀元年八月己酉条に大宅臣祖木事（おおやけのおみのおやこごと）と見えることから、布留宿禰（物部首）氏は春日和珥氏の同族を称していたことが知られる。これは、垂仁天皇紀三十九年十月条一云に「春日臣の族、名は市河をして治めしめよ」とあることに対応するが、『新撰姓氏録』が仁徳朝のこととしているのと異なる。

②「宗我蝦夷大臣、武蔵臣を物部首、幷びに神主首と号づけり」とあることは、皇極天皇紀二年十月壬子条や『紀氏家牒』逸文の内容とも齟齬する点はなく、皇極朝に蘇我蝦夷大臣が石上神宮の祭祀に介入し、それに大きな変更が生じたこともほぼ事実と認められる。

右はこれまでの諸説も認めるところでもあるが、ここで留意するべきは、『紀氏家牒』逸文に「蝦夷大臣、物部族神主家等を以て僕と為し、物部首と謂ひ、亦神主首と云ふ」、『新撰姓氏録』にも「宗我蝦夷大臣、武蔵臣を物部首、幷びに神主首と号づけり。茲に因りて臣の姓を失ひて、物部首と為れり」などと、伝えられることとである。相互に照応する所伝の存在からみて、蘇我蝦夷大臣の意向で石上神宮の祭祀に従う春日和珥氏系の集団に「物部首」の氏姓が与えられたことは、事実と見てよかろう。

蘇我蝦夷大臣らの石上神宮の祭祀への関与が推考されたが、これはまた物部氏本宗が逼塞していた時期である。その際に蘇我蝦夷大臣の意向で、春日和珥氏系の集団に物部首の氏姓が与えられたということは、大いに有り得よう。物部首を神主首とも称したというのは、物部首氏が石上神宮の神主職に就いたことの由来を語っている(9)。

王権の職務として石上神宮の祭祀に従事していた春日和珥氏系の集団に、「物部首」の氏姓が与えられるのは皇極朝、かつ蘇我蝦夷の大臣在任期間と見られる。おそらく彼らは、以前から物部氏の下で石上神宮の祭祀の諸事に従事していたのであろうが、物部氏を越えて祭祀を統括することはなかったであろう。それが、皇極朝に蘇我蝦夷大臣の計らいで物部首の氏姓を与えられ、物部氏を退けて石上神宮の神主職に抜擢されたのである。それが、垂仁天皇紀三十九年十月一云条・『紀氏家牒』逸文・『新撰姓氏録』布留宿禰条などの関連史料が語る、物部首氏成立の真実と考えられる。

〇

以上のことから、石上神宮の祭祀について、次のような推論を導くことが出来る。

用明天皇二年（五八七）七月に物部守屋大連が滅ぼされてのち、物部氏の大連任命がなく、石上神宮の祭祀からも遠ざけられていた。それに代わり、王家に入内および馬子大臣の妻である守屋大連縁りの女性が、「参朝政奉斎神宮」あるいは「石上神宮斎神之頭」となり、その祭祀を担っていた(10)。そこには、蘇我馬子大臣の意向が強く働いていたが、彼女らが物部氏出身であるということが、前提条件として存在した。この事を契機に、祭祀王＝天皇の本質に関わる石上神宮の祭祀に、蘇我氏の意向が及ぶようになり、反対に物部氏の影響力は大きく退潮したと考えられる。

石上神宮の祭祀は、崇峻・推古朝までは基本的には右の体制が続いたと見られるが、舒明朝の状況は具体的でない。蘇我蝦夷は舒明朝から大臣の職位にあったが、蝦夷大臣・入鹿体制が確立する皇極朝になれば、蘇我氏による石上神宮の祭祀への関与が一歩進められ、入鹿の弟の物部大臣が石上神宮の祭祀を担うことになった。その際に、従前は物部氏の下で石上神宮の祭祀の諸事に従事していた在地の春日和珥氏系集団が、蝦夷大臣らの計らいで物部首の氏姓が与えられて神主職に補任された。蝦夷大臣のもとで、物部大臣が石上神宮の祭祀を統轄し、物部首氏が神主として祭祀実務を担う体制が成立したのである。

かくして物部首氏が成立したのであるが、これは蝦夷大臣により、物部氏と石上神宮の祭祀の間に、大きな楔が打ち込まれたことも意味する。乙巳の変で蘇我氏本宗が滅ぼされるまでの間は、この体制が継続したと考えられる。

物部氏の復権

これまで述べてきたことから明らかなように、元来、石上神宮の祭祀を担っていたのは物部氏であり、春日和珥氏系の物部首氏がそれに代わるのは、蘇我蝦夷の大臣在任時であった。垂仁天皇紀三十九年十月一云条は、それを垂仁朝に遡及させたものであり、『紀』編者が分註で採録したのは、一つの見識であったと考えられる。また『先代旧事本紀』で、舒明・皇極朝の石上神宮の祭祀関連記事が途絶えるのは、物部氏の氏族誌としては当然のことであり、当時の物部氏の実態が推察される。

ところが、乙巳の変後の孝徳（難波）朝になると、物部馬古連公（石上朝臣麻呂の父）が「大華上・氏印大刀を授かり…神宮を斎ひ奉る」と再び関連記事（三十九例目）が現われる。この記事は、物部守屋滅亡以降の石上神宮祭祀の変遷の中に、どのように位置づけられるであろうか。

物部馬古連は、『続日本紀』養老元年（七一七）三月癸卯条の左大臣正二位石上朝臣麻呂の死亡記事に、「大臣は泊瀬朝倉朝庭の大連物部目が後、難波朝の衛部大華上宇麻乃が子なり」と見える、宇麻乃のことである。大華上（大花上）は孝徳朝の大化五年（六四九）二月に制定された冠位十九階の第七位であり、ほぼ令制の正四位に相当する。

これに関わり、物部馬古（宇麻乃）連の冠位大華上は、斉明・天智朝の物部氏の地位低迷からみて粉飾とみなすむきもあるが[11]、粉飾は定かではない。朝廷の警護を担当したと目される「衛部」という官職については、孝徳朝の官制は大夫層による国政諸部門を分掌する体制であり、「衛部」も存在したと見られている[12]。

孝徳朝における衛部の存在が認められるならば、『続日本紀』の「難波朝の衛部大華上宇麻乃が子なり」だけでなく、『先代旧事本紀』の物部馬古連公が「大華上・氏印大刀を授かり…神宮を斎ひ奉る」ことも、一概に造作記事とは言えなくなる。おそらく、この時に大連は置かれなかったので、「大華上・氏印大刀を授か」ることが、「神宮奉斎」に際してそれに代わる条件であったと考えられる。

物部守屋が滅ぼされて政治的に逼塞状態に在ったが、暫くは石上神宮の祭祀は物部氏出身の女性が担うという、従前にはあまり例のない体制で継承された。さらに、蘇我蝦夷大臣政権下では物部氏は石上神宮の祭祀からは全く遠ざけられ、蘇我物部大臣のもと春日和珥氏系物部首氏が担うという、全く新しい体制が成立した。しかし、乙巳の変で蘇我蝦夷大臣・入鹿らが滅亡したことにより、物部氏が政治的に復権し、(13)石上神宮の祭祀についても右の体制が改められ、「奉斎神宮」の職位への復帰が認められたことを示している。それは、天智朝の物部多都彦連公、天武朝の物部雄君連公へと継承されたが、神宝返却のこともあり、石上朝臣麻呂以降はその職に与ることはなくなったのである。

物部は石上神宮の祭祀に不可欠

石上神宮の祭祀を担った氏の問題は解明できたが、なお重要なことは、物部氏だけでなく、蘇我入鹿の弟が物部大臣を称して石上神宮の祭祀を統轄していたことや、春日和珥氏系集団に特別に物部首の氏姓が与えられて石上神宮の神主職に補任されていることなどである。これは、石上神宮の祭祀を担うには常に「物部」を称することが不可欠であったことを示しているが、そのことの理由を究明しなければならない。

これは要するに、石上神宮の祭祀の本質と、「物部」は何を意味しているのかということでもある。前者はこれまで述べてきたところであるが、「部」はヤマト王権が百済などの部制に倣(なら)って六世紀前半代に導入した、人的支配の仕組みである。結論的に記せば、「部」が、指定された物品の生産と貢納、あるいは労働や特定の技術で、王権に奉仕する義務を課された人間集団を指すことについては、おおむね異論はない。

問題は物部の「物」の意味と、それに関わる物部氏本来の職掌、および石上神宮の祭祀との関連である。これは物部氏の本質に関わる重い問題であり、先行説も少なくない。かつ、その主張も多岐に亘るから集約は容易でないが、異論、遺漏を恐れず大雑把に、次のように要約してみた。

①物＝武器・武具、物部氏の職掌＝軍事・警察・刑罰。

・物部は戦士を世職とするところから起こった名称[14]。
・大物主神のモノは精霊鬼神をさすが、それだけでなく武器も指し、物部のモノは武器・剣を意味している[15]。
・『記』・『紀』における物部氏の祭祀関連記事は加上的に挿入されたもので、二次的な職務を示しており、本来の職掌は軍事・警察的なものであった[16]。
・物部氏は基本的には「物」を貢納する氏である。その「物」は本来、精霊・霊魂などを意味する物（魂）と思われ、おもに軍事・警察や刑罰、および神事をつかさどる。神事との関係は、物部が扱う「魂」にあるが、軍事・警察は武器・武具のような物との関係であろう[17]。

②物＝品物一般、物部氏の職掌＝生産技術集団の統率。

・物部氏は、生産技術集団の統率が本来の職掌であった[18]。
・物はブツと訓み、物部氏は物一般の生産に携わった[19]。

③物＝精霊・霊魂、物部氏の職掌＝祭祀。

・モノは外から災いを与える霊魂、物部は外から害を及ぼす恐ろしい力を持った霊魂を、追いやるのが職務であった(20)。

・三輪の大物主神への理解から、物部氏は祭祀が本来の職掌であった(21)。

④さきの①と③の両者を合わせた説。

・物部氏と物部首氏について、「此も是も物部氏なるに就てまぎらはしきを、熟考れば」、石上神宮の祭祀職を「共に掌れりしなるべし、……さて共に物部氏といふことは、もと物部の称は、此神宮の兵器を掌れるより出たることなるべし(22)」。

・「物」は超自然的な霊物を意味する語で、物部は「物」に関係ある団体である。物部はフツの御魂に宿る霊威により、武人として勝れた力を発揮したのであり、悪霊や兇徒を祓い除ける強大な呪力の所持者であり呪師的戦士団であった(23)。

・モノは、武人・武具と精霊・霊魂の両者を包摂する意味がある。兵器は祭器・呪具でもあったから、物部氏が呪術を司掌することと軍事・警察職に従事することは矛盾しない(24)。

・物部の「物」とは、物質性と宗教性の双方の特質を兼ね備えたものであり、王権や社会を安定させ護持する機能を発揮するだけでなく、時にはそれらを破壊し混乱を引き起こす霊力をもつ両義的存在である。具体的にそれは、邪霊や悪鬼を祓除する霊能と聖域を浄化する働きのある、赤色を柄に塗布した太刀をいう(25)。

○

右の諸説のうち、一般には①の立場が有力なように見えるが、王権の軍事的側面を担っていたのは物部氏だけではない。これでは、靫負などの武力集団を率いた大伴氏や佐伯氏、神武天皇伝承に見える久米氏などのことが説明できない。また、物部首の氏姓は石上神宮の神主職の地位を示すことにあり、軍事には結びつかないが、これも①の説に否定的である。

次に、②の説は垂仁天皇紀三十九年十月一云条の十箇の品部を重視する立場であるが、この所伝の歴史的性格については右に述べた通りである。おそらく、これは物部氏が石上神宮の祭祀から離れていた時期に、蘇我氏の主導で進められた祭祀組織再編の結果であり、本来的なものではなかろう。

氏の名と職掌の関連については、『職員令』大蔵省掃部司に、「薦・蓆・牀・簀・苫、及び鋪設、洒掃、蒲・藺・葦の簾等の事」とある、植物性の編物や織物を調達して儀場設営（鋪設）・清掃（洒掃）などに従事した、掃守氏の場合が分かり易い。カニモリという氏名と掃守の表記は、豊玉姫命が初代天皇神武の父彦瀲尊を出産・養育する際に、氏の遠祖天忍人命が新生児長生の呪術的儀礼として、屋内にそれを象徴する蟹を箒で這わせたという、『古語拾遺』に見える神話上の故事に由来する。(26)

これよりすれば、物部の「物」も、物部氏や物部首氏を最も特色づける事柄に由来する可能性が大きい。右の③と④は必ずしも相容れない立場ではなく、本居宣長が物部氏と物部首氏はともに石上神宮の祭祀を管掌し、かつそれは石上神宮の兵器の管掌である、すなわち石上神宮の祭祀とは所蔵する器仗を祀ることであるとする点は、本質を言い当てている。物部の「物」は、物質性（実）と宗教性（霊）の両義を合わせた存在を言い、その祭祀は実が内包する霊的威力を対象とするものであったと考えられる。

すなわち、石上神宮に収蔵される神宝の多くは、諸地域の豪族が服属して王権の成員となった証に献上した（徴収された）ものであり、天皇が慇懃の礼を以て石上神宮に収納した呪物であった。本来それは、それぞれの地域社会において彼らの権威を宗教的に保証する、霊的威力に満ちた宝器であった。天皇がそれらを保有する限りにおいて、諸豪族とその領域を呪術宗教的に永続支配することが可能であると信じられた。

かつ古代には、それらの刀剣が鋭利でよく切れ、また楯が矢や刀剣による攻撃をよく防ぐのは、単に機能的に優れているだけでなく、それら自身が内包している霊的威力の強い働きによる、と観念された。器物としての機能と、それが帯びている霊的威力が、分離不可の一体的存在として捉えられていたのである。

故に、石上神宮の神宝を丁重に祭ることは天皇の重い責務であったが、膨大な神宝が帯している霊的威力は非常に強大であったから、誰にでも可能な職務ではなかった。

欽明天皇十三年十月の仏教公伝時に、物部尾輿大連と中臣連鎌子が「我が国家の、天下に王とましますは、恒に天地社稷の百八十神を以て、春夏秋冬、祭拝りたまふことを事とす」と、天皇の仏教信仰受容に反対した言葉の背景に、「石上神宮（神宝）を祭らなければならない天皇」を想定することも可能であろう。

物部氏の鎮魂と石上神宮の祭祀

呪術宗教的な信仰が生きている社会では、激しく祟る神の祭祀や、有力者の喪葬などは、強い威力を有する神霊・霊魂に対峙する機会と考えられ、それにうち負けない呪術宗教的威力を有する人物が、相応しい装束に身を固めて向き合わなければならない、と信じられた。一例を記せば、『常陸国風土記』行方郡条には、継体朝に郡の西の谷の葦原を開墾する際、箭括氏麻多智が甲鎧を着けて谷を占有する夜刀神に向き合ったとある。また、『令集解』喪葬令条「古記」によれば、天皇の喪儀で殯宮に奉仕した遊部の禰義は刀を負い戈を持ち、余比も刀を負うという装いであった。これらは何れも、強力な威力を持つ神霊や霊魂に対峙するには、甲冑で身を固め武器を帯しなければならないという、呪術的観念によるものである。

石上神宮に収納される神宝は本来、各地の豪族が保持していた宝器であり、強力な霊的威力を内包していると観念された。したがって、呪術的威力を持たない人物が向き合うことは、きわめて危険なことであると考えられた。垂仁天皇紀八十七年二月辛卯条に、五十瓊敷命が「我は老いたり。神宝を掌ること能はず」、妹の大中姫命が「吾は手弱女人なり。何ぞ能く天神庫に登らむ」と語ったとあるのは、そのことを指している。神宝に籠る強力な霊的威力を統禦するには、それを越える呪術的威力が必要であると信じられた。

つまり、石上神宮の祭祀では、収蔵する多数の神宝に籠っている強力な霊的威力＝モノが外部に災禍を及ぼさないよう、それに打ち勝つ呪術的威力を保持した人物が向き合い、鎮定しなければならないと観念された。これが石上神宮の祭祀の実際であり、その適任者は「物部」を名とする氏であったが、その理由は物部氏が鎮魂の呪儀を有していたからに外ならない。

物部氏の鎮魂については第三章で詳述したが、この鎮魂の呪儀の保有こそが、物部氏の祭祀氏族としての特徴であった。これまでは物部氏の鎮魂の呪儀を、石上神宮の祭祀と結びつけて理解することはなかったように思われる。鎮魂の呪儀を保有していたから、物部氏は石上神宮の祭祀に従事したのである。

すなわち、石上神宮の祭祀において物部氏に期待されたのは、邪霊や悪鬼を祓除して聖域を浄化するする霊能(27)ではなく、鎮魂の呪儀であった。それは、石上神宮の神宝に籠る霊的威力に対峙し、鎮定・統禦する「タマシヅメ」が可能であると信じられた呪儀であった(28)。

しかしながら、神宝に籠る霊的威力も時が過ぎるとともに衰滅に向かう。天皇はそれらの神宝を保有している限り、列島支配が保証されていると観念されたが、それらの衰滅は支配力の弱体化につながることとして恐れられた。天皇の統治を変わることなく継続するためには、神宝の霊的威力の衰滅をも防ぐ「タマフリ」が必要と考えられたのである。

要するに、石上神宮の神宝に籠る霊的威力を鎮定・統禦するだけでなく、同時に維持・継続させる必要があると信じられていた。それには、物部氏の鎮魂がもっとも有効な呪儀であると考えられたのであり、これが石上神宮の祭祀の真実である。

後のことだが、律令制下で、刑部省囚獄司に四十人の物部が配置されていたのも、刑罰の執行や罪人に向き合うためであった。刑罰を執行される罪人の霊魂は激しく荒れ狂い、特に死罪となった者のそれは時に凶癘魂と化して、人々に災厄をもたらす恐れもあった。そうした場に向き合うのは、古来、物部の得手とする所であった。

天武天皇三年八月庚辰に、忍壁皇子を石上神宮に派遣して膏油で神宝を磨かせて、「元来諸家」の宝物をその子孫に返却することを命じたことについては、さきにも触れた。これは、石上神宮の神宝が膏油で磨いて手入れが行なわれ、かつそれらの元の所有者（元来諸家）名が記録され、丁重に管理されていたことを示している。そのことは、以前からも定期的に行なわれていたものと推察されるが、これはそれらが錆び朽ち果ててしまうことがないよう、努められていたことを物語る。石上神宮の神宝が朽ち果てて消滅すれば、天皇の列島支配が完遂できなくなると、恐れられたのである。

このように、物部の「物」とは石上神宮の神宝とそれに籠る霊的威力のことであり、その祭祀に物部氏が従事したのは、鎮魂の呪儀で、強力な霊的威力＝モノを鎮定・統禦する同時に、時とともに衰滅するモノを末永く存続させるためであった。古代の天皇には、その統治を完結するうえで、物部氏の鎮魂は不可欠の呪儀であった。やや後の事であるが、延暦二十四年二月の石上神宮の神宝移動事件の顛末において、「彼の女巫を召して、御魂を鎮めしむ」と鎮魂の呪儀で対処しているのも、その伝統を踏まえたものとも考えられる。

物部氏の石上神宮祭祀から離脱

ところが、壬申の乱を実力で勝ち抜いた天武天皇には、かつて自らの神宝を献納した諸豪族間との、実力の差は歴然であった。神宝の返却は、諸豪族が服属の証に差し出した神宝を保有することで支配と統一を完結するという時代が、終了したことを物語る。先述したように、天武朝における広瀬大忌祭・龍田風神祭・祈年祭などの創祀は、律令制に引き継がれる神祇体制の成立を示している。

天武天皇は、十年（六八一）二月甲子に律令（飛鳥浄御原令）の編纂、翌三月丙戌には「帝紀・上古諸事」の記定（歴史書の編纂）を命じている。これは成文法と歴史書が、国家・社会の秩序を織り成す基本であるという考えに基づく営為であるが、天武天皇紀を仔細に見れば、天武朝初年頃から単立で制定、施行されたと目される施策が散見される。その当初から成文法に基づく国家形成を目指していた天武天皇政権は、呪術宗教的権威に依拠した段階を脱したと位置づけられる。このことは、石上神宮の祭祀にも、大きな変化が生じたことを示唆している。

石上神宮の神宝返還は、天皇がそれを保有することで諸豪族を呪術宗教的に支配する意味や、物部氏が鎮魂の呪儀でそれを鎮定する必要性が、なくなったことを意味する。すなわち、石上神宮の祭祀に、物部氏とその鎮魂が不可欠ではなくなったということでもある。

それはまた、石上神宮の祭祀を担う集団の氏名が、「物部」であることにこだわる必要もなくなったということである。物部氏が朱鳥元年（六八六）九月乙丑以前に石上に、物部首氏は天武天皇十三年（六八四）十二月己卯に布留へ、氏名の変更が認められていることは、そのことを明示している。『先代旧事本紀』で、物部氏による石上神宮奉斎記事が天武朝の物部雄君連公で終わり、最後に記される物部連公麻侶（のちの左大臣麻呂）では、天武朝での石上朝臣賜姓を記すのみで「天孫本紀」が終わっているのも、それに照応したものと言える。「石上」という神宮由来の氏名を称しても、石上朝臣氏がその祭祀を担うことはなくなり、律令官僚に変貌していったのである。輝ける物部氏の時代が、幕を閉じたことを物語る[29]。

律令制以前に、ヤマト王権・天皇による呪術宗教的視点からの列島統治の中心であった、天皇が物部氏をして石上神宮の神宝を祭祀することは、このようにしてその重要性が失われていった。ゆえに、それは公的祭祀として神祇令には継承されなかったのである。

それでもなお石上神宮は、王権・王家の神社としての性格を残しながらも、布留宿禰氏が祭祀を担い、地域に根差した神社としての性格が徐々に加味されていった。

第一章で、古代天皇の正統性が、文武天皇の即位までは『記』・『紀』神話に求めていたのが、次の元明天皇からはそれが不改常典にかわることを述べた。石上神宮の祭祀をめぐる変化も、こうした古代王権そのものの質的転換と軌を一にしたものであった。天武・持統朝は、それ以前の『記』・『紀』神話に基づく呪術宗教的要素の色濃い王権から、そうした殻を脱ぎ捨て成文法に基盤を置いた制度としての王権に変貌していく、大きな変革の時期であった。

註

（1）篠川賢『物部氏の研究』雄山閣、二〇〇九年。
（2）田中卓「『紀氏家牒』について」『日本古代国家の成立と諸氏族』田中卓著作集2、国書刊行会、一九八六年。
（3）平林章仁『蘇我氏の実像と葛城氏』白水社、一九九六年。
（4）『先代旧事本紀』は推古朝に「奉斎神宮」した人物を、このほかに三十六例目の物部石上贄古連公と、三十八例目の物部恵佐古連公を記している。三十六年と在位期間の長かった推古朝には、「奉斎神宮」した人物にも交替があったということであろう。
（5）斉藤美澄・奈良県編『大和志料』上巻、奈良県教育会、一九一四年。
（6）佐伯有清「蘇我氏と古代大王国家」『日本古代氏族の研究』吉川弘文館、一九八五年。
（7）佐伯有清『新撰姓氏録の研究』研究篇、三九一頁以下、吉川弘文館、一九六三年。同『新撰姓氏録の研究』考證篇第二、吉川弘文館、一九八二年。
（8）佐伯有清『新撰姓氏録の研究』考證篇第二、註（7）。
（9）加藤謙吉『ワニ氏の研究』一一七頁以下、雄山閣、二〇一三年。
（10）田中卓「『紀氏家牒』について」、註（2）。
（11）野田嶺志「物部氏に関する基礎的考察」『史林』五一－二、一九六八年。
篠川賢『物部氏の研究』、註（1）。
（12）笹山晴生「「難波朝の衛部」をめぐって」井上光貞博士還暦記念会編『古代史論叢』中、吉川弘文館、一九七八年。
（13）亀井輝一郎「物部公と物部臣」『福岡教育大学紀要』五七－二、二〇〇八年。
（14）植村清二『神武天皇』至文堂、一九六六年。

(15) 津田左右吉『日本上代史の研究』一三九頁以下、岩波書店、一九四七年。
(16) 直木孝次郎「物部連と物部　付、小子部」『日本古代兵制史の研究』吉川弘文館、一九六八年。
(17) 吉村武彦『蘇我氏の古代』三七頁、岩波書店、二〇一五年。一応ここに分類したが、この説の主旨はよく理解できない。
(18) 野田嶺志「物部氏に関する基礎的考察」、註(11)。
(19) 篠川賢『物部氏の研究』、註(1)。
(20) 折口信夫「はちまきの話」『折口信夫全集』三、二〇頁、中央公論社、一九六六年。
(21) 志田諄一「物部連」『古代氏族の性格と伝承』雄山閣、一九七一年。
(22) 本居宣長『古事記伝』十八之巻、『本居宣長全集』十、三五二頁、筑摩書房、一九六八年。
(23) 竹野長次『古事記の民俗学的研究』三〇七・四四九頁、文雅堂書店、一九六〇年。
(24) 本位田菊士「物部氏・物部の基盤と性格」『日本古代国家形成過程の研究』名著出版、一九七八年。
(25) 前田晴人『物部氏の伝承と史実』同成社、二〇一七年。
(26) 平林章仁『鹿と鳥の文化史』白水社、一九九二年。
(27) 前田晴人『物部氏の伝承と史実』、註(25)。
(28) 守屋俊彦「剣の呪―物部伝承考―」『古事記研究―古代伝承と歌謡―』三弥井書店、一九八〇年。
(29) 亀井輝一郎「祭祀服属儀礼と物部連」直木孝次郎先生古稀記念会編『古代史論集』上、塙書房、一九八八年。

おわりに

最後に、本書で述べた要旨をまとめておこう。

まず、成文法以前の古代社会を理解するために、古代の天皇観と世界観について述べた。

前者については、古代天皇神格化論、現人神観について検討し、そのような通説は成立し難く、神を祭らなければならない天皇が神として崇められることはあり得ない、と批判した。

後者では、慣習法の社会では、基準の異なる世俗法と宗教法が併存する多元的な世界観にあり、霊魂信仰が広く行なわれていたことを明らかにした。

物部氏という呪術宗教的性格の色濃い氏族が活躍するのは、このような歴史社会であった。

物部氏の台頭については、『記』・『紀』の関連所伝からは、履中朝と雄略朝にその画期があったとする歴史観が窺えるが、執政官としては継体朝が大きな画期であったと考えられた。そこからは、従前から注目されて来た大連としての物部氏の姿だけではなく、王宮に奉仕した采女との関係や、物部氏の本質が王権の祭祀を担う祭祀氏族にあったことなどが明らかとなった。

次に、物部氏と蘇我氏の仏教崇廃抗争については、多くの先行研究が存在するものの、未だその本質は明らかにされていないと考えられた。本書では、蘇我氏の信仰した仏教は天皇から下賜されたものであること、物部氏によるその反対は、天皇が百済から贈与された仏教文化複合を、蘇我氏が優先的に占有することに対する反発にあったこと、廃仏行動は天皇の許可を得た上でのことであり、故に私的な仏教信仰は反対の対象ではなかったこと、などについて明らかにした。即ち、物部氏と蘇我氏の抗争は、王位継承問題もからんだ、王権内の権力抗争であったという、問題の基本的性格を明確にした。

また、天皇の仏教信仰に対する物部氏らの反対理由は、それとは異なり、倭国の宗教的秩序を体現する祭祀王＝天皇が仏教を受容することによる、倭国の宗教的秩序が崩壊するのではないかという危惧にあった。これらのことは、古代仏教史だけでなく、古代王権や古代天皇の本質について示唆する点が少なくないと考えられる。

特に、王権と天皇にとっては伊勢神宮に並ぶ重要な神社であった石上神宮の本質と変遷の解明に、紙幅を割いた。石上神宮は、一般に流布しているような物部氏の氏神社ではなく、王権・天皇に服属した各地の豪族が、その証に献上した彼らの宝器を収納した、王権の神社であるという基本的性格を明らかにした。

その石上神宮の祭祀とは、天皇自らが天神庫に収納したそれら宝器＝神宝を祭ることであり、始原には王族がそれに従った可能性もあるが、物部氏が伝統的に担ってきた。そのことにより、王権と天皇による永続的な列島支配が呪術宗教的に保証されると、観念されたのである。すなわち、それは王権・天皇の支配の永続を呪術宗教的に保証する重要な営為と観念されたこととして、古代王権史に位置づけることができる。

物部氏がそれを担ったのは、偏に『先代旧事本紀』に伝えられる鎮魂の呪儀にあった。その鎮魂により、石上神宮の神宝に籠る霊的威力が鎮静化（宝器に鎮着）、隷従化し、あるいはその霊的威力が衰滅せずに、永続的に服属すると観念されたのである。物部氏の「物」とは石上神宮の神宝とそこに籠る霊的威力のことであり、それに向き合うことが出来る宗教的威力＝鎮魂の呪儀を保持していたことから、物部氏は石上神宮の祭祀に従事したのである。

しかし、物部守屋の滅亡後は、石上神宮の祭祀にも蘇我氏の影響力が及び、物部氏出身で王家や蘇我氏に縁りのある女性がその祭祀を担う事態が発生した。さらに、蘇我蝦夷政権下になると、入鹿の弟の蘇我「物部大臣」がその職務を総攬し、春日和珥氏系の物部首氏に祭祀を担わせて、物部氏は石上神宮の祭祀から遠ざけられたのである。

乙巳の変で蘇我氏本宗が滅びると、逼塞状態にあった物部氏が、石上神宮の祭祀の職務で復活したのは、時代の大勢でもあった。しかし、律令という成文法に基づく国家体制を目指した天武朝になると、石上神宮の神宝を旧主の氏族に返還して、王権と天皇は呪術宗教的性格を脱皮して成文法に基づいた存在に変貌していく。石上神宮の祭祀に、物部氏の鎮魂の呪儀が不可欠ではなくなった。

物部氏は氏姓を石上朝臣と変えて石上神宮の祭祀からは離れ、布留宿禰氏がそれを担うようになる。さらに、宮都が大和国から山城国に遷されると、石上神宮の神宝も遷そうとする動きが起こるが、それが祭祀を担っていた布留宿禰氏らに阻まれ、石上神宮はより地域に根差した神社としての性格を強くしていった。この変化は、かつて王権・天皇と一体であった石上神宮の、宿命でもあった。

このように、物部氏の台頭過程と仏教崇廃抗争の本質、石上神宮の祭祀の実態と本質などをめぐる諸問題を解明できたことは、今後の古代史研究に、若干の新たな視点と展望を提示することが出来たのではないかと考える。

あとがき

学窓を出て四十八年が経過した。私が古代史の研究を志して、それだけ時間が経ったということである。ただし、自分の人生に向き合う姿勢は、社会が大きく変化したにも拘わらず、その頃と基本的には変わっていないように思う。

その時から、自宅の机から腕を伸ばせば届くところに『記』・『紀』や『風土記』などを置いているが、今改めて読み返してみると、時々史料の方から以前の理解について「それは違うよ！」と語りかけて来るように感じることがある。

物部氏は、蘇我氏と並ぶ重要な古代氏族であるが、蘇我氏に比べると、その研究はかなり少ないように思われる。また、物部氏がその祭祀を担った石上神宮の本質は、ほとんど明らかになっていなかったと考えられる。

本書は、古代史に関心のある方々に、出来るだけ広く御手に取って頂けるよう、このような体裁とした。具体的内容では、古代の物部氏の実像、石上神宮の本質とその祭祀の変遷、ヤマト王権と天皇の宗教的性格などについて、私が考えたところを出来るだけわかり易く記した。

これにより、物部氏と古代王権の関係および両者の宗教的性格が、少しは明らかになったのではないかと考える。

なお、本書の一部は、旧稿である「天皇は神か」(『龍谷大学日本古代史論集』創刊号、二〇一八年)、「蘇我氏と仏教」(『龍谷日本史研究』四一、二〇一八年)、「蘇我氏と石上神宮の祭祀」(『龍谷史壇』一四四、二〇一八年)などで述べたところがある。それらと基本的な論旨に大きな変更はないものの、加筆や修訂はもちろん、論述の観点や構成など大幅に改変している。

本書の上梓に際し、和泉書院社長・編集長の廣橋研三氏から、多大な御高配を賜りました。記して感謝の意を表します。

平成三十年十一月

平林　章仁

著者略歴

平林章仁（ひらばやし　あきひと）

1948 年　奈良県生まれ
1971 年　龍谷大学文学部史学科卒業
2002 年　博士（文学、皇學館大学）
2017 年　龍谷大学文学部歴史学科教授を定年退職

【主要著書】
『鹿と鳥の文化史』（白水社、1992 年）
『橋と遊びの文化史』（白水社、1994 年）
『蘇我氏の実像と葛城氏』（白水社、1996 年）
『七夕と相撲の古代史』（白水社、1998 年）
『三輪山の古代史』（白水社、2000 年）
『七世紀の古代史』（白水社、2002 年）
『神々と肉食の古代史』（吉川弘文館、2007 年）
『謎の古代豪族葛城氏』（祥伝社、2013 年）
『天皇はいつから天皇になったか？』（祥伝社、2015 年）
『「日の御子」の古代史』（塙書房、2015 年）
『蘇我氏の研究』（雄山閣、2016 年）
『蘇我氏と馬飼集団の謎』（祥伝社、2017 年）
『雄略天皇の古代史』（志学社、2021 年）
『神武天皇伝承の古代史』（志学社、2023 年）

物部氏と石上神宮の古代史
―ヤマト王権・天皇・神祇祭祀・仏教―　IZUMI BOOKS 21

2019年5月1日　初版第一刷発行
2024年9月10日　初版第二刷発行

著　者　平林章仁
発行者　廣橋研三
発行所　和泉書院

〒543-0037　大阪市天王寺区上之宮町7-6
電話06-6771-1467／振替00970-8-15043
印刷／製本　亜細亜印刷
ISBN978-4-7576-0910-5　C1321　定価はカバーに表示